LE FUTUR
EST MAINTENANT

Messages de l'archange Michaël

Texte reçu par Ronna Herman

Traduit de l'américain
par Marie-Blanche Daigneault

ARIANE ÉDITIONS

Le futur est maintenant
Ronna Herman
© 2001 Ariane Éditions inc.
1209, av. Bernard O., bureau 110
Outremont (Québec) Canada H2V 1V7
Téléphone : (514) 276-2949, télécopieur : (514) 276-4121
Courrier électronique : info@ariane.qc.ca
www.ariane.qc.ca

Révision linguistique : Monique Riendeau, Marielle Bouchard
Illustration : Daniel B. Holeman, www.awakenvisions.com
Graphisme : Carl Lemyre

Première impression : octobre 2001

ISBN : 2-920987-54-2
Dépôt légal : 4ᵉ trimestre 2001
Bibliothèque nationale du Québec
Bibliothèque nationale du Canada
Bibliothèque nationale de Paris

Diffusion
Québec : ADA Diffusion – (514) 929-0296
Site Web : www.ada-inc.com
France : D.G. Diffusion – 05.61.000.999
Site Web : www.dgdiffusion.com
Belgique : Rabelais – 22.18.73.65
Suisse : Transat – 23.42.77.40

Imprimé au Canada

Table des matières

Table des matières

UN MESSAGE DE LA PART DE RONNA

À tous mes chers frères et sœurs spirituels/stellaires.

Beaucoup d'eau a coulé sous les ponts depuis la publication de *Sur les ailes de la transformation*, le premier livre de l'archange Michaël. Les gens m'avouent que leur vie s'est transformée radicalement, surtout pour le mieux, depuis leur lecture de ces pages ; chose certaine, la mienne l'a été. Après avoir quitté San Diego, en Californie, nous nous sommes installés, mon mari et moi, dans le désert de Reno, au Nevada, près de nos enfants et de nos petits-enfants. *Sur les ailes de la transformation* a été traduit en néerlandais, en allemand, en français et en portugais, soit en quatre langues. Les messages mensuels de l'archange Michaël ont été traduits dans les grandes langues du monde désormais accessibles à des milliers, voire des millions, de lecteurs. J'ai donné des séminaires et des ateliers partout aux États-Unis et en Europe, grâce auxquels j'ai pu rencontrer tant de gens merveilleux que je considère comme des membres de ma famille spirituelle.

Les messages transmis et mon travail ont reçu un accueil formidable. J'éprouve une gratitude sans bornes pour le fait d'avoir été choisie pour diffuser dans le monde, en cette époque de grands bouleversements, la sagesse bienveillante et les messages inspirants de l'archange Michaël.

Je vous écris cette lettre d'amour au seuil du nouveau millénaire et, tout comme vous, j'attends avec enthousiasme les merveilles que nous savons devoir se produire au cours des années décisives qui viennent. Les choses n'ont pas toujours été faciles, mais je chéris ces expériences ainsi que les enseignements et les dons que j'ai reçus, car ils ont contribué à faire de moi ce que je suis aujourd'hui. Je peux sincèrement dire aux gens : « Je comprends ce que vous éprouvez », car j'ai eu l'expérience de tout ce que j'enseigne. Et du coup, je peux vivre selon mes convictions.

Tout ce que l'archange Michaël m'a annoncé s'est réalisé, mais pas toujours comme je m'y attendais ou dans les délais espérés, cependant. Mais en y réfléchissant, je m'aperçois que c'était préférable ainsi et pour le bien suprême de tous. Que peut-on demander de mieux ?

Je vous convie encore une fois à entreprendre un voyage avec moi, une odyssée vers les sphères invisibles où résident les anges. Laissez résonner mes mots en vous ; voyez s'ils ne font pas vibrer une corde tout au fond de votre être.

Les messages de l'archange Michaël se sont approfondis ; en élucidant ce qui se passe dans notre monde et en nous, il nous a incités tout doucement à prendre conscience de notre filiation cosmique et des lois universelles qui régissent nos vies. Je vous présente ses messages tels que je les ai reçus ; j'y apporte simplement quelques remaniements et corrections grammaticales. Certains messages ont été mis à jour, mais ils sont en vérité intemporels – tout aussi pertinents aujourd'hui que lorsque l'archange me les a transmis. Chaque message possède sa saveur, son style unique. L'emploi que le seigneur Michaël fait des mots ne serait peut-être pas acceptable dans les milieux littéraires, mais ces mots sont empreints de la quintessence de son amour et de sa compassion. C'est pourquoi je vous les offre dans leur forme intégrale.

Nos réalités physique, émotionnelle, mentale et spirituelle évoluent à pas de géant, car nous accédons à une vérité supérieure et à une sagesse plus vaste. L'humanité passe à l'âge adulte : désormais, nous ne sommes plus des enfants égarés dans les ténèbres ou aveuglément à la remorque des autres. À l'heure actuelle émerge un niveau de conscience qui englobera non seulement nos familles, nos quartiers, nos villes, mais également nos races, nos cultures, nos pays, nos planètes, et même notre système solaire, notre galaxie, notre univers.

Nous commençons à résonner sur les fréquences supérieures de l'amour, de la compassion et de la tolérance. De ce fait, la peur, les limites, la maladie disparaîtront et l'isolement, la solitude que nous ressentons feront place à un sentiment d'unicité. Nous sommes en voie de guérir et de nous affranchir des énergies et des fréquences qui ne nous servent plus et que n'admet pas le corps de Lumière que nous tissons. En nous libérant des cristaux sombres (comme les désigne le seigneur Michaël), nous pouvons emplir les espaces vides d'une substance de Lumière cristalline pure. Ces vieilles énergies déséquilibrées recèlent les souvenirs de la douleur, de la souffrance, de la contrainte qui appartiennent à notre passé.

Le temps est venu de délaisser les idées fausses et le sentiment de séparation : bien/mal, lumière/obscurité – ces perceptions dualistes et polarisées. Nous aspirons à l'équilibre et à l'harmonie, sans toutefois chercher à éliminer la dualité ou la polarité.

C'est le moment de revenir au sentiment d'unicité, de plénitude. Toute création est un aspect du Créateur divin, Dieu notre père/mère. Le temps est également venu de vous souvenir que vous êtes des maîtres. Vous êtes venus sur cette planète en tant que maîtres de la cocréation : afin de construire, de goûter un monde paradisiaque nommé la Terre et d'y vivre. Êtes-vous prêts à délaisser l'état de maître de la pénurie, de la contrainte, de la crainte et de la souffrance ? Le temps est venu de réclamer l'héritage qui vous est dû en tant que maîtres de l'amour, de la beauté, de l'opulence, de l'abondance et de la joie.

Jamais depuis notre venue sur terre, il y a plusieurs éons, n'avons-nous bénéficié d'un secours si important de la part des dimensions supérieures, celles des archanges, des collaborateurs angéliques, des maîtres, des enseignants, des guides et des êtres miraculeux en provenance de galaxies lointaines. Il vous faut cependant interroger et suivre les conseils de votre voix intérieure jusqu'à ce que vous retrouviez le chemin merveilleux menant à la conscience supérieure, à l'illumination et à l'état de maître.

Nous accomplissons tous ensemble ce prodigieux voyage de retour à la maison. Chacune de vos victoires et chacun de vos gains nivellent la voie pour ceux qui vous suivent. J'espère pouvoir alléger votre périple et rendre l'expérience plus heureuse.

Amour, lumière, joie et bénédictions sans fin.

1. Vous êtes les légendes des générations à venir

Maîtres bien-aimés, permettez-moi de vous imprégner d'une énergie de création qui se déploie présentement sur la Terre et de l'ancrer en vous. Une ouverture s'est produite dans la trame qui sépare les dimensions, ce qui favorise une importante imprégnation de la Terre et de l'humanité par l'énergie de la cinquième dimension. C'est là un événement inédit dans l'histoire de votre planète. Votre intention catalyse ce phénomène, de même que votre amour pur, désintéressé et votre dévotion pour le Créateur. Ainsi, laissez-moi vous prêter main-forte de sorte que vous puissiez tirer un maximum de bienfaits de cette infusion croissante et accélérée de Lumière christique. N'en doutez pas, chaque personne sur terre, d'une manière ou d'une autre, est touchée par ce miracle.

Imaginez, si vous le voulez bien, une pyramide parfaite de cristal adamantin. Sa cime pointe vers le bas depuis votre divine présence JE SUIS et pénètre par le chakra coronal au sommet de votre tête. Au centre de cette pyramide, dans des proportions parfaitement adaptées à chacun de vous, se trouve l'essence des cinq rayons supérieurs que vous intégrez présentement en votre être. Laissez votre conscience s'imprégner de l'amour, de la joie, de la paix et de la lucidité que cette énergie imprime à chaque neurone de votre cerveau. Visualisez ou ressentez que votre mental conscient se déplace vers le côté, qu'il se perche sur votre épaule et qu'il sert d'observateur silencieux au processus. Nous souhaitons que votre mental conscient s'accoutume à cette sensation, sans toutefois se sentir menacé par le fait qu'une part croissante de votre Esprit, de votre conscience christique, prenne le contrôle de vos fonctions cérébrales. Il s'agit d'une opération nécessaire pour éviter tout conflit avec les nouvelles vérités que vous introduisez et le fait que vous commencez à accéder à une part plus grande de votre capacité cérébrale et à l'utiliser.

Autrefois, toute connaissance, ou vérité évoluée, devait vaincre la résistance de votre mental linéaire, analytique et rencontrait la plupart du temps l'opposition, ou était déformée par les vieux concepts et les formes-pensées rigides. La nouvelle modalité d'authentification se trouvera dans votre centre cœur/âme. Accueillez comme votre vérité ce que vous ressentez comme expansif, bienveillant, illuminant. Laissez de côté tout ce qui éveille le doute ou suscite en vous un malaise ; s'il s'agit de votre vérité, votre Soi supérieur se chargera d'une manière ou d'une autre de la confirmer. Ainsi, vous demeurerez toujours dans votre intégrité et votre pouvoir.

Laissez ensuite cette énergie ou ce don précieux de l'esprit descendre en votre subconscient que vous imaginerez sous la forme d'un long corridor dont les portes et les divers compartiments sont clos. Ces portes dissimulent toutes vos craintes, phobies et obsessions ; toutes les formes-pensées subjectives que vous avez prises pour votre réalité depuis des millénaires et qui ont entretenu le conflit avec vous-mêmes. Imaginez que ces portes et ces compartiments s'ouvrent et que toutes les ombres et les énergies embusquées derrière s'imprègnent des énergies transformatrices des cinq rayons supérieurs qui vous sont désormais accessibles. Imaginez que tout ce qui n'est pas votre vérité suprême ou qui vous garde dans la contrainte et l'illusion se dissout et se transmue en une substance lumineuse divine. Nous souhaitons faire régner l'unité et l'harmonie entre votre subconscient, votre conscient et votre superconscient, ou conscience christique, de sorte que les diverses strates de votre structure mentale ne soient plus en conflit les unes avec les autres. Vous récupérerez ainsi le contrôle et la suprématie sur votre conscience, qui sera désormais gérée depuis l'état de maître ; vous ne saboterez plus vos efforts, mais fonctionnerez en parfaite harmonie avec votre Soi divin et votre schème divin.

Nous savons que vous êtes en proie à une grande confusion. Nombre d'entre vous éprouvent des difficultés à parler ou à s'exprimer (lapsus, idées brouillées) et dans certains cas les paroles des autres leur paraissent incompréhensibles. Il vous est difficile de vous concentrer, et vous vous sentez parfois complètement désorientés. Nous vous assurons, amis bien-aimés, que cet état passera, comme toute chose d'ailleurs. Vous êtes en train de guérir votre passé et celui de l'expérience terrestre.

Sachez que votre Terre se libère de la négativité, les déséquilibres et les illusions alors que vous vous accordez à des fréquences de plus en plus élevées. Vous n'emporterez avec vous que le souvenir de la beauté et des succès de vos réalisations – tous ces prodiges issus de votre expérience sur terre. Vous aurez oublié le chagrin, la souffrance et l'angoisse. Votre Esprit, en s'éveillant, effacera l'illusion de la séparation et le sentiment d'échec, car il ne connaît que la perfection.

Vous serez les légendes des générations futures. Les êtres humains de l'avenir songeront au passé et référeront avec respect et admiration aux âmes magnifiques et courageuses qui auront sauvé la planète Terre d'une destruction imminente, qui l'auront élevée et lui auront restauré sa beauté et sa perfection originales. N'en doutez pas, vous mettez en terre les semences et jetez les bases qui permettront l'émergence sur cette planète d'un paradis tout neuf.

Le temps est venu de faire un pas en avant, chers amis, dans vos corps physique et éthérique. Le temps du décompte est venu, comme celui d'assumer votre responsabilité. Qu'avez-vous fait des dons qui vous ont été accordés ? Êtes-vous disposés à aller de l'avant ? Avez-vous le courage, la dévotion nécessaires pour accueillir le niveau subséquent d'octroi de pouvoir qui s'offre à vous ? Êtes-vous prêts à affronter vos pires terreurs, à les surmonter, à les regarder se volatiliser à jamais puisqu'elles ne sont après tout qu'illusions ? Êtes-vous disposés à obéir aux intimations de l'Esprit au moment où vous pénétrez un territoire inconnu, où vous consentez à être vulnérables, et à vous montrer assez courageux pour poursuivre vos rêves et les réaliser par le pouvoir de votre pensée et de votre amour ? La voie du maître n'est pas destinée aux faibles de cœur et d'Esprit.

Nombre de directives divines sont lancées vers ceux qui s'avancent hardiment en réclamant leur héritage. Vous devenez encore plus précieux, chers guerriers, car les populations s'éveillent, appellent à l'aide et demandent des solutions, de l'information, de l'encouragement. Nous attendons de vous octroyer ce pouvoir, de vous accorder la sagesse, les aptitudes et une connaissance qui surpassent tout ce que vous avez jamais imaginé. Votre cerveau, voyez-vous, a toujours fonctionné à 100 % de sa capacité. Ça vous étonne ? Mais vous n'aviez accès qu'à une portion restreinte, celle qui s'accordait aux fréquences de la troisième dimension. En intégrant ces fréquences supérieures et en les équilibrant, vous accéderez à une capacité cérébrale plus importante qui s'accordera aux quatrième, cinquième et sixième dimensions. Ces portions de votre cerveau vous seront accessibles lorsque vous vous harmoniserez à ces fréquences.

C'est pourquoi il est crucial que vous vous mettiez à accéder à votre cerveau, à votre mental conscient et subconscient, d'une manière nouvelle qui ne « surchargera pas les circuits ». Un excès de données conflictuelles ou d'informations en accéléré éveillerait de la frayeur sur les plans psychologique et physique, comme si votre corps et votre mental se trouvaient envahis. Le processus provoquerait des symptômes similaires à ce que vous constatez présentement dans votre corps. La résistance et la peur sont cause de malaise et de mal-être.

Dans les jours qui viennent, nous vous offrirons, si cela vous convient, plusieurs méthodes pour accéder à ces énergies des rayons supérieurs et en faire usage. Mais nous jugeons d'abord opportun de vous réprimander. Puisque vous devenez plus sensibles aux énergies vibratoires supérieures, il est capital que vous surveilliez vos pensées, vos paroles et ce que vous laissez s'immiscer dans votre conscience. La répétition, le rythme et les réactions émotives impriment dans le subconscient une direction particulière et le gravent d'empreintes. Une fois tous ces vieux débris lavés de votre subconscient, ne permettez pas à des formes-pensées qui ne sont pas autovalorisantes, aimantes ou illuminantes, ou qui ne sont pas accordées à cette réalité plus vaste, de s'insinuer dans votre conscience. Soyez lucides et vigilants par rapport à la musique que vous faites jouer en arrière-plan, aux paroles qui émanent de votre poste radio ou de la télé, à vos lectures et à ce qui assaille vos sens. Car, pour la plupart, il s'agit d'énergies insidieuses liées à la dépendance, au sentiment de victimisation, à l'asservissement ou à la contrainte.

Un nombre croissant de merveilleuses jeunes âmes de votre monde est endoctriné et contrôlé par les médias, alors qu'impuissants vous les regardez tomber dans des pièges dont vous ne pouvez les extirper. Soyez vigilants, chers amis, reprenez en main vos sens et votre destinée.

Votre réalité s'apprête à subir des bouleversements, et votre perception s'étendra, car votre conscience amplifiée régira votre cerveau et vos sens physiques. Voilà pourquoi il est plus important que jamais de vous mettre à l'écoute de votre corps, de le percevoir comme une extension de l'Esprit et non comme une entité distincte. Pendant vos moments de détente, prenez l'habitude de vous concentrer sur différentes parties de ce corps : échangez avec toutes les parcelles qui forment votre réceptacle physique, accordez-vous à elles. Amenez votre conscience dans vos pieds : soyez reconnaissants de leur compréhension, de leur appui, du fait qu'ils vous ancrent et vous relient à la Terre Mère. Concentrez-vous sur vos genoux et sur vos hanches : rendez leur hommage pour la flexibilité qu'ils apportent, pour leur mobilité et le mouvement vers l'avant qu'ils impriment à votre corps. Vos organes reproducteurs méritent aussi votre amour et votre gratitude pour la faculté de créer qu'ils vous consentent et parce qu'ils vous permettent de vous unir l'un à l'autre. Il n'existe pas de plus grand don terrestre pour vous-même ou pour quelqu'un d'autre que cet échange accompli dans le respect mutuel, la pureté de l'amour et l'unité du corps, du mental et de l'Esprit. Déplacez votre conscience dans votre corps jusqu'à ce que vous sentiez l'afflux de sang et de force vitale dans vos veines, et les battements de votre cœur tout en vous accordant aux rythmes de la Terre Mère et du cœur cosmique. Vous vous harmonisez aux pulsations de la Création par l'entremise des énergies de votre Soleil central et grâce à la sensibilité acquise à ces stimuli plus subtils. Continuez le processus tout en accueillant et en prenant conscience des prodiges que recèle votre réceptacle physique afin de comprendre ainsi les multiples aspects qui vous composent. Dès lors, vous instaurerez un rapport nouveau à votre corps et acquerrez une force décuplée, une vitalité fraîche et l'état de maître.

Sur terre, l'excitation monte, amis bien-aimés : une vision émerge qui surpasse vos rêves les plus fous. Tendez la main pour vous emparer de ce rêve. Nous sommes là, nous vous attendons, à l'intérieur et à l'extérieur, et nous vous entourons de notre amour et de notre protection. Avec vous, toujours, JE SUIS l'archange Michaël.

2. LA PROMESSE DORÉE

Maîtres bien-aimés, plusieurs aspects de votre système de valeurs et de grands pans de l'illusion sur laquelle repose votre monde s'effondrent et se transforment à un rythme qui s'accélère. De fait, nous approchons d'une époque d'éveil collectif, une époque où chaque être vivant, peu importe son niveau de conscience, commencera à tout remettre en question et à ressentir de l'insatisfaction.

La Terre Mère prend pleinement conscience actuellement des éléments de dévastation, de douleur et de souffrance qu'elle a subis depuis qu'elle a accepté d'être votre hôte pour cette expérience grandiose et qu'elle avait enfouis dans sa mémoire subconsciente. Elle aspire aussi maintenant à retrouver et à revêtir son habit de Lumière. Elle se rend compte que cela est désormais possible, et rien n'arrêtera sa progression vers sa destinée d'étoile lumineuse. J'ai déjà parlé des grilles de conscience en forme d'alvéole de nid d'abeilles qu'on réinstalle autour de la Terre. Elles sont désormais bien en place, et grâce à vos efforts, loyaux guerriers de la Lumière de par le monde, elles s'emplissent peu à peu d'une substance lumineuse divine : des résonances, ou fréquences, requises pour amener la Terre et l'humanité à un niveau de conscience supérieur.

Ces grilles équivalent à la circulation sanguine de la Terre. Lorsque les fréquences supérieures atteignent des poches d'énergies négatives obstruées, ou blocages, le stress et le chaos s'ensuivent dans un premier temps, tout comme si la planète souffrait d'hypertension. La Terre et vous êtes bombardés de cette énergie cosmique subtile depuis l'intérieur et l'extérieur. Les portails stellaires, ou autoroutes cosmiques, s'ouvrent, et du coup l'énergie du grand Soleil central afflue librement dans ce quadrant de la galaxie où se trouve votre système solaire. Les ténèbres profondes du subconscient de la Terre et de l'humanité sont inondées de ces fréquences subtiles de Lumière.

Tous les anciens souvenirs de vos expériences sur le plan physique refont surface, comme ceux contenus dans la conscience de cette planète. Plusieurs d'entre vous ont consenti à prendre un corps physique dans des régions où ont sévi la pire destruction et la plus terrible négativité. Vous y étiez, amis intrépides, et vous avez souffert aux côtés de maints autres. Vous portez en vous ces souvenirs qu'il faut guérir et équilibrer, et ensemble vous produirez ce miracle pour l'humanité et pour la Terre aussi. Comme je l'ai déjà expliqué, vous avez consenti à aider à la guérison et à l'harmonisation de tout ce qui s'est produit jadis, puisque cette énergie doit être requalifiée et harmonisée afin que vous puissiez progresser. Le passé est tissé d'énergies et de potentiels déjà utilisés. Il est gravé au sein de la mémoire de la conscience collective et entrelacé dans la tapisserie cosmique. Mais le passé est, comme l'avenir, fluide et flexible, et peut être requalifié et tissé de nouveau. Ainsi, les erreurs et les imperfections seront effacées.

Le futur déborde d'infinies promesses. Il s'agit d'une substance cosmique primaire qui attend que vous, cocréateurs du monde de demain, la façonniez et l'employiez. Mais il vous faut réapprendre et vous souvenir de la manière de saisir et d'utiliser ce don merveilleux. Il en va de même pour la Terre Mère. Les royaumes des Devas et des Élémentaux, sous la gouverne suprême des sept Élohim et des constructeurs de la forme, ont été commissionnés pour manifester et surveiller le plan/schème divin pour la planète Terre. Ces êtres magnifiques, depuis le plus grandiose jusqu'au plus humble, ont servi avec désintéressement des éons durant, jusqu'à ce qu'ils ne puissent plus supporter la négativité et les forces destructrices qui les assaillaient constamment. Ils retirèrent progressivement leur énergie. Tout comme votre Soi âme s'est peu à peu dissocié de votre corps physique, ne vous laissant qu'un fin fil argenté pour vous relier à votre divine présence JE SUIS. Il en fut de même avec la force vitale de la Terre qui est fournie aux royaumes des Devas et des Élémentaux par votre Logos solaire. La substance vitale primaire suffisait à peine à maintenir la Terre en vie et à l'empêcher de s'autodétruire ; cela étant, elle s'est donc endormie elle aussi. Cette époque s'achève. Les magnifiques serviteurs du Créateur, les royaumes des Devas et des Élémentaux, ont désormais pour ordre d'inonder cette planète à plein régime de leurs quatre éléments vitaux : le feu cosmique, force vitale de la Création ; le souffle de Dieu, élément air ; l'élément eau, purificateur et support de la vie ; et l'élément terre, base de votre existence sur le plan matériel. Vous croyez que les bouleversements climatiques, que la Terre en changement constituent des forces naturelles destructrices, mais nous les concevons comme un processus nécessaire pour restaurer la santé et l'équilibre de la planète. Les éléments ne sont pas vos adversaires, ce sont les dons divins du Créateur. Mais vous les avez mal employés et avez exploité la Terre et vous-mêmes. C'en est assez ! Tout comme pour un mauvais garnement, le temps est venu pour l'humanité de rendre des comptes et d'être responsable de ses actes.

Les régions de ce globe qui ont le plus besoin de purification et d'harmonisation sont maintenant évidentes. Nous cherchons à y minimiser la douleur et la souffrance. Et comme nous l'avons mentionné, la destruction massive de votre planète ne fait plus partie des scénarios plausibles. Néanmoins, il en va pour la Terre comme lorsque vous laissez votre corps physique se détériorer au point que votre force vitale devient menacée. Et dans ce cas, des mesures draconiennes s'imposent.

C'est pourquoi nous affirmons que les heures que vous

vivez sont si critiques. Vous devez saisir toutes les chances d'aider cette planète à faire naître et à récupérer son corps de Lumière. Voilà pourquoi nous vous avons demandé de vous rassembler chaque pleine lune pour méditer avec l'intention de permettre au flot de force vitale cosmique d'affluer en vous et dans la terre. Vous devez profiter de chaque occasion qui s'offre à vous dans le cadre du vaste dessein de la Création. Nous vous demandons de prendre conscience de l'occasion prodigieuse que vous avez de participer à la transformation de la Terre et de l'humanité.

Rassemblez-vous au moment de l'équinoxe du printemps et pour la célébration du Wesak à la pleine lune du Taureau. Le solstice d'été est l'époque où la force créatrice pour l'année entière est à son apogée, où vous disposez du potentiel optimal pour orienter et façonner vos rêves et vos aspirations, et pour les réaliser. Cet objectif commun vous unit dans l'intention désintéressée de seconder la transformation et la restructuration de la Terre. Et vous aurez alors à votre entière disposition tout le carburant et tout le feu de la Création.

Votre rassemblement sur le plan physique est certes puissant, magique, mais s'il ne peut se produire, sachez, bien-aimés, que votre participation au Grand Tout est quand même indispensable. En ces instants sacrés, que vous soyez seuls, en compagnie d'une personne ou de milliers d'autres, vous susciterez un lien du cœur autour du monde. Et la flamme incandescente à votre cœur et votre souffle sacré captureront, enflammeront et feront rayonner le don précieux et exquis qu'offre le Très-Haut au champ énergétique de la Terre.

Peu importe que vous jugiez votre contribution trop modeste pour avoir un impact, elle est d'une importance vitale. Ensemble, vous pouvez déplacer des montagnes, apaiser les mers, calmer les éléments tempétueux, le feu et l'air. Faites appel aux Devas et aux Élémentaux bénis, sollicitez leur collaboration, leur secours, pour rétablir un lien, un rapport fonctionnel entre vous. Vous avez rétabli un lien avec l'élémental de votre corps et votre Soi supérieur, et le temps est maintenant venu d'œuvrer encore une fois en harmonie avec les forces élémentales de la Création. Vous y gagnerez, je vous le garantis.

Je vous demande de laisser de côté votre esprit analytique un petit moment. Voyez, ou sentez, votre esprit conscient se déplacer vers le côté, comme s'il était perché sur votre épaule. Donnez-lui une forme tangible. Faites l'exercice quand vous êtes dans un état contemplatif ou lorsque vous tentez d'accéder à votre conscience supérieure ou causale, en vue d'atteindre la sagesse de votre Esprit. Il vous est impossible de vivre ou d'opérer uniquement dans votre corps émotionnel, ou de fonctionner exclusivement dans votre corps mental. L'Esprit doit habiter l'ensemble du corps, il ne se destine pas qu'au cœur (les émotions) ou qu'à la tête (l'intellect). Le temps est venu de connaître la science de l'Esprit et pas seulement ses émotions. La plupart des religions contemporaines se fondent sur les émotions de l'Esprit ; elles provoquent de ce fait des émotions basées sur la peur, tels la culpabilité, la honte, une piètre estime de soi, le sentiment d'impuissance et de ne plus avoir sa destinée en main.

Maintenant, grâce à votre vision intérieure, donnez également forme à votre subconscient. Ce peut être une figure humaine ou, tout simplement, une forme ou une couleur fluide. Nous souhaitons que vous sachiez, sans l'ombre d'un doute, que ces aspects élémentaux de votre être sont réels et qu'ils exercent sur vous une influence considérable. Il n'y a pas de manière juste ou erronée d'effectuer l'exercice ; il s'agit d'une expérience personnelle qui n'est valide que pour vous seul.

Visualisez votre subconscient à l'intérieur d'une grande pièce percée de nombreuses portes et emplie de filières, toutes fermées à clé. Ces sombres compartiments contiennent tous les souvenirs subjectifs, subconscients, préservés à cet endroit au fil des âges : la peur, le sentiment d'échec, le sentiment de ne pas être à la hauteur et de ne pas être aimé. Là gisent les énergies du rejet, de l'abandon, de la honte, de la culpabilité – les dépendances et les phobies qui vous ont tous maintenus assujettis à la souffrance au cours de votre expérience terrestre.

Priez votre divine présence JE SUIS de faire rayonner un faisceau de Lumière cristalline blanche et de flamme violette au travers du chakra coronal. Visualisez que cette énergie purificatrice et transformatrice emplit la vaste salle. Puis ouvrez sans hésiter les portes et les compartiments en imaginant que cette Lumière prodigieuse imprègne tous les coins et recoins, qu'elle enclenche le processus d'illumination et d'équilibrage de l'énergie mal qualifiée. Toutes les formes-pensées et les énergies qui sont destinées à votre bien suprême sont intactes et s'accentuent, cependant que les énergies et les formes-pensées qui ne vous servent plus se dissipent progressivement et laissent place à des pensées, à des besoins et à des impulsions tous valorisants.

Une fois cet état réceptif établi pour permettre à votre subconscient de faire éclore cette information inédite et vitale, votre esprit conscient ne se surchargera pas, ne se fermera ni ne rejettera cet apport du fait d'être entravé par la pensée linéaire, conditionnée.

La dernière étape de ce processus consiste à surveiller ou à filtrer toute nouvelle information passant par la région de votre cœur/thymus, votre baromètre de vérité. Si celle-ci vous semble juste, expansive, si elle vous amène à ressentir votre pouvoir, alors adoptez-la comme votre vérité. Si elle vous paraît restreinte, menaçante, tyrannique ou issue de la peur, alors renoncez-y, ne vous l'appropriez pas. Si, cependant, vous percevez une sorte de neutralité et êtes dans le doute, il s'agit peut-être d'une vérité nouvelle qui s'apprête à s'intégrer à votre système de valeurs. Il faudra peut-être quelque temps avant qu'elle ne soit confirmée. Si vous en faites la demande, elle sera validée par un rêve, un livre, un événement ou une personne. Il faut simplement laisser le temps vous apporter la certitude recherchée.

Je vous ai exposé les règles de base et je vais maintenant illustrer pour vous ce qu'est cette vérité évoluée qui est sur le point de faire partie intégrante de vos convictions. Vous pourrez ainsi profiter au maximum de ce qui vous est offert. Depuis que la Terre est descendue dans les fréquences de la troisième dimension, votre Soi divin, vos guides et vos maîtres se sont toujours chargés de vous entre chacune de vos incarnations. Ensemble, vous déterminiez le thème de la vie subséquente et ce que seraient les circonstances les plus favorables aux progrès spirituels. Mais vous savez déjà tout cela. En revanche, on vous a donné une mission, une occasion de servir et de grandir en conscience. Plusieurs vies durant, cette fonction s'avéra fort simple. Mais à certaines époques, on vous a assigné une mission d'importance qui nécessitait de la sagesse, un grand dévouement et du courage. Imaginez que vous êtes face à votre grandiose présence JE SUIS et pénétrés d'une substance lumineuse cosmique équivalente au voltage d'une ampoule électrique de 100 watts, cela en vue d'une existence aisée. Néanmoins, si on requérait de vous une évolution spirituelle importante, qu'on vous en offrait l'occasion ou qu'on vous priait d'aider au plan divin, on vous consentirait alors, hypothétiquement, une énergie équivalente à 1 000 watts, et même davantage. Comme le veut le dicton : « Qui reçoit beaucoup doit donner autant en retour. »

Vous avez connu des vies où vous étiez doués de dons prodigieux, comme ceux que vous voyez peut-être en d'autres aujourd'hui et que vous leur enviez. Chacun d'entre vous a eu l'occasion de devancer les masses et d'exercer une influence sur le futur de l'humanité et de la Terre. Lorsque vous employiez ces dons pour le bien de tous, votre réserve de substance vitale cosmique s'accroissait. Vous ne l'avez cependant pas toujours intégrée à votre expérience sur le plan physique. C'est pourquoi nous affirmons qu'il ne faut pas toujours juger d'après l'apparence. Le clochard dans la rue pourrait bien avoir choisi de faire l'expérience de cet aspect de l'existence, alors même qu'il possède des dons immenses et des richesses entre les mains de son Soi divin. C'est bien sûr une explication un peu simpliste de ce qui se produit entre deux existences, avant que vous n'assumiez une nouvelle mission dans le monde physique. Toutefois, vous aurez une idée générale, ainsi que l'occasion de déployer votre conscience de façon à mieux saisir la manière dont évolue l'Esprit et comment il agit en vous et à travers vous.

Je souhaite instiller en votre conscience la PROMESSE DORÉE que nous vous avons faite avant votre présente incarnation sur ce plan physique. Nous des royaumes supérieurs et vous-mêmes savions que cette époque de l'évolution de la Terre et de l'humanité en était une où, comme vous le dites : « Ça passe ou ça casse. » *Cette promesse sous-entendait que vous auriez l'occasion en cette seule vie d'accéder et de puiser à volonté et pleinement à la substance vitale cosmique conservée au cœur de votre divine présence JE SUIS.* Voilà pourquoi un nombre si important d'entre vous évoluent à pas de géant : ils atteignent, intègrent et font rayonner une sagesse, un amour et une Lumière sans cesse croissante.

C'est aussi la raison pour laquelle il est d'une importance capitale que vous équilibriez et harmonisiez vos quatre systèmes corporels et que vous permettiez à la radiance de l'Esprit d'affluer en vous et à travers vous. En honorant et en équilibrant votre corps à l'aide de pensées pures et aimantes, et en vous adonnant aux exercices de respiration profonde et vivifiante et à une activité ou à des mouvements énergisants, vous engendrez l'environnement idéal pour que votre essence divine, l'étincelle du Créateur, retrouve sa suprématie sur votre réceptacle physique et s'y installe. Dès lors, la PROMESSE DORÉE se réalisera. Quelles merveilles se préparent parmi vous et sur cette planète bénie ! Apercevez, au-delà du malaise actuel, la perfection que recèle votre avenir, intrépides guerriers. La victoire est à l'horizon. Ne défaillez pas, loyaux amis. Nous sommes tout près, nous vous entourons, nous vous protégeons et nous vous aimons infiniment. JE SUIS l'archange Michaël.

3. LE FUTUR EST MAINTENANT

Maîtres bien-aimés, une Terre nouvelle voit le jour alors que vous émergez du cocon qui vous emprisonnait depuis si longtemps. Vous exercez vos muscles spirituels et déployez vos ailes rayonnantes, car vous vous épanouissez et prenez vos corps de Lumière multidimensionnels. Il existe une myriade de futurs possibles auxquels plusieurs d'entre vous ont accès, car ils fusionnent leur mental avec le flux cosmique de réalités potentielles. Il vous faut décider laquelle de ces réalités vous souhaitez manifester. C'est pourquoi nous vous avons demandé de prendre un moment pour réfléchir à ce que vous envisagez pour le nouveau millénaire – il vous faut raffiner cette vision unique, puis faire tout en votre pouvoir pour la concrétiser dans le monde de la forme. N'oubliez pas le principe bien connu selon lequel l'univers se réorganise pour se conformer à votre idée de la réalité. Ainsi, si vous entendez dire que votre ville ou votre pays doit connaître une certaine destruction dans un avenir rapproché, ou qu'un nombre plus grand de cataclysmes est nécessaire pour que le Nouvel Âge voie le jour, ne faites pas de ces prédictions votre vérité.

Vous êtes beaucoup plus puissants que vous ne le croyez, et particulièrement lorsque vous unissez vos efforts pour le bien suprême de tous. Vous êtes la création de l'Esprit de Dieu, et vous êtes encodés et conçus avec le désir profond de créer. En ces époques cruciales d'évolution et de transformation, chacun de vous a été (ou sera) attiré là où il pourra servir le mieux. Soit en servant ceux qui l'entourent – par le partage de ses talents et dons uniques –, soit parce que des énergies spécifiques sont encodées en son schème directeur divin et s'avèrent indispensables à l'évolution de cette région. Ou encore, sa structure cérébrale comporte peut-être des faisceaux ou des fréquences de Lumière qui permettront d'activer les énergies cristallines latentes en la Terre depuis des millénaires. Ces structures vous attendent, ainsi que ceux qui sont harmonisés avec vous, de sorte qu'elles puissent projeter leur Lumière radiante dans le système solaire et recevoir ainsi les fréquences raffinées présentement émises vers la Terre. Ces fréquences envelopperont également le globe terrestre lorsque la toile de Lumière dorée sera rétablie, facteur critique du processus de réunification. Beaucoup a été accompli, mais il reste encore un travail énorme à abattre, et chacun de vous est un participant clé.

En vous unissant et en consentant à servir de catalyseurs pour cette énergie, vous la canaliserez à travers vos réceptacles physiques afin qu'elle puisse capter vos patterns de fréquence uniques avant même que les fréquences combinées ne soient transmises dans les profondeurs, au noyau cristallin de la Terre. Sachez que, au sein même de vos réceptacles physiques et par vos intentions bienveillantes, vous détenez les clés qui favorisent le retour à la vie de ces magnifiques structures de Lumière. Vous rendrez par le fait même un immense service à l'humanité et à la Terre, car ce processus important soulagera le stress et la tension causés par l'évacuation des contraintes et des imperfections pendant votre traversée de la quatrième dimension, en route vers la liberté et l'harmonie de la cinquième dimension.

Plusieurs d'entre vous en sont à guérir les anciennes blessures et les souvenirs de l'Atlantide et de la Lémurie, alors que beaucoup d'autres accèdent actuellement aux fabuleux souvenirs provenant des grands centres de Lumière des temps jadis. Dès lors, vous utiliserez toutes ces énergies pour aider à créer la perfection du futur. À mesure que progressent les missions qui vous ont été attribuées, vous êtes appelés à une action courageuse et intrépide. N'oubliez pas, amis bien-aimés, que vous avez donné votre consentement.

Les grandes transformations et le vécu qui prennent place en ce moment sur terre constituent une première dans l'histoire de la Création. Vous serez considérés comme les architectes divins qui auront bravé l'inconnu ici, en cet avant-poste reculé. Vous avez endossé un vêtement de chair et plongé dans le bourbier de l'illusion tridimensionnelle. Le temps est venu de vous défaire du joug qui vous asservit. De réclamer votre droit de naissance divin et votre héritage. Bien-aimés, si seulement vous saviez à quel point vous êtes aimés et nous vous respectons ! Si seulement vous pouviez vous souvenir de ce que vous étiez, de ce que vous êtes dans les dimensions supérieures, vous ne seriez ni angoissés ni tristes. Vous sauriez alors que vous avez tous le pouvoir, la sagesse et les outils nécessaires à la recréation du paradis sur terre. Et une fois votre tâche achevée, vous rentrerez à la maison, parmi les étoiles. Croyez-le bien, nous attendons de vous accueillir à bras ouverts, au milieu de grandioses célébrations.

Tous les modèles négatifs profondément incrustés surgissent des tréfonds de votre mémoire et de votre ADN pour se dissiper une fois pour toutes. Et nous ressentons votre irritation, votre confusion, votre crainte d'être châtiés ou d'avoir commis une erreur. Je vous assure, amis très chers, que tout cela se produit parce que vous faites précisément ce qu'il faut. Nous ne souhaitons pas minimiser votre souffrance ni votre malaise, mais nous vous offrons des conseils et notre soutien. La Terre subit un processus de purification, de même que tous les êtres vivants. En permettant à ces énergies de Lumière purificatrice de pénétrer tout votre corps, vous évacuerez et raffinerez tout ce qui est d'un niveau vibratoire moindre. Êtes-vous capables de concevoir ce malaise passager comme une occasion d'évacuer tout ce qui ne sert pas le bien suprême ? Employez donc tous les moyens disponibles pour soulager les symptômes et les maux, sachant qu'au terme de ce processus, vous serez prêts à admettre de plus grandes infusions de Lumière.

Nous avons tenté de vous aider à comprendre les lois universelles de création et les sept rayons de l'existence, ou les vertus et attributs du Créateur de votre système solaire. Les prismes des sept rayons cosmiques se consolident, car ils sont projetés par l'entremise de la lumière solaire dans votre corps afin de vous octroyer le pouvoir et de vous amener à la plénitude. Vous arrivez à maturité, car vous assumez la responsabilité spirituelle et acquérez la sagesse d'un maître. Mais il reste encore beaucoup à faire, et plus que jamais il vous faut faire preuve de discernement. Vous passez désormais des harmoniques du sept aux harmoniques galactiques du douze. Pour cette raison, il est de toute première importance d'équilibrer votre système physique de chakras au moment où vous accédez à la puissance croissante des vibrations des rayons supérieurs. Gardez les pieds fermement sur terre, amis bien-aimés, lorsque vous vous tendez vers les étoiles ; sinon, votre réceptacle physique ne pourra supporter l'influx plus abondant d'énergie cosmique et vous ne pourrez servir ni vous-mêmes ni personne d'autre. La Terre est votre support, votre sustentation ; le temps est venu de seconder votre planète mère, car vous êtes inexorablement liés jusqu'à ce que tous deux, Terre et humanité, vous passiez au prochain stade de l'illumination.

Comme dans toute transformation importante, le pendule de l'opinion publique ou de la conscience collective connaît des écarts importants avant de fixer une norme acceptable. De nombreux enseignements et allégations circulent – dont bon nombre sont dans votre intérêt. Par contre, d'autres affirmations ayant cours vous effraient et sont susceptibles de saper votre pouvoir. On évalue également de nombreux produits censés accélérer votre illumination et « faire le travail à votre place ». Plusieurs de ces outils sont valables et vous seront utiles sur la voie. Mais n'oubliez pas, amis bien-aimés, que le travail intérieur est de votre ressort. C'est à vous seuls qu'il revient de franchir la voie vers l'illumination ; personne d'autre ne le fera à votre place.

Vous voilà au cœur de la transition vers le nouveau millénaire – une époque de festivités et non pas de peur et d'incertitude. Vos craintes ne sont pas fondées, car elles s'appuient sur les vieilles illusions tridimensionnelles. Si vous avez pris à cœur les vérités que nous avons partagées avec vous, vous n'avez rien à craindre.

Pour plusieurs, le temps des moissons et des actions de grâce est venu. Pourtant, d'autres dans le monde sont dans l'indigence. Nous demandons à ceux d'entre vous qui vivent dans des contrées d'abondance de procéder à un inventaire de ce dont ils ont besoin pour mener une existence agréable. Il vous faut décider ce qui possède une valeur véritable dans votre vie. Devez-vous vraiment posséder des gadgets et des biens matériels toujours plus performants, plus grands et en plus grand nombre pour être heureux et avoir une vie confortable ? Bien sûr que non ! Votre monde se transforme rapidement, et nous vous l'affirmons : d'ici les prochaines années de votre temps, vos priorités se modifieront radicalement. Nous ne vous demandons pas de renoncer à vos biens mais de prendre conscience que le bonheur, la joie et la satisfaction sont des attitudes intérieures. En permettant à votre âme/Esprit de retrouver sa suprématie en vous, vous n'aurez plus à chercher à l'extérieur de vous-mêmes une confirmation ou le bonheur.

Ferez-vous aussi de cette époque un temps de pardon ? Le moment est venu de revenir à l'harmonie entre les races, les religions et les cultures, de même qu'au sein de la famille, entre amis et au travail. Faites le serment de voir uniquement avec les yeux de l'amour, d'entendre avec des oreilles tempérées par la compassion et de rayonner l'amour de l'Esprit depuis votre cœur. Quelle immense différence une telle attitude ferait, amis bien-aimés ! L'unité et l'harmonie sont les mots d'ordre de ces temps de changements précipités. Si chacun prenait à cœur les mots de ce paragraphe et les mettait en pratique, votre monde s'améliorerait avec la rapidité de l'éclair. Lorsque la colère ou le jugement dominent votre cœur, vous seuls en souffrez puisque vous limitez ainsi le flot de la Lumière christique. Aimez et appréciez les gens qui vous entourent pour leurs caractères uniques et leurs natures diverses. Si vous les tenez pour détestables ou indignes d'être aimés, diffusez l'amour et la compassion vers l'étincelle du divin en eux. Même s'ils sont pour l'instant sous l'emprise de la crainte et du déni, sachez qu'ils sont en quête de bonheur et d'amour à leur manière et qu'ils emprunteront la voie de l'amour et de l'harmonie divins en temps opportun. Si vous enseignez par l'exemple, grâce à vos pensées et à vos actions bienveillantes, vous aiderez à la transmutation de maintes chères âmes enchaînées à la Terre.

Il faut maintenant rappeler à votre esprit une autre question abordée auparavant. Sachez que vous pouvez être d'un grand secours aux chères âmes confrontées au processus de la mort physique. Incluez-les dans vos prières quotidiennes et ajoutez votre énergie bienveillante à la colonne d'amour/ lumière blanche qui s'élève de la Terre vers les dimensions supérieures. Par la suite, imaginez que toutes ces âmes s'élèvent au centre de cette colonne et s'immergent dans le rayonnement purificateur de la Flamme violette. Voyez les anges de miséricorde les entourer et les aider à se libérer de l'attraction magnétique du domaine physique. Les trois plans astraux inférieurs se dépeuplent progressivement et se raffinent. Par conséquent, ces êtres aimés traversent rapidement les troisième et quatrième dimensions pour entrer dans la Lumière raréfiée. Nous savons que vous pleurez les êtres qui vous étaient chers et ceux qui vous sont repris, et nous

sommes à vos côtés pour vous consoler en ce temps de deuil.
Sachez toutefois qu'ils sont dans la joie : on les prépare à
revenir sur la Terre doués d'une conscience plus vaste afin de
seconder le processus évolutif, ou encore, on leur assignera
une mission dans les royaumes de Lumière et ils serviront
alors depuis les dimensions intérieures. Les voiles qui sépa-
rent les dimensions s'estompent et vos facultés télépathiques
s'éveillent : ces êtres chers attendent d'échanger avec vous en
temps opportun.

Sachez que peu importe où vous vivez, vous pouvez
aider à l'activation des énergies cristallines au cœur de la
Terre. Rassemblez-vous partout où vous le pouvez et aussi
souvent que possible. Nous vous avons enseigné cette méditation déjà, mais aujourd'hui, il est de toute première
importance que vous participiez à l'éveil de la Terre et de
l'humanité.

*Conviez votre Dieu père/mère et tous les grands êtres de
Lumière à se joindre à vous. Respirez en profondeur et
imaginez qu'un faisceau de Lumière blanc doré émanant du
Créateur illumine votre tube de Lumière pranique et qu'elle
pénètre profondément au cœur de la Terre. Inspirez profondément et rythmiquement à partir de ce prana vital, et sentez
qu'un vortex d'énergie s'amoncelle en votre corps. Ressentez
qu'une force, un tourbillon de puissance divine, s'accumule.
Centrez votre conscience en votre cœur, sentez que l'amour
pour la Création tout entière imprègne votre être jusqu'au
centre de la Terre, à mesure que vous tissez ce vortex d'énergie cosmique en vous. Voyez ce tourbillon s'emplir de la
Flamme violette magique et d'un faisceau scintillant de
couleur magenta dont le centre est d'un bleu électrique et
d'un blanc lumineux. Vous êtes désormais des piliers de
Lumière rayonnant l'essence pure de la force vitale cosmique.
Déplacez votre conscience vers le troisième œil, et comme
nous vous l'avons enseigné, focalisez-vous sur le centre de*

votre cerveau : vous déclencherez les clés et les codes que vous portez et qui constituent votre don et votre contribution au schème directeur. Émettez un faisceau de Lumière depuis votre plexus solaire et votre troisième œil, et imaginez grâce à votre œil intérieur qu'ils forment un V devant vous, à environ un mètre au-dessus de la Terre. Avec votre vision mentale, observez ces énergies qui s'enflamment et se dispersent autour du globe terrestre pour se relier à celles de vos frères et sœurs spirituels. Voyez cette colonne de Lumière s'étendre, envelopper et englober l'endroit où vous vous trouvez pour rayonner de plus en plus loin chaque fois que vous vous concentrez sur elle. Maintenez cette vision et ce focus jusqu'à ce que vous entendiez en votre cœur : « C'est accompli. C'est accompli. »

Braves guerriers, ne vous découragez pas – l'obscurité est toujours plus opaque juste avant l'aube. Vous faites des progrès considérables. Les ombres et les régions ténébreuses de la Terre et des esprits de l'humanité ne pourront pas résister plus longtemps à l'éclat de la Lumière christique. Accrochez-vous à votre vision. Soyez courageux et encouragez les autres dans cet audacieux cheminement vers la Lumière du monde futur. Nous sommes à vos côtés et nous vous entourons du halo de l'amour de Dieu. JE SUIS l'archange Michaël.

4. EN QUÊTE DE VOTRE QUINTESSENCE : VOTRE IDENTITÉ VÉRITABLE

Maîtres bien-aimés, le temps est venu de vous amener au niveau subséquent de la conscience, du savoir et du processus transformationnel. Aujourd'hui, nous souhaitons vous entretenir de ces questions fondamentales, du noyau essentiel de votre être, de votre quintessence. Vous vous êtes dépouillés des couches de négativité, de concepts déformés et d'anciens systèmes de valeurs, l'un après l'autre, comme on pèle un oignon. Depuis un certain nombre d'années déjà, vous scrutez les profondeurs de votre subconscient pour cerner et examiner votre ombre : toutes les convictions subjectives, les craintes, les contraintes, les demi-vérités et les méprises qui s'y sont incrustées au fil des âges. Depuis longtemps, plusieurs d'entre vous se sont efforcés d'éradiquer ces croyances, habitudes et traits qui ne leur servent plus, toutes ces attitudes qui les enchaînent à la peur, à la limitation, à la culpabilité, au désespoir et à un sentiment d'infériorité.

Nous savons que le processus a été long, douloureux et contrariant, mais nous vous apportons d'heureuses nouvelles. Ceux d'entre vous qui ont courageusement parcouru le désert désolé du subconscient, qui ont ouvert les portes closes de leur monde intérieur et affronté l'ego, le moi instinctif, émotionnel et le mental rigide et tyrannique, ont accompli une œuvre formidable et se sont mesurés à des adversaires de taille. Après tout, ces derniers ont régné depuis des millénaires et n'avaient jamais consenti à se soumettre à une autorité sans une lutte acharnée. Mais vous avez persisté et gagné, ou êtes en train de gagner, la bataille.

Ces zones de votre être intérieur qui se sont finalement soumises à la gloire et aux merveilles de la Lumière christique sont désormais inondées de ses pouvoirs curatifs et reviennent à un état d'amour naturel. Il s'agit d'un processus d'accord, de coopération et de réunion avec le reste de votre être véritable. Les parties restantes se rendent compte qu'elles ne perdront pas leur valeur ni leur fonction dans votre vie, mais qu'elles acquerront encore plus de pouvoir en fusionnant, en se mêlant et en s'harmonisant à la totalité de l'essence et de la magnificence de ce que vous êtes. Voilà la voie du maître, soit les étapes, les épreuves et les tribulations qu'il faut affronter et surmonter.

Ainsi, nous en arrivons à l'étape subséquente dans le processus. Vous commencez seulement à percevoir quels êtres merveilleux et puissants vous êtes. Mais vous n'avez pas la moindre idée de votre envergure réelle, croyez-nous !

Maintenant, le temps est venu d'identifier et de réclamer votre ascendant sur cette essence primordiale qui constitue votre identité véritable. Vous n'êtes pas qu'un être humain mâle ou femelle, qu'un habitant de la planète Terre. Vous n'êtes pas qu'une âme emmurée dans un corps physique dont le Soi supérieur est un aspect de l'être plus vaste nommé divine présence JE SUIS. Vous possédez d'importantes connexions, mes amis, et comme certains aiment à le dire, vous êtes de lignage royal et avez des ancêtres de grand renom.

Vous êtes les semences d'étoiles, les éclaireurs, mais vous savez déjà cela. Nous ne voulons pas vous laisser croire que vous êtes « mieux » que le reste de l'humanité. Le temps est tout simplement venu pour vous : vous en êtes à ce stade de votre évolution. Les missions que vous vous êtes vu attribuer au fil de vies innombrables et des siècles vous ont placés dans les circonstances actuelles.

Nous vous avons expliqué pour quelle expérience unique la planète Terre a été conçue et comment nombre d'entre vous sont venus de civilisations lointaines ou d'autres univers pour servir de représentants de votre monde ou système stellaire. Il s'agissait d'y apporter l'expertise de votre race ou d'acquérir une connaissance et une expérience pour les rapporter à votre civilisation. Tous, vous avez répondu à l'appel et assumé votre devoir en tant que participants à cette grandiose expérience : la planète Terre. Chacun d'entre vous a reçu une mission qui a débuté sur le plan universel lors de grands conciles et en compagnie des dieux créateurs.

Certains d'entre vous ont le souvenir, enfoui au cœur de leurs neurones, d'avoir participé à la conception complexe et mystérieuse de cette galaxie, de ce système stellaire et de la planète Terre. Plusieurs se souviennent d'être venus en tant que gardiens de la Terre dans le but de surveiller l'élaboration et la densification de ce joyau de l'univers. D'autres encore contribuèrent à inculquer à la Terre son réseau de lignes magnétiques et de courants telluriques. Vous manipuliez alors de puissants courants d'énergie électromagnétique ; la Terre vous doit la toile, ou champ, éthérique qui l'entoure.

D'aucuns ont rapporté de leurs mondes les encodages d'ADN pour les minéraux, les pierres précieuses, les éléments (le feu, l'air, la terre et les eaux limpides), alors que d'autres ont apporté les plans directeurs et les fréquences vibratoires indispensables à l'élaboration des merveilleuses flore et faune, des espèces animales, des oiseaux et de toutes les créatures destinées à peupler la Terre. Certains autres, sous la direction des royaumes angéliques, ont contribué à doter d'une toile, ou corps, éthérique toutes ces merveilles. Ils aidèrent ensuite les Élémentaux et les Devas à assumer la charge de veiller sur ces précieuses créations.

D'autres encore endossèrent la lourde responsabilité de prendre une forme humaine et d'ensemencer l'humanité des germes de diverses civilisations pour établir les cinq races souches et leurs sous-races (deux races souches restent encore à venir). Plusieurs apportèrent des données scientifiques importantes, des facultés et une agilité mentales, alors que d'autres furent porteurs de l'énergie de la déesse et ancrèrent sur terre les flots immenses de Lumière qui affluaient depuis la source créatrice.

Quelques-uns reçurent pour mission (quand fut venu le moment de vous fragmenter en âmes individuelles) de voir à cet aspect de l'expérience qui consistait à se souvenir de votre connexion à votre complément divin avant de vous séparer en un corps masculin ou féminin, les pôles de la forme physique. Au fil des âges, il fut de votre devoir de rechercher cette contrepartie idéale de vous-mêmes, et le parcours a été long et douloureux. Mais aujourd'hui, beaucoup se rendent compte que cette contrepartie n'est pas extérieure à eux-mêmes mais bien intérieure. Et paradoxalement, c'est seulement à ce moment que vous serez prêts à rencontrer cette âme sœur véritable sur le plan physique ou à vous reconnecter avec votre complément divin sur le plan intérieur s'il n'était pas présentement incarné. Tant et si bien que vous n'aurez plus jamais à vous sentir seuls. Ne vous trompez pas, bien-aimés, une liaison sur le plan intérieur avec votre douce moitié pourrait s'avérer plus merveilleuse, plus enrichissante qu'un rapport physique.

Plusieurs mettront peut-être en doute cette vérité ; il leur faudra nous faire confiance sur ce point. Par contre, une fois établie cette connexion sur les plans intérieurs avec votre âme sœur, et avec votre famille spirituelle véritable, jamais plus vous ne ressentirez la solitude.

Plusieurs d'entre vous se sont sentis trahis, abandonnés lorsqu'ils se sont retrouvés coincés dans un corps physique, désormais incapables d'en sortir à leur guise. Vous aviez pour mission de concentrer l'Esprit dans un corps physique, de l'y intégrer et de devenir une extension de votre divine présence

JE SUIS en manifestant, en développant et en perfectionnant la vie dans son expression physique – par l'entremise du corps mental, émotionnel, astral/de désir, et grâce au don de la volonté. Voilà où l'expérience a mal tourné et où a commencé un rapport ambivalent d'amour-haine qui s'est perpétué et amplifié au cours des millénaires. Contemplez l'humanité dans son ensemble. Voyez à quel point vous vous êtes éloignés des réceptacles parfaits, sublimes dont vous étiez nantis à votre arrivée sur terre – la merveilleuse conception, la prodigieuse structure si complexe que vous habitiez naguère.

Certes, nous vous avons dit que vous n'êtes pas qu'un corps, mais nous avons aussi mentionné qu'il vous faudra ramener chaque aspect de votre être à sa perfection originelle. La plupart des humains sont encore fixés sur la quantité et la variété de nourriture qu'ils peuvent ingurgiter ou sur la quantité de sensations qu'ils peuvent se procurer par l'échange sexuel ou par des plaisirs futiles. Chose certaine, même ces désirs tirent leur origine de votre mission originelle qui s'est déformée, ou a dévié, au point que vous n'avez plus idée de la nature cocréatrice/mentale/émotionnelle ou empreinte de désir qui a été programmée ou encodée en vous.

Certains d'entre vous sont venus en tant que dirigeants nantis de pouvoir et d'autorité ou qu'illustres planificateurs et stratèges. Vous pouvez constater d'emblée les conséquences de l'usage détourné de ces dons. Quand donc ceux qui sont au pouvoir, ces dirigeants-nés qui semblent toujours se mettre de l'avant pour influencer l'humanité, vont-ils s'éveiller et prendre conscience que ces dons leur seront retirés ou se retourneront peut-être même contre eux s'ils n'assument pas la responsabilité de ce grand honneur qui leur fut conféré et s'ils ne se mettent pas à employer leurs capacités pour le bien de tous ?

Certains sont venus comme guérisseurs et soignants, ce qui renvoyait, au départ, à une tâche et à un don des plus honorables, mais la manière dont ceux-ci ont été exploités est également flagrante. Plusieurs emploient ces dons pour ce à quoi ils étaient destinés, mais beaucoup d'autres ont profité de la population et utilisé à mauvais escient leurs connaissances et leurs capacités en vue de contrôler l'humanité et d'accumuler de grandes richesses.

Ceux d'entre vous qui sont venus habités d'un amour fervent à l'endroit du Créateur et de la Terre se sont sentis responsables de la planète. Vous avez toujours su (avant même que le concept ne fasse partie des croyances populaires ou du domaine de l'acceptable) que la Terre était une entité vivante, qui respire. Vous ressentiez une forte affinité avec la nature et avec la splendeur et la diversité que la Terre Mère offre comme présents à l'humanité. Et vous éprouviez une souffrance profonde, personnelle, presque une attaque contre votre personne face à l'abus, à la négligence, à la destruction égocentrique que l'humanité a infligés à ce paradis naguère parfait, immaculé. Vous êtes de ceux qui se sentent parfaitement en paix dans les montagnes, au sein de la nature ou assis sur la plage, à contempler les merveilles de la houle qui écume, ondoie et déferle sur le rivage, tentant de soulager la planète qui dépérit.

Diffusez une énergie aimante, amis bien-aimés. Ressentez la puissance jaillir en votre être lorsque vous amenez les fréquences les plus élevées possible et que vous transmettez cette énergie curative à la Terre. Voyez cette énergie se déverser sur la planète et en purifier et guérir sa toile éthérique. C'est là votre mission, votre participation au plan divin. Vous savez qui vous êtes. Vous reconnaissez la joie, la sérénité et le sentiment de paix ressentis lorsque vous consentez à servir d'instrument de guérison pour la Terre. Cela vous indique bel et bien la nature de votre mission. Et il y a encore ceux d'entre vous qui sont venus pour enseigner, guider et faire circuler la connaissance, pour transmettre un savoir qui évoluera vers la sagesse. Par le fait même, vous avez suscité le changement et permis à de nouvelles philosophies de s'implanter dans l'esprit fertile des enfants et de ceux qui s'éveillent et sont prêts à de nouvelles vérités. Votre tâche est formidable, car vous inculquez la validité de l'amour, de la joie, de la paix, de l'honneur, de l'intégrité, de l'unité et de l'abondance, plutôt que la crainte, la haine, la culpabilité, l'isolement, la contrainte, et en outre, vous enseignez par l'exemple tout autant que par la parole.

Plusieurs sont venus animés d'un amour si grand pour le Créateur qu'il leur fut difficile de s'adapter au monde matériel et au corps physique. Vous êtes de ceux qui ont nié toutes les choses du domaine physique, rejeté le confort matériel, l'opulence et le désir, de même que la forme corporelle parce qu'ils ne croyaient pas pouvoir jouir des sensations du monde physique et les accepter tout en demeurant spirituels. Mais voilà la raison de votre venue, amis bien-aimés. Nous savons que vous êtes capables d'être purs Esprits, de suivre la volonté du Créateur dans les mondes supérieurs. Votre mission consistait à cocréer une terre paradisiaque et à faire l'expérience de toutes les beautés et les merveilles de l'Esprit au sein d'une forme solide, physique. Vous avez châtié votre corps, l'avez affamé jusqu'à la mort et maltraité à l'aide de substances nocives amortissant le cerveau et l'âme. Vous l'avez entraîné dans la bataille au nom de Dieu et êtes morts avec l'idée mensongère que c'était là la volonté de Dieu. C'est la volonté de Dieu notre père/mère que vous viviez au sein de la splendeur, de la perfection, de la beauté et en harmonie avec tous les autres émissaires divins qui partagent la Terre avec vous.

D'autres encore sont venus pour équilibrer les aptitudes et les attributs féminins et masculins de la forme physique. Nous avons souvent abordé cette question et expliqué à quel point vous vous êtes écartés des énergies équilibrées et harmonieuses qui vous habitaient originellement. Renoncez au combat, chers amis. Cessez d'abord de lutter contre vous-mêmes : acceptez votre pouvoir, et aussi votre douceur, acceptez votre autorité et votre compassion, acceptez votre créativité, votre nature intuitive et vos facultés de raisonnement dynamiques, visionnaires. Permettez-vous d'être affables et pourtant forts, d'aimer et d'être aimés tout en préservant votre intégrité et votre identité propre, de donner généreusement tout en sachant recevoir avec joie et en ayant le sentiment d'en être dignes. Voilà les leçons qu'il vous faut apprendre et l'équilibre à chercher, mes guerriers bien-aimés.

Où est votre place dans ce plan divin, amis bien-aimés ? Quel est votre rôle ? Quel est le message imprimé en votre âme ? « Allez et œuvrez... » Quel écho votre cœur vous renvoie-t-il ? Vous le saurez si vous puisez à même votre intuition ou votre âme en lisant ce message. C'est pourquoi celui-ci vous est transmis à ce moment précis, afin que vous puissiez vous concentrer sur votre mission spécifique et commencer à affiner et à perfectionner votre participation à la vaste trame historique en train de s'échafauder. Chacun d'entre vous est indispensable pour l'amener à la perfection, à son achèvement glorieux, amis précieux.

Réclamez votre mission divine dès maintenant – cette étincelle dorée qui dort en vous depuis si longtemps. Adoptez votre identité véritable, celle qui est prête à être reconnue et à éclore. Votre essence primordiale vous appelle... Je vous en prie, répondez ! JE SUIS l'archange Michaël et je vous apporte ces vérités.

5. Employer les lois universelles de la manifestation

Maîtres de Lumière bien-aimés, j'aimerais aujourd'hui discuter avec vous de la loi de la manifestation sous un angle plus intellectuel et scientifique. Laissons de côté pour l'instant la manifestation et la cocréation en harmonie avec l'Esprit en tant que part de votre droit divin et de votre héritage spirituel.

Plusieurs artisans de la Lumière se demandent pourquoi ils ne peuvent pas puiser à même l'afflux divin d'opulence et d'abondance en vue d'accomplir leur mission et de parachever leurs rêves. Nombreux sont ceux qui luttent encore simplement pour survivre et arriver à faire face à leurs obligations quotidiennes. Pourtant, ceux qui opèrent sous l'empire de l'avidité et par abus de pouvoir, immergés dans la troisième dimension, s'enrichissent.

Des lois universelles sont à l'œuvre, des lois neutres auxquelles tous doivent se conformer, les saints comme les pécheurs. Il y a de cela des éons immémoriaux, par décret du Créateur primordial, de grands courants d'énergie ont été diffusés par les Élohim, les archanges et les cocréateurs de votre univers. Tous les êtres animés de l'étincelle divine du Créateur possèdent la capacité d'accéder à cette énergie cosmique, ou électromagnétique, et de créer avec son aide. Mais vous devez en connaître les règles d'emploi, et savoir comment puiser à cette source pour arriver à vous en servir.

Il vous faut d'abord avoir l'attitude mentale correcte : il n'est pas forcément nécessaire que vous soyez des êtres spirituels, bons ou animés de nobles idéaux ; vous pouvez agir depuis un point de vue complètement égoïste, même par désir d'acquérir un pouvoir, un contrôle sur autrui. Les lois de la manifestation fonctionneront quand même. Si vous examinez ou songez attentivement à ceux qui ont réussi à amasser une fortune considérable ou à acquérir un grand pouvoir, vous constaterez qu'ils sont animés d'une vision, qu'ils croient en eux-mêmes et en leur capacité d'accomplir tout ce qu'ils désirent. D'abord, ils acquièrent les aptitudes et les connaissances requises pour devenir des spécialistes dans leur domaine d'activité. Puis ils consacrent autant d'énergie et de temps qu'il est nécessaire pour concrétiser leurs rêves. Ce faisant, ils ne prêtent aucune attention aux commentaires négatifs que peuvent émettre les autres, pas plus qu'ils ne doutent, même un instant, de leur capacité à réaliser leurs objectifs. Aussi, ils savent attirer à eux ceux qui partagent des intérêts et des aspirations similaires. Leur vision est solidement implantée/fixée dans leur esprit, et jour après jour, à chaque instant, ils font ce qu'il faut pour donner corps à leur vision.

Quel est donc leur secret ? Pourquoi réussissent-ils alors que tant d'artisans de la Lumière éprouvent d'énormes difficultés à obtenir le nécessaire pour vivre simplement et avec grâce, et pour avoir le loisir de se concentrer sur la réalisation de leur mission spirituelle et d'apporter leur secours aux autres ?

Vous êtes un champ électromagnétique, amis bien-aimés. Vous émettez des fréquences, des vibrations qui se diffusent et attirent à vous une énergie similaire. Ainsi, si vous avez répété jour et nuit des affirmations ou des mantras demandant la richesse, si vous parlez continuellement de ce que vous souhaitez accomplir une fois cet argent obtenu et si vous aspirez ardemment à l'abondance, de tout votre cœur et de toute votre âme, pourquoi ne s'est-elle pas encore matérialisée ? Parce que vous avez toujours ces vieux enregistrements au tréfonds de votre subconscient qui répètent : « Pour être vraiment spirituel, je dois renoncer à tout ce qui appartient au monde matériel. Je dois sacrifier mon bonheur, mon bien-être, au service des autres – le vieux complexe du martyr. Si je me concentre sur ma croissance spirituelle, Dieu s'occupera de moi. »

Une minute vous êtes enthousiastes et croyez pouvoir conquérir le monde, manifester tout ce que vous désirez, et la minute d'après, vous vous mettez encore à douter de vous-mêmes. Vous répétez vos affirmations pour obtenir l'abondance, puis vous permettez à votre mental-ego agité de s'inquiéter, d'angoisser jour et nuit devant le règlement des factures impayées ou quant à la façon de décrocher un nouvel emploi ou d'avoir un travail mieux rémunéré. À contrecœur, vous payez vos impôts, payez les assurances, les frais de dentiste, etc., plutôt que de rendre grâce et de bénir l'argent qui circule entre vos mains en vous acquittant de vos obligations ou en échangeant vos gains contre des services fournis par autrui.

Très peu d'entre vous possèdent l'attitude mentale juste qui leur permettrait de se trouver à la tête d'une immense fortune, même si, par miracle, elle leur était accordée. Que feriez-vous si, soudainement, vous vous trouviez en possession de plusieurs millions de dollars ? Les garderiez-vous pour vous ? Craindriez-vous de les perdre ou que d'autres s'en emparent par la ruse ? Les dépenseriez-vous gaiement afin de réaliser vos rêves et d'aider les autres à concrétiser les leurs tout en demeurant conscients que votre opulence continuera à s'accroître et que vos besoins et vos désirs seront toujours comblés ?

Nous n'amenons pas ici la notion du bonheur lié à l'opulence ni celle du sentiment d'accomplissement, ni même l'idée que vous méritez l'abondance ou non. Souvenez-vous, nous parlons d'un afflux impartial de substance universelle.

Vous avez certainement constaté qu'un grand nombre des mieux nantis sur cette planète sont aussi des gens malheureux qui s'ennuient. Cependant, il faut tout de même leur accorder qu'ils savent comment puiser à la source universelle par leurs pensées, leurs désirs et leur détermination. Ils ne se détournent jamais de leur objectif. Ils ne laissent jamais quoi que ce soit, ni qui que ce soit, leur faire obstacle ou les détourner de leurs visées. Ils visualisent, désirent, croient et agissent ; c'est pourquoi, ils concrétisent.

Tout d'abord, rendez grâce pour ce que vous avez déjà, reconnaissez les belles choses dans votre vie. Détournez votre attention de ce qui ne va pas en vous, en ceux qui vous entourent et dans le monde. Tentez plutôt de voir ce qui est bien, la beauté et le merveilleux. Vous devez vous comporter comme si vous aviez droit à toute la beauté, à toute l'opulence de l'univers et que celles-ci affluaient en votre vie en quantité illimitée, jusqu'à ce que cela se produise réellement. Nous ne vous disons pas de dilapider de l'argent que vous n'avez pas, mais de prendre conscience des bienfaits qui vous sont déjà disponibles et d'y prendre plaisir.

Vos pensées sont beaucoup plus puissantes que vous ne le croyez ; nous le soulignons constamment, mais vous persistez à laisser votre mental s'agiter, se vautrer, encore et encore, dans le doute, la négativité, la peur, la culpabilité, etc. Voilà qui affaiblit ou annule carrément vos affirmations. Vous croyez pendant un instant être capables d'accomplir tout ce que vous souhaitez, puis l'instant d'après vous doutez de vous-mêmes et vous vous apitoyez sur votre sort. Peu importe le degré de conscience spirituelle que vous atteignez, si vous ne puisez pas à ce flot de conscience grâce à votre corps mental, qui vous permet d'attirer à vous les énergies de la manifestation, vous ne serez jamais des cocréateurs de l'abondance sur le plan terrestre.

Il vous faut d'abord être très clairs par rapport à ce que vous souhaitez manifester. Ressentez-en l'intensité en votre âme, pas en votre ego. En second lieu, il vous faut être certains que vos désirs sont en harmonie avec votre Soi supérieur ; vous devez vous abandonner au bien suprême, le vôtre et celui des autres, bien conscients que vous ne percevez pas toujours l'ensemble de la situation. Par ailleurs, il n'est pas souhaitable de restreindre votre divine présence JE SUIS quant à la manière de concrétiser vos rêves. Voyez le but accompli sans tenter d'en définir le chemin d'accomplissement. Ensuite, écoutez la voix intérieure de l'intuition, restez à l'affût de ses conseils. Attendez-vous à des miracles, puis agissez au moment où la voie vous semble indiquée. Si le doute s'élève, si votre ego oppose vos anciens sentiments de culpabilité ou de n'être pas à la hauteur, identifiez et transmuez ces émotions, puis tournez-vous à nouveau vers votre objectif.

Rendez grâce pour les petits miracles qui vous ouvrent la voie à l'obtention d'un nombre croissant de dons. En vous concentrant sur les aspects positifs de votre vie, vous renforcez ces énergies et en attirez même davantage. Vous créez un champ magnétique d'amour, d'abondance, d'harmonie que nul ne pourra perturber ni annihiler ; vous seuls le pourrez. Et à mesure que progressera votre quête d'une conscience supérieure et d'harmonie spirituelle, votre abondance sera source d'un plaisir plus grand, car vous serez unis au courant de la Création et harmonisés à tous les aspects de la loi universelle. Voilà le secret, chers guerriers.

Maintenant, permettez-moi de jeter la lumière sur une autre méprise, une fausse interprétation. D'aucuns déclarent que la Terre est entrée dans la quatrième dimension, alors que d'autres affirment qu'elle ne fait qu'y pénétrer maintenant. En fait, tout ce qui prend forme dans le domaine physique se

manifeste d'abord sur le plan éthérique. Vous en êtes à échafauder votre corps de Lumière éthérique, destiné à devenir
votre corps de Lumière physique, et il en va de même pour
votre planète. Le corps éthérique de la Terre a pénétré la
quatrième dimension, mais la planète physique est encore
embourbée dans l'expérience de la troisième dimension.
Cependant, puisque les trois plans inférieurs de la quatrième
dimension se nettoient, nous avons du coup un accès plus aisé
à la Terre et nos interactions avec cette planète et ses
habitants se multiplient. Cela permet aussi à ceux d'entre
vous qui ont élevé leurs fréquences à la quatrième dimension
de puiser à même cette énergie raréfiée. C'est comme si vous
viviez dans une colonne de Lumière – une sorte de cocon de
fréquences qui vous suivent partout où vous allez – créant un
sanctuaire, un îlot de protection et d'harmonie, alors que ceux
qui vous entourent résonnent peut-être encore avec les
densités inférieures, toujours empêtrés dans l'illusion du
chaos, de la douleur et de la souffrance.

Puisque la Terre accède à des fréquences de plus en plus
élevées (grâce aux efforts de chacun de vous, artisans de la
Lumière dévoués) et que cette énergie s'ancre sur le plan
physique en quantité croissante, il sera de plus en plus
difficile de demeurer   mentalement, émotionnellement et
physiquement dans l'illusion de la troisième dimension.
Ainsi, nous vous demandons, en tant que guerriers de la
Lumière, de consolider votre armure et votre détermination,
de visualiser votre voie et votre objectif, et de ne permettre à
rien ni à personne de vous amener à déroger à votre mission.

Nous savons qu'il est difficile de surmonter les pensées,
les habitudes et les attitudes que vous avez acquises au fil des
millénaires, mais c'est le moment de prendre un nouveau
départ, d'évacuer vos points de vue limités, vos vieux doutes
et vos faiblesses. Vous êtes des Maîtres, vous vous élevez à

un nouveau niveau de conscience ; vous évoluez et retournez à votre état parfait de joie, d'équilibre et d'harmonie, là où vous rayonnerez une fois encore la beauté de l'Esprit, désormais visible pour tous.

Osez rêver, tendre vers les étoiles et revendiquer tout ce que le Créateur vous a promis : cela vous appartient, mes bien-aimés. Mais n'oubliez pas : il vous faut vivre ce que vous créez. Ainsi ensemble, donnons le jour, une fois encore, à un paradis terrestre où l'amour, l'abondance, la beauté et l'harmonie fleurissent. JE SUIS l'archange Michaël et je vous apporte ces vérités.

6. L'ÉTAT DE GRÂCE VOUS ATTEND

Maîtres bien-aimés, sentez-vous, au plus profond de votre être, une inexplicable excitation ? Songez à votre enfance et à ce que vous éprouviez le soir, avant une grande fête, notamment celles où l'on échangeait des cadeaux, ou avant votre anniversaire de naissance ou toute autre journée très spéciale. Votre excitation était si grande que vous pouviez difficilement trouver le sommeil ou rester tranquilles. Votre imagination enfiévrée échafaudait des espoirs fous, des rêves grandioses quant aux surprises qui vous attendaient. Finalement, vos attentes étaient-elles comblées ? Une fois les présents colorés ouverts et leur contenu révélé, étiez-vous déçus ou amplement satisfaits ? Une fois la fête terminée, n'étiez-vous pas en proie à une certaine désillusion, peu importe le degré d'exaltation, d'enthousiasme ressenti sur le coup ?

Le bonheur est un état tout à fait fugace, n'est-ce pas ? Il semble toujours tout juste hors de portée. Pourquoi ? Parce que le bonheur est une émotion appartenant au corps d'ego-désir, qui doit toujours rechercher à l'extérieur de lui-même quelque chose qui puisse lui apporter une satisfaction : une personne, une chose, un événement. Cela perpétue le sentiment de séparation, l'illusion que le monde matériel et son éclat sont susceptibles d'apporter un contentement, un bonheur, une joie durables.

La joie est une émotion du Soi âme. Lorsque vous commencez à résonner avec votre âme, en harmonie avec l'Esprit, vos moments de joie se prolongent. Cela se produit notamment lorsque vous vous accordez aux impulsions de votre Soi supérieur et que vous prenez plaisir aux petites corvées ordinaires – dans la foule ou retirés du monde, lorsque tout se passe bien ou que les temps vous éprouvent. Vous demeurerez dans ce sentiment de paix centré au cœur, peu importe les circonstances extérieures. Il va sans dire que vous serez confrontés à vos doutes ou vous sentirez parfois désynchronisés par rapport au courant dominant. Par ailleurs, vous vivrez des expériences ineffables lorsque vous atteindrez des « sommets », mais vous retournerez rapidement à ce centre harmonieux sous l'égide de votre Soi âme. Plusieurs d'entre vous accéderont plus fréquemment à cette énergie de joie jusqu'à ce qu'elle devienne leur état émotif naturel. Mais à l'heure actuelle, à mesure que se multiplient les infusions de Lumière et que vous atteignez le degré subséquent de la spirale, vous accédez également à une résonance supérieure, aux harmoniques de la félicité, celle-ci étant l'état naturel de l'Esprit. Et une fois que vous aurez établi un lien solide avec cette énergie émanant de Dieu, tous les événements extérieurs seront de l'ordre de l'illusion et n'auront plus aucun effet sur vous.

Voilà la raison de cette excitation qui monte en vous et qui agite l'humanité et la Terre depuis le tréfonds de la mémoire collective de l'âme. Petit à petit, vous cernez l'essence de votre existence physique, amis bien-aimés. Au fil des cinq premières années du nouveau millénaire – une période colossale, décisive –, consacrez du temps à l'introspection. Passez en revue les épreuves et les infortunes que vous avez traversées pour voir si vous pouvez y repérer un motif, comme la trame d'une tapisserie. Si vous les examinez attentivement, vous y décèlerez un thème, et lié à ces prétendues difficultés, à ces leçons, le secret de votre état de maître, de votre destinée, de votre libération de la roue du karma. Le don d'un « état de grâce » vous attend, mais il faut d'abord dégager les enveloppes et les liens qui le voilent.

Sachez que vos anciennes attitudes ne fonctionneront

plus. Vous ne pourrez plus émettre de pensées négatives ou haineuses dans les éthers sans en voir rapidement les conséquences, car contrairement au passé où cela donnait l'impression de n'avoir aucun impact, aucune influence dans l'immédiat, le cycle actuel de l'énergie des pensées est quasi instantané : quelques heures, jours, semaines ou tout au plus quelques mois. Que vous revendiquiez votre héritage légitime d'abondance, d'amour et de joie, ou que vous émettiez un sentiment de dévalorisation, de la haine ou des jugements, vos formes-pensées se diffusent en vue d'amasser une énergie similaire. Rapidement, comme un boomerang dynamique, elles s'amplifient et vous reviennent.

Vous ne serez plus capables de renier le noyau essentiel de votre identité véritable – autant votre Soi christique que cette partie de votre être qui, au fil des âges, s'est formée en un nœud de souvenirs et d'expériences négatifs. Les deux réclament d'être reconnus et ramenés à la conscience, à la lumière de la lucidité. En vue de recouvrer votre nature divine, vous devez tout d'abord aimer librement ces parties de vous qui sont douloureuses, rejetées ou reniées, qui causent le malaise et le chaos en vous et dans votre réalité extérieure. Cette énergie enlisée est douée de mémoire et engendre maintes sensations de malaise et de confusion.

Pourquoi ne pas vous offrir un repos intérieur ? Pourquoi ne pas vous livrer à un peu d'introspection ? *Imaginez que vous êtes fermement ancrés au noyau de votre Terre Mère. Entourez-vous du magnifique pilier de Lumière émanant de votre divine présence JE SUIS. Débutez par votre chakra racine, ou centre d'énergie, qui est telle une merveilleuse cellule cristalline de Lumière. Submergez-vous entièrement dans la mémoire de ce centre. Que ressentez-vous à propos de la survie, de la préservation de soi, de la pénurie ; vous sentez-vous dignes de l'abondance qu'a à offrir la*

Terre Mère ? Laissez tous ces sentiments déferler en vous – tristesse, contrariété, angoisse. Identifiez-les, et si vous êtes disposés à le faire, dites : « Je vous rends à la substance de Lumière christique immaculée, car vous m'êtes désormais inutiles. » Percevez les merveilleuses cellules de Lumière qui contiennent votre conscience se diviser et engloutir ces énergies au moment où votre amour les transmute en une scintillante perfection. Ou encore, puisqu'elles sont douées de mémoire et du libre arbitre tout comme vous, si elles choisissent de ne pas épouser la Lumière, voyez-les flotter, libérées de toute forme corporelle : physique, éthérique, émotionnelle ou mentale. Elles suivent leur chemin dans les éthers et opteront pour la Lumière une autre fois, en compagnie de toutes celles qui ne sont pas prêtes à évoluer. Bénissez leur décision, conscients qu'elle est opportune.*

Déplacez-vous vers le second chakra et permettez à toutes les énergies du corps d'ego-désir de s'en dégager, qu'il s'agisse de l'énergie de l'amour sexuel, de la passion, des émotions et de vos opinions sur le donner et le recevoir. Ces énergies émanent toujours d'un sentiment de carence extérieur à vous-mêmes. Elles sont le plus souvent déséquilibrées – centrées sur l'attirance ou la gratification physique, sans tenir compte des affinités mentales, émotives ou spirituelles. Elles sont la projection extérieure de l'émotion à l'endroit d'une personne, dans l'espoir qu'elles accompliront ce dont vous ne vous croyez pas capables : être aimés et vous sentir dignes de cet amour. Tous les autres jeux du désir – la capacité de donner et de recevoir, et les rapports humains sous toutes leurs formes – sont issus de ce même besoin profond d'aimer et d'être aimés.

Pourquoi ne pas entamer une liaison amoureuse avec vous-mêmes ? Passez une entente avec le désir de votre âme et affirmez que vous allez commencer à travailler avec votre

nature intuitive plutôt qu'avec votre nature instinctuelle.
Amorcez la quête de ce qui vous amènera à l'harmonie et à
votre Soi véritable, votre Soi divin. Alors vous appellerez les
liaisons et les interactions avec ceux qui projettent également
cette plénitude et avec qui vous serez compatibles sur tous les
plans de l'expression : physique, mental, émotionnel et spi-
rituel. Il s'agira dès lors d'une relation pénétrée par l'âme et
non d'un lien basé sur l'ego et voué à l'échec. Dans chacun
de ces cas, procédez à la même visualisation : fusionnez-vous
aux énergies et aux sensations de ce vortex. Imaginez que
cette merveilleuse sphère de Lumière inonde d'amour toutes
les zones de ténèbres et de négativité, et répétez chaque
fois cette affirmation : « Je vous rends à la substance de
Lumière christique immaculée ; vous ne m'êtes plus utiles. »

Montez maintenant jusqu'au plexus solaire pour évacuer
toute l'énergie bloquée dans cette région, énergie qui vous a
poussés à vous départir de votre pouvoir, qui vous a fait
craindre le rejet ou qui a inculqué en vous un sentiment
d'inadaptation. Tous les sentiments d'infériorité engendrés
par l'ego y sont enfouis. Relâchez-les, précieux amis. Récla-
mez votre pouvoir encore une fois, réclamez votre créativité,
votre caractère unique et votre divinité. Le plexus solaire est
l'un des grands centres d'énergie de l'avenir. Par lui, vous
émettrez de vastes flots de Lumière auxquels vous accéderez
en quantités croissantes. Puis, en compagnie d'autres guer-
riers de la Lumière, vous diffuserez et inonderez la Terre de
ce magnifique don d'illumination. Bénissez, guérissez et
évacuez ces énergies enfouies dans le plexus solaire afin de
pouvoir, une fois encore, utiliser ce centre aux fins auxquelles
il était destiné.

Centrez-vous sur le chakra du cœur et prenez conscience
du bouclier que vous avez levé dans votre corps éthérique
pour vous protéger de la souffrance qui vous a affligés au fil

*des âges et qui a bloqué la circulation du flux d'amour/
lumière vers vous et à travers vous. Le cœur est la région où
s'élabore et se maintient la force vitale, la région qui vous
donne accès à l'amour du Créateur et vous permet de le
diffuser. Je vous prie de dissoudre ce rempart, mes bien-
aimés ; il n'est plus nécessaire. Que la miraculeuse triple
flamme du cœur vous serve d'armure et d'insigne spirituelles
qui signaleront que vous êtes des guerriers de la Lumière.
Consentez à ce que ce don du Créateur soit votre bastion, et
vous vous mettrez à résonner avec l'amour, la compassion, la
sagesse, le pouvoir et la volonté du Créateur. Plus jamais
vous n'aurez à souffrir du tourment, de l'angoisse d'être
dissociés de l'essence de l'Esprit. Évacuer les contraintes de
la région du cœur activera aussi le thymus, qui produira de
nouveau ses hormones vivifiantes dans votre corps afin de
vous rajeunir ou de préserver votre jeunesse et votre vitalité.
Le vieillissement, l'atrophie, l'affaiblissement et la mort sont
causés par le simple fait d'être dissociés de la force vitale du
Soi divin.*

*Déplacez votre boule de cristal de Lumière jusqu'à votre
gorge et attardez-vous aux contraintes et à la congestion qui
s'y trouvent. Percevez toutes les contrevérités qui obstruent
votre boîte vocale, ou ces occasions où vous n'avez pas pu
exprimer votre vérité et qui sont demeurées coincées dans
votre gorge, causant un serrement, de l'irritation, de la toux
et des problèmes thyroïdiens. Il s'agit d'un autre important
centre de pouvoir, amis très chers. Le temps est venu pour
vous d'exercer ce pouvoir : dites votre vérité, dévoilez votre
intégrité spirituelle avec discernement, discrétion et compassion, sans jugement. Avec l'exercice de ce droit divin, les
pensées jailliront des méandres profonds de votre cerveau ;
vous vous mettrez à recourir à votre intuition et à votre
sagesse de nouveau. Vous direz exactement ce qu'il faut au*

moment opportun et saurez quand vous taire – ces deux options étant d'importance égale. Tant d'entre vous n'ont jamais divulgué les choses enfouies profondément dans leur conscience, des choses d'une telle importance qu'elles sont chargées de sens, tout simplement parce qu'ils craignent le rejet. Le temps est venu d'énoncer et de réclamer votre vérité ; la chose est tout à fait possible, si seulement vous dégagez les canaux du chakra à votre gorge de toutes les énergies bloquées. Délaissez-les – elles vous ont bien servis au cours de votre apprentissage des leçons de la densité matérielle et de la séparation. Évacuez-les et harmonisez-vous de nouveau avec l'Esprit.

Placez-vous maintenant dans la région la plus importante, le troisième œil (au front) et levez le voile qui couvre votre vision claire (clairvoyance). Voyez votre glande pituitaire pulser, s'ouvrir et émettre une énergie vivifiante dans les régions inférieures du cerveau, une énergie qui reconnecte les hémisphères droit et gauche et active les aires cérébrales atrophiées à cause d'un usage erroné. Cette procédure accroîtra votre intuition et vous apportera la sagesse et la paix d'esprit, car vous accéderez désormais à votre Soi supérieur et, éventuellement, à votre divine présence JE SUIS. Les échanges se multiplieront. Évacuez le concept de dualité et commencez à intégrer les énergies féminine et masculine en vous – le pouvoir, la détermination et le dynamisme du père avec l'amour, la compassion, la créativité et la tendresse de la mère. Remettez ce qui ne vous sert plus à la Lumière et élevez-vous encore une fois.

Focalisez-vous sur le chakra au sommet de votre tête, ce portail vers les dimensions supérieures, votre Soi divin et l'infini. Voyez ce centre s'ouvrir tout grand ; la glande pinéale se met alors à pulser et à revitaliser la région supérieure du cerveau. Elle active votre audition claire (clairaudience).

Sachez que vous êtes capables de construire cette passerelle, cette voie de Lumière, pour vous aider à accéder à l'inspiration, à la sagesse divine et à la volonté du Créateur par l'entremise de votre présence JE SUIS. Libérez les énergies restrictives, les émotions basées sur la peur et les illusions qui vous ont tenus captifs depuis des millénaires.

En dégageant et en équilibrant ces sept chakras inférieurs, vous découvrirez cinq autres centres d'énergie qui vous mèneront plus avant, vers votre conscience spirituelle supérieure et les mondes supérieurs. Voilà la voie de l'ascension, mes amis. Tendez la main vers le don qui vous est offert – le plus important de tous –, celui de la plénitude et de la divinité.

Avant de clore cet exercice des plus profonds, consentez à ce que nous vous menions encore un peu plus loin. Sentez votre essence intérieure se déplacer vers les dimensions supérieures et se relier au noyau galactique. Ancrez fermement ce joyau de cristal qu'est votre essence dans ce noyau embrasé qui puise peu à peu à l'amour/lumière raréfié de la Création. Vous êtes dorénavant ancrés, grâce à votre divine présence, aux pulsations de la galaxie et au noyau de la planète Terre. Ne sentez-vous pas la puissance de cette connexion renouvelée ? Il s'agit de la colonne de pouvoir par laquelle vous êtes descendus dans le monde physique il y a plusieurs éons. Maintenant que vous réamarrez cette colonne de Lumière, elle sera une fois de plus votre moyen d'ascension vers les domaines supérieurs de l'illumination. Ce qui ne signifie pas qu'il faut mettre un terme à votre séjour terrestre mais que vous avez tout simplement accès à votre droit de naissance divin, à une connexion d'amour avec le Créateur.

Partagez les uns avec les autres les dons qui importent vraiment, mes amis : l'amour, la compréhension, le soutien mutuel, la tolérance, l'encouragement et, surtout, votre joie et votre félicité. Les présents contenus dans des emballages dispendieux sont de piètres substituts du sublime – une âme bienveillante et un Esprit touché de compassion. Vous êtes aimés, choyés. Profondément. JE SUIS l'archange Michaël.

7. UNE QUÊTE DE VISION :
UN APERÇU DU PARADIS – VOTRE FOYER

Maîtres bien-aimés, puisque nous sommes assemblés ici, laissez-moi vous guider au fil d'une quête de vision. Plusieurs d'entre vous commencent à se souvenir et à admettre le fait que la Terre n'est pas leur véritable chez-soi ; vous n'êtes que de passage ici, en mission si on veut. Il est fréquent d'entendre : « J'ai toujours senti que je n'appartenais pas à ce lieu. Je n'ai aucune affinité avec les autres, pas même avec ma famille. » Et vous avez toujours échafaudé des aspirations et des rêves – nébuleux, insaisissables, juste au-delà des confins de votre mental, hors de votre portée. Même enfants, vous sentiez peut-être une insatisfaction, comme s'il y avait une chose dont vous deviez vous souvenir ou s'il vous fallait vite atteindre l'âge adulte, car vous aviez une œuvre d'importance à accomplir – mais laquelle ? Vous n'en aviez aucune idée. Finalement, un inassouvissement de nature divine vous a poussés, parfois même brutalement, vers la voie de l'Esprit. Ainsi débuta votre voyage de retour à la maison.

Imaginez, amis chers, ce que ce serait d'être en parfaite communion avec le Créateur et empreints d'un amour infini et d'une joie universelle au moment d'être « missionnés » en tant que parties des rayons divins, afin de créer et de vivre des expériences sous la direction de votre Dieu père/mère ! Visualisez-vous sous la forme d'un grand vortex d'énergie qui pulse de pouvoir, diffuse de vastes rayons de couleurs lumineuses et crée des symphonies de sons se mêlant harmonieusement à d'autres êtres merveilleux comme vous. Vous vous étendez de par l'univers pour accomplir la volonté du Créateur.

Imaginez ce que vous sentiriez si les énergies que vous

projetiez tourbillonnaient et se solidifiaient, si la structure et la forme se dessinaient, infiniment belles et uniques ! Ce sont là vos créations – grâce au pouvoir de vos pensées, de votre amour, de vos émotions et de votre imagination.

Maintenant, imaginez ce que ce serait de faire l'expérience de ces créations sublimes et de leur diversité sans fin ! Visualisez-les fluides, circulant librement, parfaites et harmonieuses ; voyez de somptueux halls, des temples, des jardins aux eaux pétillantes, tous scintillant sous un soleil si éclatant, si pur, qu'il projette une myriade de couleurs étincelantes, telles que vous ne pourriez jamais les nommer, encore moins les décrire.

Vous vous sentez alors heureux de simplement contempler ces gens élégants, hommes et femmes, tous dans la fleur de l'âge, occupés à leurs multiples activités – des gens rayonnants de santé, de vie, de paix, d'amour et d'une joie communicative. Il y a aussi de chers enfants débordants de joie, turbulents, de tous âges ; ils jouent, vont à l'école ou créent sous l'égide d'adultes bienveillants et patients. Vous constatez toutefois, où que se pose votre regard, qu'il n'y a pas de personnes âgées, moralement abattues ou infirmes.

Vous déambulez dans les temples et les vastes halls, extatiques devant les œuvres d'art exquises, inestimables, et le mobilier somptueux. Par les portes ouvertes vous parviennent des discussions sur une infinité de thèmes différents, au sein de groupes de tous âges ; ces groupes ne comportent pas d'enseignants, mais on y échange, chacun partageant avec les autres et apportant sa contribution. De douces mélodies flottent dans l'air. Vous observez que différents groupes élèvent leurs voix à l'unisson ou jouent d'instruments qui vous sont inconnus, et ces voix et instruments se fondent pour produire des vagues successives de vibrations qui vous touchent au plus profond de votre être.

Vous sortez dans les jardins, et vos sens se régalent de la beauté, de l'effluve des fleurs et des paysages savants. Des eaux cristallines adoucissent et rafraîchissent l'air. Vous ressentez une telle sérénité, une telle unité avec la création entière que votre cœur semble sur le point d'exploser. Vous avancez sur le sentier jusqu'à ce que vous débouchiez sur un panorama fabuleux, scintillant sous les feux solaires : c'est ici même que vous souhaitez passer le reste de l'éternité. C'est l'endroit auquel vous appartenez, le lieu où vous trouverez la plénitude – en ce site magique que vous avez aidé à créer.

Après un long moment, vous-mêmes, ainsi qu'un grand nombre d'autres personnes, êtes cependant convoqués dans le grand hall, lieu réservé aux assemblées les plus solennelles, les plus sacrées. L'émotion vous étreint, car s'y trouvent les archanges en compagnie de maints êtres magnifiques que vous connaissez. Des personnages extraordinaires et puissants avec qui vous avez voyagé et œuvré, ou qui vous ont engendrés dans un passé lointain. Oui, je suis également présent, accompagné de ma merveilleuse Flamme jumelle, Lady Foi, de même qu'un grand nombre de représentants importants de civilisations et d'univers reculés.

Puis un personnage hautement estimé et chargé de responsabilités majeures, un être rayonnant, glorieux, prend la parole pour s'adresser à l'assemblée. Il vous annonce que, si vous le voulez bien, vous avez été élus, ainsi que plusieurs autres, pour participer à une expérience divine sur une planète appelée Terre. Moi, l'archange Michaël, je suis assigné en tant que sentinelle et superviseur angélique durant cette expérience. Je dois vous protéger et vous guider, vous qu'on désignera par l'expression « mes légions de Lumière ».

Nous vous avons déjà expliqué en détail ce que devait être l'expérience et comment celle-ci a mal tourné. Mais cette explication ne fait pas partie de la vision que nous vous offrons maintenant, car il s'agit de la vision de votre passé à une époque où il était parfait et de ce que vous aspirez ardemment à recréer aujourd'hui.

Vous avez tous donné votre consentement, enthousiastes, heureux et honorés d'avoir été choisis pour une mission d'une telle ampleur. Par la suite, on vous a attribué vos tâches individuelles, on vous a encodé votre mission spécifique, votre plan directeur divin. Puis on vous a envoyés ici. Au tréfonds de la mémoire de votre âme fut implantée la vision de votre foyer, de vos créations parfaites, des brillants accomplissements au nom du Créateur. Vous ne doutiez pas un instant que cette mission serait couronnée de succès, comme celles du passé.

Voilà quelle était la situation au tout début, et la planète Terre fut construite à l'image de ces paradis parfaits d'où vous proveniez. Nous étions alors en communion, nous vous instruisions, vous encouragions et vous secondions dans vos formidables tâches au fil d'ères incommensurables. Vous savez parfaitement, au plus profond de votre essence, ce que signifie s'abreuver à la pure énergie de l'Esprit, à celle des êtres magnifiques porteurs des aspects et des attributs des grands rayons. Tout comme nous, vous étiez en accord parfait avec la volonté du Créateur, jusqu'à ce que tout tourne mal et sombre dans une densité où nous ne pouvions plus vous rejoindre et d'où vous ne pouviez plus accéder à l'énergie de votre divine présence.

Le voile de l'oubli recouvrit peu à peu votre mémoire et votre âme se dissocia de votre corps, demeurant uniquement reliée à lui par un délicat fil d'argent. Vous étiez des émissaires divins mandés pour une mission de la plus haute importance. Vous n'avez pas échoué – sachez que vous n'étiez pas responsables –, VOUS N'AVEZ PAS ÉCHOUÉ. Certaines expériences en contenaient d'autres – des programmes provenant de plusieurs civilisations non compatibles avec le plan originel. Et une expérience se résume exactement à cela : on ne sait jamais ce que sera le résultat. Même le Créateur lui-même ne pouvait en prédire l'issue, car vous bénéficiiez du libre arbitre.

Un jour, on conçut un nouveau plan en vue de secourir l'humanité et la Terre si possible. Il fut décidé de permettre à ceux d'entre vous qui avaient participé à la mission de départ de poursuivre, avec un coup de pouce toutefois des dimensions supérieures. On décida de vérifier si vous qui, depuis des temps immémoriaux, aimez tant le Créateur et détenez les souvenirs de la perfection préterrestre, seriez capables de pénétrer la densité et les ténèbres aux côtés du reste de l'humanité et si, grâce à votre amour, à votre désir et à vos efforts, vous seriez également capables d'atteindre à une conscience supérieure et à un amour plus vaste. Ainsi, vous irradieriez une Lumière plus brillante qu'avant, une sagesse plus profonde en raison de vos nombreuses expériences et de votre triomphe sur le plan matériel.

On savait qu'il faudrait éventuellement conclure l'expérience, qu'elle se solde alors par un échec ou par une victoire. Nous sommes ici pour vous dire, précieux guerriers, que vous pouvez désormais annoncer une victoire, car elle est en vue.

Le temps est venu d'extirper ces souvenirs des sombres recoins de votre âme, de votre mental et de votre cœur. D'accepter votre héritage divin et de reprendre le travail visant à créer le paradis sur terre. Le temps est venu de ressusciter le jardin d'Éden – un jardin qui ne se confinera pas exclusivement à une région de la Terre, mais qui englobera l'univers entier. Ce sera le paradis de naguère, celui que vous avez transporté et reconstruit à partir des souvenirs de votre chez-soi.

Nous vous offrons cette vision, amis chers, pour qu'ainsi vous puissiez revendiquer cet éden comme vôtre et sachiez que tout est possible. Car vous l'avez créé auparavant – vous savez comment le faire – mais avez tout simplement oublié. Bâtissez votre vision, mes guerriers bien-aimés. Commencez au centre du cœur, et réclamez cette puissance et cette magnificence qui constituent votre héritage divin. Puis faites rayonner ce pouvoir et cette perfection en votre réceptacle physique et dans le monde extérieur : dans vos rapports humains, à votre travail, dans votre communauté et votre pays, sur la Terre entière. Permettez à ce qui ne vous sert plus de continuer sur son chemin de limitation, ou se joindre à vous dans le royaume de toutes les possibilités. La voie menant à la Lumière et la route qui s'enfonce dans l'obscurité s'écartent rapidement l'une de l'autre. Vous êtes contraints d'affronter une fois pour toutes l'ombre qui gît en vous : les déséquilibres et les restrictions qui vous enchaînent ou vous empêchent de réaliser votre potentiel de pouvoir. Si vous êtes disposés à vous tourner vers l'intérieur et à apporter les rectifications qui s'imposent ou à équilibrer les énergies discordantes, ces changements vous seront puissamment reflétés durant vos échanges avec les autres.

Laissez tomber, mes loyaux guerriers, laissez tomber tout ce qui ne contribue plus ou ne vous mène plus à la destinée que vous avez choisie. Vous savez, vous savez tous. Si seulement vous affrontiez votre propre vérité intérieure, ce qui vous retient embourbés dans la victimisation et vous empêche de profiter de l'état de maître ; ce qui vous retient empêtrés dans la limitation et vous empêche de jouir de l'abondance et de la santé ; ce qui vous retient enlisés dans la faiblesse, l'atrophie, la vieillesse et la mort et vous empêche de goûter la jeunesse et la vitalité ! Optez plutôt pour la félicité du paradis, choisissez la joie d'être encore une fois cocréateurs aux côtés des nobles êtres de Lumière et au sein des royaumes angéliques. Empruntez la voie qui vous mènera bientôt à la maison. Et sachez ceci : *nous vous promettons que vous n'aurez plus jamais à vivre la contrainte et l'angoisse que vous avez subies sur terre.*

Vous avez mérité et obtenu les Ailes d'un Maître – de « l'expérience Terre ». Venez, aidez-nous à éveiller autant de chères âmes que possible pendant le temps qu'il reste afin qu'elles puissent se joindre à nous pour le voyage... notre retour à l'utopie. Souvenez-vous cependant : la décision leur revient, car chacune ne peut choisir que pour elle-même. Vous pouvez montrer la voie, projeter l'Amour/Lumière du Créateur. Par votre exemple et vos conseils avisés, vous pouvez faciliter leurs stades de transition. Cependant, chacun d'entre vous doit décider par lui-même d'emprunter cette voie ou non. Les temps sont proches, amis bien-aimés, et nous sommes tout aussi emballés que vous. JE SUIS l'archange Michaël.

8. L'ILLUSION DE LA PEUR

Maîtres bien-aimés, attardez-vous un peu en notre compagnie afin de répertorier vos accomplissements récents ainsi que vos défaites et échecs apparents. J'aimerais que vous examiniez plus attentivement et que vous compreniez plus clairement ce que sont les processus d'initiation et d'ascension. Vous avez une idée plus juste du fonctionnement des lois cosmiques, de la magnificence et de la complexité de l'univers, car le voile de l'oubli s'est levé et vous puisez peu à peu à la sagesse de votre Soi supérieur et de votre mental évolué. Vous entretenez cependant encore des doutes et êtes confus lorsque vous rencontrez certaines de vos vieilles peurs et émotions.

L'humanité tout entière progresse à pas de géant – eh oui, même ceux qui semblent embourbés dans la victimisation, dans le cercle karmique de cause à effet, dans le scénario du bien et du mal ou la conscience de polarité/dualité. Chaque être conscient ressent au fond de lui une insatisfaction, une soif, le sentiment diffus que les choses doivent changer, que ses anciens patterns d'existence ne peuvent plus se perpétuer. Vous en êtes déjà témoins : certains choisissent de quitter leur réceptacle physique pour retourner à une forme éthérée en vue d'attendre une époque plus facile, plus paisible et propice à la continuation de leur voyage sur le plan physique. D'autres s'aventurent bravement sur le terrain inconnu de la création de leur futur et découvrent que nous les y attendons pour leur prêter main-forte. Et donc, ils se mettent à rêver et à espérer, puisqu'ils prennent le contrôle de leur destinée.

Il vous faut identifier, dissiper et évacuer tous les souvenirs et énergies négatifs contenus dans votre structure physique/éthérique, mentale et émotionnelle, et il en va de même pour votre Terre Mère. Voilà la source du « processus de destruction » que vous craignez tous tant. Mais ce processus n'a pas forcément à prendre l'allure cataclysmique qu'on vous a prédite et laissez croire. Il va sans dire que tout ce qui n'est pas en harmonie avec les patterns de fréquences supérieures doit être transmué, transformé ou élevé. Mais cela peut également s'accomplir en prenant conscience des convictions centrales qui ne s'accordent pas avec la conscience christique. Bien sûr, votre Terre Mère s'efforce d'atteindre sa propre conscience christique, tout comme vous et tout ce qui a jamais été créé, d'ailleurs. À cette fin, la planète aussi dégage plusieurs souvenirs centraux que les masses ont placés dans son champ aurique (que l'on nomme conscience collective). Et c'est avec ce processus que vous éprouvez des problèmes. Vous n'êtes pas encore capables d'identifier ces éléments de votre passé individuel et collectif qui vous bloquent encore.

Vous avez eu quelques aperçus de la conscience unifiée et vous commencez à y puiser, ce qui suscite en vous l'émerveillement, la joie et le sentiment de ne plus être seuls. Cependant, du même coup, la porte s'ouvre sur ces anciens souvenirs de la peur, de l'échec, de la trahison et de la culpabilité que les autres recèlent aussi en leurs patterns auriques. Vous n'encaissez pas uniquement les énergies bienfaisantes, mes bien-aimés, car un élément de votre mission consiste à aider l'humanité entière à prendre conscience de ses idées limitatives et de ses actions et formes-pensées négatives et destructrices. C'est pourquoi semble sévir tant de violence gratuite et la raison pour laquelle tant de gens s'attaquent aux autres, mus par leur colère et leur souffrance. Le monde de la forme semble écraser et meurtrir ceux qui ne peuvent affronter leurs propres créations et qui refusent de reconnaître que ce monde infernal est le résultat de leurs peurs et de leurs souffrances. Ils accusent les autres et tout, se dépouillent eux-mêmes de toute responsabilité. Car s'ils ne permettent pas à l'âme et au Soi supérieur d'épauler ce processus de guérison, le fait est trop pénible à admettre et le corps d'ego-désir se consolide et prend un contrôle accru des processus mentaux et des modèles de comportement.

Voilà pourquoi nous éliminons certaines règles, pour ainsi dire, de façon à aider ceux d'entre vous qui sont à l'avant-garde, qui ouvrent la voie ou qui la créent pour que les autres l'empruntent. Le processus doit être limpide et doit rester simple, sans complications, comme le fut l'enseignement de la sagesse ancienne destiné à quelques élus seulement. Ceux d'entre vous qui sont les enseignants et les éclaireurs ont éprouvé, ou éprouvent présentement, toutes les émotions, les craintes et les régressions que devra affronter l'ensemble de l'humanité. Plusieurs d'entre vous se sont généreusement sacrifiés en consentant à subir maintes épreuves non préalablement conçues par eux ; il s'agissait plutôt d'une accumulation des patterns de mémoire/énergie issus d'autres parties de leur être global. Autrement dit, plusieurs d'entre vous sont venus nantis d'énergies comportant maintes facettes, ou expressions, différentes dont ils n'avaient pas l'expérience en tant qu'âmes, mais qu'ils avaient consenti à recevoir en leur champ (énergie) aurique, ceci afin d'être en mesure d'équilibrer et de vaincre ces imperfections. C'est pourquoi, amis bien-aimés, vous ne devez pas juger les âmes merveilleuses, éveillées qui sembleraient avoir eu plus que leur part d'adversité. Rendez-leur hommage, tentez de les émuler, car elles nivellent la voie pour vous.

Ainsi, nous vous demandons d'observer les patterns de la peur et du doute qui font surface, ceux qui vous empêchent de passer au niveau subséquent d'illumination. Chaque niveau présente ses propres épreuves, ses pièges, et plusieurs d'entre vous ralentissent leurs progrès parce qu'ils n'arrivent pas à délaisser de vieilles énergies profondément ancrées. Plusieurs sont encore bloqués dans une « lutte pour le pouvoir » et accomplissent de grandes œuvres bienfaisantes, mais tentent de contrôler les autres ou de leur imposer leurs vérités, leurs façons de penser. Plusieurs de ceux qui sentent devoir servir et se sacrifier afin d'évoluer spirituellement sont utilisés par ceux qui n'ont pas appris que ce que l'on prend injustement aux autres, au bout du compte on le prend à soi-même. Plusieurs sont encore emprisonnés dans des relations amoureuses lourdes et blessantes au lieu d'entretenir des liens enrichissants permettant de s'épanouir et de croître. Ils craignent de perturber le statu quo ou d'assumer la responsabilité de leurs propres croissance et bien-être spirituels. Ah, tant de gens ont peur d'affronter leurs cauchemars et leurs mauvais rêves, car peut-être constateraient-ils alors que ces fictions sont de leur cru et qu'ils doivent eux-mêmes les transformer. La stagnation et le sentiment de futilité conduisent à la mort, amis bien-aimés : celle des émotions, de l'acuité mentale, de l'espoir et des rêves, et un jour, celle du réceptacle physique.

Quelles sont présentement vos plus grandes peurs, amis si chers ? Quels obstacles vous empêchent d'ouvrir la porte subséquente menant à la conscience supérieure et à l'état de maître ? Avant de pouvoir accepter et brandir le don du premier rayon de la volonté divine, il vous faut affronter et vaincre vos peurs et vos démons. Au fil des derniers mois, nous nous sommes efforcés de vous donner les outils et la sagesse vous amenant à prendre conscience de cela, mais en fin de compte, le travail vous revient. Les années qui viennent sont critiques, nous l'avons déjà dit, mais il est crucial que vous sachiez comment le processus d'évolution, ou d'ascension, de l'humanité se développe. Pour vous assurer de rester sur la voie et de suivre l'accélération de fréquence de votre planète et de ceux qui se dirigent vers les étoiles en route vers la maison, vous devez vous accepter, ainsi que vos peurs et votre sentiment d'être dissociés de l'Esprit.

Laissez-moi vous offrir un présent, un exercice qui vous aidera à surmonter ces murailles restrictives que dressent vos peurs et vos doutes ; il favorisera l'évacuation de ces patterns qui ne vous servent plus. Nous souhaitons vous faire comprendre à quel point ces énergies de peur sont nuisibles et combien il est simple de les vaincre, car autrement elles vous empêchent de réclamer les dons de l'état de maître.

Tenez-vous devant un miroir ou prenez-en un dans votre main et plongez-y votre regard tout en songeant à ce qui vous effraie le plus. Tout comme nous vous avons enseigné à emplir votre corps de Lumière, je vous demande maintenant de laisser cette peur s'élever en vous : élaborez le pire scénario possible ayant trait à celle-ci. Sentez-la imprégner votre corps, ressentez-la tout spécialement en votre cœur et au plexus solaire, tout en déplaçant votre conscience dans tout votre corps. Notez la contraction, le stress et l'énergie paralysante qui s'insinuent en vous et envahissent votre être. Maintenant, regardez vos yeux, lisez-y la peur et examinez l'expression de votre visage qui se transforme et paraît vieillir. Ressentez la tension qui monte jusqu'à ce que vous ne puissiez plus la supporter. À présent, maîtres bien-aimés, élevez votre conscience pour qu'elle sorte du chakra coronal au sommet de votre tête et aspirez la Lumière de votre Soi divin, cet être prodigieux qui est toujours à votre disposition pour vous seconder au fil de toutes vos épreuves. Faites appel à votre présence JE SUIS afin de vous emplir d'amour et des fréquences curatives de la flamme violette. Puis, avec l'ensemble de vos sens, prenez conscience que ce présent miraculeux pénètre en vous et tout autour. Êtes-vous capables de garder cette peur, ou se dissipe-t-elle en un néant à mesure que cet élixir magique inonde votre être ?

Regardez-vous une fois encore dans le miroir, voyez la douceur que reflètent désormais vos yeux et remarquez votre visage rajeuni. Ressentez l'expansion en votre cœur ainsi que l'élimination du stress et de la tension dans votre corps et dans votre système musculaire. La peur ne peut exister en présence de la Lumière ou de l'amour. Inspirez à fond ce don de vie, respirez profondément cette essence de la Création qui s'offre à vous. Lorsque vous succombez à la peur, vous restreignez et coupez l'afflux de la substance vitale universelle. Cet exercice peut vous sembler draconien, mais il s'agit en vérité d'un don immense, car plusieurs d'entre vous ne peuvent évoluer avant de pouvoir se faire face dans un miroir et d'y voir leurs peurs s'y refléter. Vous prendrez conscience que la peur n'a pas son origine à l'extérieur, mais bien à l'intérieur de vous.

Un nombre croissant d'entre vous découvrent leurs missions et l'importance de celles-ci. Ne craignez pas de vous avancer bravement, chères âmes. Vous guérissez et résolvez les patterns négatifs de l'humanité, et en progressant, vous aurez à votre disposition la sagesse et les trésors de connaissances de toutes les vies et des expériences de vos compagnons spirituels. Ce sont là les prodiges de la conscience d'unité. N'avez-vous pas observé combien d'enseignants et de messagers livrent une information très similaire ? Combien d'entre vous éprouvent les mêmes turbulences émotionnelles et perçoivent les mêmes impulsions mentales ? Plusieurs d'entre vous ont participé à des assemblées où ils ont eu le sentiment d'être enfin à la maison, de retrouver leur famille et leurs amis perdus de vue depuis si longtemps. De la même façon, plusieurs d'entre vous ne se sentent plus liés à leur famille biologique et semblent n'avoir plus rien en commun avec leurs amis de longue date. Ne portez pas de jugement ; ne soyez qu'observateurs et laissez votre Soi supérieur vous fournir la sagesse dont vous avez besoin pour franchir n'importe quelle situation ou obstacle.

À mesure que vous acquerrez plus de tolérance et que vous serez disposés à permettre au résultat suprême de se produire en toute situation, vous vous affranchirez du joug de la peur et la vie sera dès lors une source inépuisable d'émerveillement, de joie et de gratitude. Réclamez les dons qui vous sont offerts, amis précieux, car vous les avez mérités. Traversez le brouillard de la peur et passez dans la Lumière de l'aube de cette ère nouvelle. Avancez intrépidement, le pas léger, le sourire aux lèvres, le cœur réjoui – ceux qui vous suivent vous observent, mes courageux guerriers. Ne défaillez point ! Soyez leurs phares, comme nous l'avons été pour vous ; prenez-les par la main et soutenez-les, comme nous l'avons fait pour vous. Dites-leur que vous ne pouvez pas vous charger de leurs tâches ou de leurs fardeaux. Mais vous pouvez leur faire partager les bienfaits de votre sagesse et de votre expérience. Vous n'aurez pas à faire de déclarations ou à divulguer le niveau que vous aurez atteint, vous n'aurez pas à impressionner ou à dominer l'autre, car en votre cœur vous saurez qui vous êtes, et cela suffira.

Moi-même et tous les valeureux êtres de Lumière de par l'omnivers vous saluons, chers cœurs vaillants. Nous sommes tout près pour vous seconder. Tout comme vous êtes disposés à prêter main-forte à ceux qui suivent votre sillage. JE SUIS l'archange Michaël.

9. VOUS VOUS MÉTAMORPHOSEZ EN UNE RÉALITÉ NOUVELLE

Maîtres de Lumière bien-aimés, un jour nouveau se lève sur terre, une ère qui fut prophétisée depuis des temps immémoriaux. De ce fait, les images holographiques qui formaient votre réalité se modifient. Vous vous sentez vulnérables et n'avez plus de sentiment d'identité auquel vous rattacher ni de paramètres familiers pour vous guider.

Voici ce qui se passe : vous avez parachevé le processus qui consiste à évacuer tout ce que vous croyiez important dans votre réalité tridimensionnelle, vous avez renoncé à vos liens affectifs, à vos biens, à votre perception de ce que vous êtes, ou de qui vous êtes, à mesure que vous vous harmonisiez et vous accordiez à votre Soi supérieur – vous avez progressivement accédé à une énergie plus subtile, à des fréquences plus élevées, à une information nouvelle et à une sagesse plus vaste. Puis, vous vous êtes peu à peu sentis plus à l'aise dans votre réalité à quatre dimensions, tout en épurant les énergies émotionnelles négatives qui firent surface depuis les profondeurs de votre subconscient, dissipant et évacuant vos perceptions obsolètes. Les fréquences lumineuses pulsantes, transformatrices se sont réfléchies au sein de votre structure cellulaire. Elles ont dégagé toutes les énergies incrustées accumulées au fil des millénaires – les ont ébranlées, déplacées pour les évacuer afin que la substance lumineuse divine s'y substitue. En résonnant à une vibration accélérée, une part plus importante de votre être vaste, de votre Soi âme, de votre Soi supérieur et de votre Soi christique s'est mise une fois encore à résider en votre réceptacle physique et à le régir.

Vous aviez un ensemble de règles de vie nouvelles à respecter, une pléiade d'informations passionnantes ainsi qu'une sagesse autre pour vous aider à opérer dans cette réalité toute neuve désormais vôtre. La joie et la félicité devinrent la norme et, progressivement, vous avez concrétisé vos rêves et vos visions, et retrouvé ceux que vous reconnaissiez immédiatement comme votre famille spirituelle. Vous vous êtes mis à partager, à enseigner et à projeter cette vision nouvelle, cette *persona* inédite que vous aviez endossée. Et le monde paraissait meilleur.

Et puis, soudainement, vous semblez avoir régressé. Plusieurs d'entre vous ont subitement été atteints par des affections graves qu'ils ne comprennent pas. Des obstacles se sont mis en travers de votre route, gênant vos progrès – ce que vous croyiez être votre mission, votre don à l'humanité. Nombreux sont ceux qui ne trouvent plus de réconfort dans la méditation, ou n'arrivent plus à se tourner vers l'au-delà (ou vers l'intérieur) pour puiser à même la sensation aimante de ne faire qu'un avec les êtres de Lumière. Vous ressentez un vide, un sentiment de perte, ou du moins un sentiment d'irréalité.

Soyez rassurés, bien-aimés, ces sensations participent au processus. À l'heure actuelle, les choses se précipitent. Nous vous imprégnons d'une quantité considérable de Lumière christique, ou substance divine du Créateur, le maximum en fait que peut contenir votre réceptacle physique. Cette infusion a donné une impulsion ou accéléré votre progrès sur la voie de l'initiation, ou dans le processus de l'ascension, peu importe comment vous définissez cela. Et ainsi, chaque fois que vous élevez votre conscience ou que vous puisez à même une fréquence supérieure pour l'incorporer à une partie de votre être, que ce soit sur le plan physique, émotionnel, mental ou éthérique, celle-ci imprègne le tréfonds de votre être et dégage les énergies incrustées ou négatives correspondantes qui résonnent à une fréquence inférieure.

Plusieurs de ces énergies se sont imprimées dans vos corps éthérique et émotionnel au cours de ces anciennes expériences lors de vos premières incarnations physiques sur le plan terrestre. Elles sont extrêmement puissantes et vous ont affectés en chacune de vos existences, car vous y avez ajouté et les avez magnifiées jusqu'à ce qu'elles vous rivent sur place et vous causent une grande souffrance.

Ces énergies vous empêchent d'être aussi en santé que vous le souhaiteriez, vous privent du corps robuste, attrayant dont vous rêvez, de l'abondance, du pouvoir, des amitiés, et ainsi de suite. De ce fait, afin de vous aider et de vous protéger contre une éventuelle « surcharge », votre Soi supérieur vous place dans une zone pour ainsi dire « neutre », ou une période « hors du temps ». Ce sont des termes utilisés à l'heure actuelle en rapport avec la ceinture de photons ; il s'agit de concepts valides qui s'appliquent également à vous.

La vitesse de rotation de votre globe diminue en raison de l'affaiblissement du champ magnétique planétaire, alors que, simultanément, les vibrations ou les fréquences de votre Terre (ses battements de cœur) augmentent. Cette métamorphose exerce des effets sur chaque être humain, de même que sur toute créature vivante sur la planète. Chaque être tente du moins de se synchroniser à ces fréquences nouvelles pour rester accordé à la Terre, puisque les vieilles fréquences ne sont plus supportables désormais.

Les éclaireurs parmi vous, guerriers de la Lumière, ont surpassé de loin ces fréquences de base et opèrent à une résonance bien supérieure. Votre réalité se centre dans le corps éthérique de la Terre qui a maintenant atteint le niveau intermédiaire de la quatrième dimension. Cependant, votre planète chérie progresse aussi rapidement, et de ce fait, votre réalité doit continuer à se transformer. Tout ce que vous croyiez être votre vérité, votre nouveau mode d'opération et d'être, votre identité toute neuve s'estompe rapidement. Un paysage holographique nouveau émerge, et déroutés, vous vous demandez où est votre place dans cet autre plan et ce que vous devez faire maintenant ? Qui êtes-vous ? Encore une fois, amis précieux, nous vous invitons à vous détendre, à lâcher prise et à comprendre que cela aussi n'est qu'un aspect de la spirale sans fin. Dorénavant, on ne vous permettra plus de stagner ou même de demeurer à un certain niveau très longtemps, car le temps et le processus de transformation se meuvent trop rapidement. Vos langues se métamorphosent, vos formes-pensées s'altèrent. Les anciennes aires de votre cerveau qui recèlent votre passé se raffinent et se dissolvent progressivement. Il vous semble donc que tout ce qui s'est produit auparavant, même l'année dernière, n'est qu'un rêve diffus. D'autres aires de votre cerveau sont activées et vous devez apprendre à penser d'une manière toute différente. Des faisceaux lumineux d'information, des images holographiques d'une grande importance et des motifs géométriques sacrés surgiront dans votre conscience. Il vous faudra les déchiffrer. Il peut vous sembler que ceux qui n'ont pas atteint le même degré d'évolution que vous ne vous comprennent plus. Ou alors, que vous ne pouvez trouver les mots pour perpétuer les vieux modèles de conversation. Vous découvrirez également qu'il n'est pas nécessaire d'énoncer chaque pensée, car vous deviendrez plus sensibles télépathiquement et vous vous mettrez à percevoir les énergies et les pensées de ceux qui vous entourent. Vous n'aurez plus besoin des mots, et l'on ne vous dupera pas facilement non plus. Vous exprimerez votre vérité avec une intégrité spirituelle et ne jouerez plus aux jeux du passé.

En endossant vos vêtements de Lumière et votre conscience spirituelle subtile, soyez conciliants avec vous-mêmes. Peut-être vous sentirez-vous parfois très vulnérables ;

vous percevrez possiblement la perte d'une partie importante de vous-mêmes, et cela sera vrai. En fait, il s'agira d'une partie qui ne vous sert plus, même si vous aviez l'habitude de charrier ce vieux bagage. Le temps est venu de vous libérer de tout ce que vous ne pouvez plus transporter avec vous sur votre chemin de retour vers votre forme parfaite de Lumière.

Vous êtes descendus dans un merveilleux réceptacle éthérique/physique, un corps divin issu de l'esprit du Créateur. Laissez-nous vous présenter une analogie pour expliquer ce qui s'est produit il y a de cela plusieurs éons et ce qui se passe maintenant. Imaginez que vous êtes des plongeurs qui s'apprêtent à descendre dans les profondeurs de l'océan. Vous flottez et ne pouvez que demeurer à la surface, à moins de vous alourdir avec des ancres ou des poids qui vous permettront de descendre au fond de l'océan et d'y marcher. Ou encore, il vous faudra une forme de propulsion qui vous emportera vers les profondeurs. Eh bien, il en va de même pour votre être/Esprit. Il vous a fallu adopter la densité en vue de descendre dans le domaine physique. Et puis, vous vous êtes densifiés beaucoup plus que vous ne l'aviez prévu, rendant plus difficile votre remontée vers la surface, ou ce que l'on nomme les dimensions supérieures.

Donc, imaginez que vous vous délestez des ancres et des poids qui vous maintiennent au plus profond du bourbier, du brouillard et dans l'illusion des dimensions inférieures. Dépouillez-vous des couches, des fardeaux qui vous entravent ou qui vous immobilisent. Consentez à vous élancer, une fois encore, vers les élévations raréfiées. Vous rendez-vous compte que ceux d'entre vous qui ont élevé leurs fréquences et leur résonance au-delà de celles de la Terre épaulent votre planète chérie dans sa progression sur la spirale ? C'est un élément de votre mission, amis bien-aimés, de seconder vos frères et sœurs, mais également de devenir des courants de

Lumière qui se consolident et surnagent, et qui seront aptes à élever la conscience de masse, à purifier la toile éthérique dorée de votre Terre Mère, pour qu'ainsi elle puisse aussi réclamer sa position divine dans le vaste scénario de l'évolution.

Nous vous implorons de ne pas vous attacher à quelque forme d'existence, quelque modalité, quelque philosophie étriquée ou structurée que ce soit, ou de ne pas conclure une entente qui donne le pouvoir à quelqu'un d'autre que vous-mêmes. Le discernement prévaut : je ne peux le souligner assez, car si une vérité peut apparaître et être incorporée à votre système de valeurs, elle est tout aussi susceptible d'être supplantée par une vérité ou un concept qui lui soit supérieur. Jetant un regard sur le passé, ne pouvez-vous pas constater que la majeure partie du savoir que vous concevez aujourd'hui comme une vérité absolue était au-delà de vos fantasmes les plus délirants il y a cinq ans ou même un an de cela ? Sachez que tout ce dont vous êtes certains aujourd'hui, sans l'ombre d'un doute, changera demain ou la semaine prochaine.

Voilà pourquoi vous vous sentez vulnérables à ce point, bien-aimés. Vous vous métamorphosez, ainsi que votre réalité. Vous êtes au cœur d'un rêve qui se poursuit en accéléré. Si vous laissez refaire surface les fixations du passé et ces énergies désuètes afin qu'elles soient transmuées ou dissipées, et si vous ne tentez pas de vous accrocher aux vieux patterns, à d'anciennes formes-pensées ou structures, alors vous ne vous sentirez pas si désemparés ou impuissants. Vous devez admettre que l'époque ne se prête pas à l'ennui ou à la stagnation. Au contraire, c'est le moment dont vous avez tant rêvé depuis l'époque lointaine où vous avez fusionné votre prodigieux Soi Esprit aux limites d'une forme physique.

Éveillez-vous chaque jour en ayant au cœur un sentiment

de joyeuse anticipation, de vastes attentes ; laissez la journée se dérouler dans toute sa perfection, vous combler de délices renouvelés et vous affranchir des fers du passé. Comme nous l'avons souligné à maintes reprises, demeurez dans l'actualité de l'événement ; du coup, vous vous focaliserez sur ce qui se produit au moment même. Chaque instant, chaque pensée, chaque événement possède une vaste importance, car les trésors de la sagesse nouvelle, des révélations, des facultés inédites de raisonnement et des dons tout neufs naissent en vous à une vitesse sidérante. Il vous faut être ouverts et les accueillir. Avec chaque nouvelle impulsion d'une vibration supérieure, une portion de votre réalité actuelle se dissout un peu, et c'est ainsi chaque fois que le pattern se répète, encore et encore.

Vous ne pouvez pas échouer. Vous ne pouvez que ralentir vos progrès et causer un malaise si vous luttez et demeurez submergés dans la vieille densité. Acceptez ces dons inestimables qui vous sont offerts. Devenez votre propre témoin sacré tout en recueillant, triant, dégageant et raffinant les informations et les expériences qui pénètrent votre conscience. À mesure que vous émergez du cocon de la forme physique humaine et passez à la forme cristalline de l'humain spirituel, ne vous encombrez de rien et ne vous attachez à aucun pattern ni aucune modalité fixe. Consentez à chevaucher sur la crête des colossales vagues de la transformation. Il n'y a rien à craindre, amis valeureux, et il y a tant à gagner ! Sentez la chaleur de notre souffle sacré vous caresser la joue, percevez l'aura d'amour dont nous vous entourons. Nous sommes tout près ; tendez la main, touchez-nous : nous vous répondrons. Vous n'êtes pas seuls et ne l'avez jamais été. JE SUIS l'archange Michaël.

10. UN MANDAT POUR LE CHANGEMENT

Salutations, maîtres bien-aimés. J'aimerais vous donner un mandat pour les mois à venir et le nouveau millénaire. Prêtez l'oreille, si vous le voulez bien, car il s'agit là de quelques-unes des années les plus décisives, les plus importantes que vous aurez à vivre sur cette planète Terre. Je vous ai précisé que ce sont des années d'intégration, d'intégrité, des années propres à transcender l'illusion de la troisième dimension. Surveillez-vous ce que vous assimilez, ce que vous laissez pénétrer en votre conscience ? Peu importe de quoi il s'agit, ce sera amplifié en bien ou en mal.

Plusieurs parmi vous approchent sérieusement de l'état de maître. Ils sont portés par les courants de l'énergie subtile des quatrième et cinquième dimensions, ils utilisent leur créativité de manières que vous n'auriez pas crues possibles, ils pulvérisent d'anciennes barrières et des structures qui vous ont assujettis à une réalité limitée, restreinte. Vous avez une meilleure compréhension de vous-mêmes et des autres, des réactions interactives et ce qui est en déséquilibre. Certains d'entre vous sont étonnés de ce qui leur est présenté par la voie de la réflexion. Votre reflet s'adoucit, devient plus aimant, paisible et tolérant.

Des idées et des concepts neufs vous assaillent. Tout d'abord nébuleux, ils se solidifient peu à peu, puisque vous employez vos facultés de raisonnement affûtées pour imaginer et déchiffrer les formules et les inventions de l'avenir. En puisant aux cinquième et sixième dimensions, le souvenir du plan directeur de la Création vous revient peu à peu, soit comment vous avez collaboré à construire la structure de la Terre, comment maintenir une pensée pure jusqu'à ce qu'elle porte ses fruits. Vous commencez à percevoir des formes géométriques, des cristaux scintillants et de brillantes couleurs à mesure que vous évoluez au-delà de l'espace et du temps.

Dans le cours de ce processus, votre forme corporelle devra se métamorphoser ; elle ne peut demeurer statique ni être délaissée. Tout comme vous avez, il y a maints éons de cela, densifié votre corps physique par votre pensée limitée et fondée sur la peur, vous allez maintenant transformer votre réceptacle physique, le ramener à sa forme originelle : un corps de Lumière resplendissant, débordant de santé, de vitalité, entier et à jamais juvénile.

Ne vous y trompez pas ! Par l'état de rêve et au cours de leurs méditations, quelques-uns atteignent la sixième, voire la septième dimension, et en de rares occasions, les huitième et neuvième. Vous puisez aux vibrations de votre âme globale, du plan monadique et des dimensions où demeurent la hiérarchie spirituelle et les anges. Dans votre corps éthérique, vous avez été transportés jusqu'au noyau galactique et au cœur du grand Soleil central pour y recevoir une bénédiction et y obtenir le don d'inspiration ainsi qu'une infusion d'Amour/Lumière qui précipitera votre illumination.

L'époque est celle du *Jugement*; le temps est venu de faire les comptes, chers amis. Plusieurs signes, plusieurs présages sont émis par la multitude de messagers sur terre – depuis des configurations astrologiques inusitées, jusqu'aux visiteurs de l'espace intérieur et de l'espace extérieur. Peu importe ce que vous croyez au sujet des comètes, ce qu'elles sont ou non, ou qui elles sont, et sachez ceci : sous plusieurs formes, une énergie provenant de la source créatrice de l'univers déferle sur la Terre en quantités de plus en plus importantes. Il s'agit des énergies qui activent et enflamment les faisceaux lumineux comportant les informations ensevelies et encodées dans votre structure cérébrale et au sein de la conscience de la Terre. Toutefois, la clé pour desceller et utiliser cette information, c'est l'amour, l'intégrité, la vérité et un sentiment d'unité avec TOUT CE QUI EST.

Ceux qui ont fait usage des lois universelles de la manifestation dans des buts égoïstes, pour dominer et détruire, verront leurs méthodes perdre leur efficacité. Ils verront leurs empires s'effondrer et leurs richesses amassées se disperser. Ils auront droit à des leçons rudes et amères. Mais ils auront toutefois l'occasion de changer leur orientation, de substituer à leur point de vue strictement matériel une optique spirituellement inspirée.

Puis, il y a ceux qui souhaitent, espèrent et désirent l'illumination et l'harmonisation spirituelles en persistant à se dire : « Demain peut-être, je me mettrai à méditer ou bien je mettrai en pratique les leçons que j'ai apprises. Bientôt, je ferai usage des aptitudes créatrices qui sont juste au seuil de ma conscience, mais aujourd'hui je suis beaucoup trop occupé. »

Et pourtant, cette opportunité tire à sa fin, bien-aimés. Ou bien vous chevauchez la vague de l'ascension vers la conscience supérieure, ou alors vous restez derrière à attendre la prochaine spirale d'évolution, ce qui signifie que vous resterez ligotés à la roue du karma et emprisonnés par les contraintes, la peur et la futilité de la troisième dimension.

L'époque est à l'émerveillement, à l'exaltation et à la gratification, mes bien-aimés. L'époque ne se prête pas au sacrifice, aux restrictions ou à la retenue. Au contraire, ce qui vous est offert est la maîtrise de la vie, l'abondance, la joie, la paix et l'harmonie. Tout ce à quoi l'on vous demandera de renoncer sera remplacé par des dons si précieux, si gratifiants, que vous vous demanderez pourquoi vous avez hésité.

Dans certaines régions de votre planète, le printemps vient ; il s'agit d'un temps de renouveau de vie, d'une explosion d'énergie fraîche se manifestant sous des myriades de formes prodigieuses. En d'autres régions de la Terre, cependant, la saison en est une de repos et d'ensommeillement, l'emprise glaciale de l'hiver s'installant. Vous avez vécu dans l'empoigne glacée de la peur et de l'illusion, mes précieux amis. Il est temps pour vous de consentir à éclore au printemps de l'Esprit et d'une vie nouvelle, de permettre au don d'énergie raréfiée de la force de Dieu de résider au sein de votre structure et de votre conscience. Vous en serez à jamais transformés.

Plusieurs d'entre vous ont pris – ou prennent – conscience de l'importance de l'événement appelé le Wesak, c'est-à-dire la pleine lune dans le signe astrologique du Taureau. Le terme Wesak est un dérivé de syllabes et d'énergies formant une combinaison de sons provenant des dimensions supérieures. Vous pouvez méditer sur ce mot, l'employer comme mantra et constater ce qui se manifeste depuis les profondeurs de votre conscience. L'époque en est une où l'on accorde des dons provenant du Christ cosmique, des forces bouddhiques et des êtres *christifiés* des dimensions suprêmes de cet univers.

Peu importe l'endroit où vous vous trouvez physiquement, vous pouvez tous profiter de ce don prodigieux : recevoir la bénédiction de l'énergie christique par une infusion d'Amour/Lumière, depuis la source placée au sein de votre conscience. Et la prochaine étape, si vous le voulez bien, consistera à prendre ces germes de l'énergie christique et de les diffuser aux autres, pour qu'ainsi eux aussi soient bénis.

Le moment est venu de donner naissance à l'enfant-christ en vous : de permettre à votre âme/cœur (solaire) d'éclore et d'épanouir pleinement sa puissance et sa conscience. Votre Créateur père/mère souhaite une réunion par l'Esprit avec vous qui êtes l'une de ses maintes et inestimables créations. Vous vous êtes trop éloignés de la maison et êtes demeurés absents trop longtemps, amis valeureux. On vous offre l'occasion de rentrer chez vous, au cœur de la perfection où un sanctuaire vous est réservé.

Votre mandat est donc le suivant : concentrez-vous sur ce qui s'élève en vous et considérez qu'il s'agit de la question la plus importante de toute votre vie. Cherchez une confirmation en votre cœur et en votre divine présence JE SUIS. Consacrez toute votre énergie à accomplir ce à quoi vous aspirez – physiquement, mentalement, émotionnellement et spirituellement – jusqu'à son achèvement. Si vous avez des doutes, commencez humblement, jusqu'à ce que vous puissiez utiliser de manière experte vos aptitudes pour la cocréation, latentes à l'heure actuelle. Dissipez vos doutes et ne prêtez pas l'oreille aux critiques et aux réprimandes. Suivez votre direction intérieure ; vous ne perdrez pas votre chemin, bien-aimés.

Le temps est venu de découvrir votre vérité, de contrôler à nouveau votre monde, de régner sur lui, de vous souvenir que vous êtes les représentants du Créateur remplissant une mission d'envergure, « l'opération planète Terre ». Acceptez d'être doués du pouvoir d'un maître de la cocréation. Acceptez et activez les dons que vous détenez mais qui sommeillent en vous.

Je vous ai dit que le premier rayon de volonté divine s'active de nouveau, et il est émis vers la Terre et ses habitants. Ceux qui ont acquis le droit de manipuler ce grand pouvoir verront leur capacité de manifester s'amplifier, se multiplier par dix. Ce qui stimulera leur détermination, leur volonté de créer et augmentera leur désir et leur capacité de se concentrer. Ce rayon émet et donne naissance à de nouvelles idées, depuis le cœur de la Création. Ses qualités sont la vérité et la foi. Il vous offrira une protection si vous savez employer son énergie correctement et avec sagesse.

De concert avec le septième rayon, le premier rayon détient l'énergie qui vous permettra de construire le pont menant au Nouvel Âge. Le septième rayon sera l'énergie qui prévaudra sur terre au cours des deux mille prochaines années. Allié au premier rayon, le septième vous donne le pouvoir d'activer, de transmuer, de transformer, de purifier et même de rendre éthérique l'énergie (faire revenir une substance à l'état d'énergie universelle neutre en vue de la requalifier ou de la purifier). Offrez-vous ce don merveilleux, cet outil puissant : commencez à brandir le glaive divin, symbole de l'énergie du premier rayon. Entourez-vous du don de la flamme violette et employez-le sans cesse. Avec ces outils, vous pouvez modifier la qualité/vibration de l'énergie en vous et celle du monde qui vous entoure.

Vous devez vous y mettre dès maintenant, même si votre tentative est modeste. Et nous vous seconderons de toutes les manières possibles pour que vous vous rendiez compte que vous avez la capacité de produire des miracles.

Sur les vents du changement souffle un rêve de grandeur, de beauté, d'opulence et de perfection. Participerez-vous à ce rêve merveilleux ou demeurerez-vous dans le cauchemar de l'illusion ? Le choix vous appartient, chers amis.

Nous nous efforçons, de toutes les façons imaginables, de vous faire savoir que nous sommes à votre disposition et avec vous à chaque instant du jour et de la nuit. Faites appel à nous, nous répondrons par des voies susceptibles de vous émerveiller.

Je vous entoure et vous enlace d'un champ aurique d'amour et de protection. Je suis avec vous, à jamais. JE SUIS l'archange Michaël.

11. PRENDRE EN MAIN VOTRE DESTINÉE

Maîtres de Lumière bien-aimés, il est temps de faire l'inventaire pour mesurer vos progrès et déceler tout nouveau concept qui ne servirait pas à votre bien suprême ou n'améliorerait pas votre bien-être spirituel. Nombre d'entre vous dépendent trop fortement des connaissances, des rituels, des méthodologies et des enseignements des autres. Répondez à ces questions à partir du centre de votre cœur/âme, si vous le voulez bien : Supposez-vous que l'information canalisée par quelqu'un d'autre est empreinte d'une sagesse supérieure à la vôtre ? Authentifiez-vous ou validez-vous en votre centre du cœur/âme toute l'information provenant de l'extérieur ? Êtes-vous constamment à l'affût d'une autre méthode, d'une herbe nouvelle, d'un élixir ou d'un gadget apte à accélérer vos fréquences lumineuses ou à catalyser votre conscience spirituelle sans que vous ayez à participer – autrement dit, recherchez-vous une solution magique ?

Avez-vous oublié que la médecine allopathique constitue une méthode de guérison tout aussi valable que celle qui consiste à assumer la responsabilité de votre bien-être ou à employer les excellents remèdes homéopathiques et la multitude de techniques de thérapie corps-esprit ? À certains moments, l'état critique de votre forme physique peut exiger une intervention draconienne. Vous êtes toujours dans un réceptacle physique – au sein d'un monde matériel dense –, et l'affection qui s'est développée au fil de plusieurs années en votre structure arrive à un point de danger pour votre survie et doit être traitée et rectifiée à l'aide de méthodes radicales.

Nous insistons énergiquement sur la nécessité du discernement et constatons que vous avez besoin de comprendre le sens de ce mot dans son ensemble. Depuis des millénaires, l'humanité se trouve dans un état semblable à celui d'un troupeau, et ce conditionnement est difficile à défaire. Il est plus simple de suivre la masse, l'opinion publique ou les tendances à la mode, et plus difficile de prendre des décisions qui vous appartiennent et de commencer, par tâtonnements, à faire confiance à votre intuition. Même si cela veut dire prendre des mesures allant à l'encontre des normes établies. Il est plus aisé de chercher à l'extérieur de vous-mêmes une solution expéditive, et par le fait même, de ne pas avoir à participer ou à endosser la responsabilité de vos actions. Il est plus simple, plus facile d'accuser quelqu'un d'autre. Dans cet esprit, vous vous précipitez alors sans ambages sur un concept nouveau qui promet des miracles. Malheureusement, la communauté spirituelle fourmille de gens qui cherchent à profiter de votre crédulité et de votre vulnérabilité. « Par leurs actions, vous saurez qui ils sont. » Mais vous ne vous en rendez souvent compte qu'après coup, lorsqu'il est trop tard. Il vous faut valider de l'intérieur, avant de prendre votre décision.

J'espère ne pas vous paraître dur et je ne sous-entends pas que vous ne progressez pas, car en réalité c'est tout le contraire. Vous faites des progrès spectaculaires et avancez à grands pas. Mais plusieurs d'entre vous en sont à un point critique du processus de transition. On accélère votre cheminement sur la voie de l'initiation ; de nouvelles connaissances apparaissent chaque jour. Bien que plusieurs directives, plusieurs théories s'offrent à vous, vous êtes toujours des êtres humains/spirituels uniques dont la voie et les épreuves diffèrent de celles des autres, et votre perception de la réalité vous appartient en propre. C'est pourquoi une démarche qui fonctionne à merveille pour une personne peut s'avérer inefficace pour une autre. Une méthode que certains considèrent comme infaillible pour guérir, équilibrer, accorder ou soulager peut ne pas vous convenir du tout et même vous être nuisible. Façonnerez-vous votre vie d'après les valeurs de quelqu'un d'autre ou d'après les vôtres ? Allez-vous modeler votre comportement et diffuser votre vérité, ou serez-vous le clone de quelqu'un d'autre ? Vous êtes uniques en votre genre : nous vous l'avons répété à maintes reprises. Le Créateur vous a mandés, nantis d'une mission d'envergure à accomplir encodée en votre âme et constituant votre plan directeur divin. Allez-vous suivre votre propre plan directeur ou celui de quelqu'un d'autre, laissant du coup le vôtre latent et inachevé ?

Vous êtes votre propre médecin. Cependant, vos aptitudes et vos intuitions n'en sont qu'au stade embryonnaire. Plusieurs d'entre vous prennent déjà des mesures préventives en se nourrissant d'aliments vivants aussi purs, aussi naturels que possible. Il est à espérer que vous faites attention à votre corps, que vous l'écoutez et que vous comprenez que vos pensées, tout autant que vos actions, ont un impact considérable sur l'état de votre santé. Vous recherchez l'équilibre sur le plan physique/mental et en Esprit, mais vous êtes encore exposés au stress de la vie familiale et du travail ou à une foule de responsabilités. Vous êtes encore forcés de vivre là où l'air vous asphyxie et contamine votre organisme ; vos aliments et votre eau sont souvent pollués par une quantité d'impuretés. Ces choses changent tout doucement, mais entre-temps, il vous faut être réalistes. Vous ne pouvez pas vous soustraire à votre réalité physique ; vous ne pouvez pas fuir ou ignorer vos responsabilités. Il s'agit là de l'aspect le plus difficile du processus d'ascension.

Vous avez eu un petit aperçu, un souvenir fugace de la perfection d'où vous êtes issus. Plus fréquemment, vous arrivez à toucher ce sentiment merveilleux de félicité et la prodigieuse sensation d'être libérés des confins de ce réceptacle physique contraignant. Votre vie temporelle vous comble de moins en moins, et son tumulte constant vous est pénible. Même l'exaltation et l'apaisement que vous procuraient les divertissements ne vous satisfont plus. Plusieurs d'entre vous ressentent le désir impérieux d'échapper à leurs responsabilités, de quitter leur emploi, de renoncer à ces biens qui ressemblent désormais plutôt à des chaînes ou à une geôle. Ce n'est pas là la voie du maître, valeureux amis. Progressez en transformant graduellement votre perception et en acceptant vos responsabilités. Focalisez-vous sur le bon, le positif en toute situation, en toute personne, en toute circonstance. Irradiez l'amour et l'harmonie, que vous soyez en compagnie de frères et sœurs spirituels qui projettent un amour inconditionnel et la joie ou dans une situation où règnent le chaos, la peur, le rejet, la jalousie ou des luttes de pouvoir. C'est facile d'être un maître, tranquillement assis au sommet de sa montagne au cœur de la nature sereine, mais il est beaucoup plus important de préserver l'équilibre et l'harmonie de vos sens au fil des situations du quotidien. Les gens qui provoquent en vous le malaise et la maladie sont vos meilleurs maîtres. Ceux-ci reflètent en vous ce qui émerge des profondeurs intérieures et qui doit être guéri. Lorsque vous transformez votre perception et commencez à faire rayonner l'amour christique pur en toute situation, ceux qui vous entourent sont amenés à changer ou à s'effacer peu à peu de votre vie. Vous aurez assimilé les leçons qu'ils avaient à vous offrir ; ainsi, ils n'auront plus d'impact sur votre réalité. Plus vous vous harmonisez à l'Esprit, plus harmonieux deviendra votre univers personnel, malgré le chaos qui règne tout autour.

Tout ce que j'ai décrit participe au processus de mutation, le processus d'ascension qui a actuellement cours pour votre Terre et l'humanité. Ce processus n'est pas constant ni unidirectionnel ; il s'agit plutôt d'une éruption d'énergie et d'informations nouvelles, suivie d'une période d'assimilation, d'intégration et de manifestation. Nombre de sensations vous paraissent présentement plus accentuées, et parfois vous vous sentez peut-être comme si vous étiez plongés dans l'inconnu ou que vous aviez régressé vers l'incertitude et vers un sentiment accru de vulnérabilité. Vous devriez dorénavant vous être habitués aux flux et reflux des fréquences amplifiées et accélérées. Lorsque vous êtes poussés vers le niveau subséquent de conscience, cependant, un système d'alarme d'intensité variable se déclenche en vos corps physique, mental et émotionnel.

Comme je vous l'ai expliqué, un immense jaillissement d'énergie amplifiée déferlait sur la Terre et son humanité au cours des mois de novembre et de décembre 1999 et de mai 2000. Mais à mesure que s'écoulera votre temps, ces éruptions d'énergie se produiront de plus en plus fréquemment, amenant avec elles des vibrations de Lumière plus grandes et plus élevées. Cette substance de Création, irradiante et cristalline, a pénétré jusqu'à votre noyau même et celui de la Terre. Imaginez qu'un courant électrique puissant pénètre votre système de chakras et que les atomes, les cellules ou l'énergie qui résident là sans pouvoir s'harmoniser à ce courant sont violemment expulsés. Sa résonance au travers de votre réceptacle physique, de votre toile éthérique, de vos corps émotionnel et mental recueille et emporte les atomes obscurs, ou énergies incrustées, incapables de s'harmoniser ou de s'accorder à cette fréquence supérieure. Puis, imaginez votre champ aurique et voyez les distorsions que cela crée lorsque cette énergie imprègne, déforme et voile votre aura ; il s'ensuit le sentiment d'être en déséquilibre, de perdre le contrôle, voire de perdre momentanément la connexion avec vos guides, vos enseignants et vos esprits protecteurs.

C'est pourquoi il vous arrive de vous sentir mal équilibrés, partiellement à l'intérieur et à l'extérieur de votre corps. Après avoir reçu une initiation ou incorporé un autre niveau vibratoire, il est important de vous allouer une période d'assimilation. Peut-être sentirez-vous le besoin de vous retirer dans la solitude, de passer du temps dans la nature, de cesser de lire, de renoncer à toute recherche ou méditation pour vous donner le temps d'intégrer ce sentiment de conscience élevée et de vous y accoutumer.

Beaucoup parlent de l'énergie cristalline qu'on active au sein de votre planète, au niveau des lignes telluriques et de leur réseau. Plusieurs sont conduits vers différentes régions de la Terre pour faciliter et activer ces énergies puissantes. Par le passé, nous avons employé la vision d'une pyramide de cristal adamantin dans les méditations et les visualisations curatives ; d'autres apportent une information sur de grandes activations d'énergie autour de votre sphère terrestre. Permettez-moi de vous éclairer sur ce qui se passe à l'heure actuelle. Non seulement vous imprègne-t-on de l'énergie des rayons supérieurs transformateurs et de ceux de la source/Dieu/Déesse, mais un processus d'activation interne a également cours au cœur même de la Terre.

À l'époque où s'est formée votre planète, de magnifiques « êtres cristallins » vinrent d'un univers éloigné. Ils consentirent à un sacrifice suprême et furent encodés du plan directeur divin, en vue de l'évolution de l'humanité et de son ultime ascension. On les plaça alors au plus profond de la Terre, en des points stratégiques de la grille des lignes telluriques. Ils firent résonner des fréquences et de l'information depuis le cosmos vers ce plan terrestre, et vice versa, et emmagasinèrent une immense quantité d'informations et d'énergie au sein même de leur être.

Quand finalement sombra la grande civilisation appelée l'Atlantide – ce qui eut pour effet d'enliser la Terre dans la densité et de la couper des domaines supérieurs en raison de cette quarantaine –, plusieurs de ces grands « cristaux » furent désactivés. Vous connaissez bien les endroits où ils demeurèrent en fonction : en l'Égypte ; dans l'océan Atlantique, près de l'atoll des Bimini ; au Tibet ; au lac Titicaca, Pérou ; à Palenque ; dans la région de Jérusalem et du mont Sinaï ; et dans les montagnes Grand Tetons (une partie de la chaîne de montagnes des Rocheuses située dans le Wyoming) pour n'en nommer que quelques-uns. Aujourd'hui, certains de ces centres d'énergie (qui étaient aussi des portails) se sont densifiés et obstrués par la négativité au point qu'ils concentrent la plupart des conflits sur votre planète, notamment en Afrique, en Égypte et au Moyen-Orient. D'autres sont demeurés des centres rayonnant d'énergie et ont attiré des milliers de guerriers de la Lumière dans leurs champs de force pour qu'ainsi leur plan directeur interne puisse être activé. Et ceux qui y furent conduits par l'Esprit, parfois poussés par un appel intérieur qu'ils ne pouvaient ignorer, se rendirent à ces vortex sacrés afin de seconder la guérison et la purification de ces structures cristallines pour qu'elles puissent, de nouveau, irradier purement et puissamment les messages des royaumes des Élohim et des anges, et les vibrations curatives jusqu'au noyau terrestre et partout à la surface de la planète.

Ainsi, voyez-vous, vous faites l'expérience de fréquences accélérées provenant du cosmos et vous subissez également l'impact des patterns changeants depuis l'intérieur de la Terre parce que celle-ci commence à s'accorder et à résonner avec son plan directeur parfait. Comme vous le savez, la guérison débute depuis l'intérieur pour irradier vers l'extérieur, et elle acquiert du pouvoir et de l'influence à mesure que l'intégralité est incorporée et maintenue.

Il y a quelque temps, j'ai mentionné les merveilleuses pyramides de cristal qui se forment sur le plan éthérique et je vous ai demandé de vous mettre à les visualiser et à les employer dans vos méditations afin de pouvoir les manifester plus rapidement sur le plan physique.

Aujourd'hui je vous demande, si vous le voulez bien, de commencer à amener depuis votre divine présence JE SUIS une

*pyramide de cristal adamantin emplie de millions de minus-
cules pyramides cristallines. Imaginez qu'elles s'incorporent
à votre être tout entier, comblant ainsi les espaces laissés
vides par les atomes obscurs que vous évacuez sans cesse.
Voyez-les migrer vers les zones où se manifestent les
symptômes de malaise et de maladie. Placez-les en tous vos
chakras, dans vos glandes et vos organes. Imaginez ensuite
que des milliards de ces pyramides affluent dans votre
circulation sanguine et qu'elles emplissent de pure Lumière
cristalline votre corps jusqu'au plan cellulaire le plus
profond. Ces cristaux puissants portent en eux les codes de
votre lignée, de votre héritage et de votre destinée. Ils
possèdent le pouvoir, la volonté, la joie – tous les attributs
que vous cherchez à incorporer. Vous pouvez les voir se
dynamiser à l'aide des énergies transformatrices des cinq
rayons supérieurs, ou grâce à n'importe quel niveau de rayon
que vous êtes en train d'incorporer.*

Ces pyramides de cristal donneront un élan à votre croissance, de même qu'à la transformation de la Terre. Partout
dans le monde, et notamment en Occident, ces grandes
énergies cristallines seront réactivées et relancées. De la sorte,
elles amélioreront et accéléreront la guérison et l'ascension
de votre planète et de l'humanité, et leur permettront de
s'accomplir aisément et avec grâce. Il vous faut éprouver un
ardent désir de découvrir votre vérité, bien-aimés. Et puis, il
faudra faire vivre cette vérité en chaque fibre de votre être.
Vous devez insister pour obtenir la justice vous-mêmes et
pour tous ; sachez que cela commence par vous. Il vous faut
vivre dans un esprit de coopération et non pas de compétition,
seconder les autres, confirmer leurs talents et leur vérité, tout
en consentant à ce qu'ils vous prêtent aussi main-forte, vous
offrent leur confirmation et vous accordent foi. Un sens de la
responsabilité personnelle sera la pierre angulaire d'un nouveau modèle de communautés où tous et chacun contribueront

au bien commun, en bénéficieront et le serviront. « QUE VOTRE VOLONTÉ SOIT FAITE POUR LE PLUS GRAND BIEN DE TOUS » doit devenir votre credo, votre devise.

Votre force et votre sagesse spirituelles sont mises à l'épreuve, mes guerriers bien-aimés. Vous vous trouvez à la croisée des chemins : serez-vous des meneurs ou des suiveurs ? Vous contenterez-vous d'un aperçu fugace du Nouvel Âge, ou insisterez-vous pour vous dorer au plein soleil du paradis ? Nous n'avons aucun doute sur la nature de votre réponse.

Je vous entoure et vous étreins d'une aura cristalline d'amour et de protection. JE SUIS avec vous, toujours. JE SUIS l'archange Michaël.

12. ABOUTISSEMENTS ET ESSORS

Maîtres bien-aimés, je vous prie de vous allouer un petit moment pour apaiser votre mental. Trouvez un coin tranquille ou encore, réfugiez-vous dans votre sanctuaire de façon à ne pas être dérangés lorsque nous nous retrouverons. Je chéris ces instants partagés, tout comme vous les appréciez, je le sens. Et je souhaite que l'événement ait une qualité si tangible que vous sentiez que nous sommes vraiment assis ensemble, que nous communions, que nous échangeons, que nous exprimons notre amour mutuel et que nous nous délectons de cette joyeuse réunion de l'Esprit se déroulant sur tous les plans de conscience.

Une ère nouvelle pointe à l'horizon ; plusieurs cycles temporels et des événements prophétisés culminent à l'heure actuelle. Vous ne faites qu'entrevoir la grandeur, la vastitude, l'omniprésence de cette spirale ascendante que parcourt le cosmos, ainsi que les maintes répercussions de cet événement. Nous avons permis à cette expérience terrestre de suivre son cours plusieurs éons durant – nous avons laissé l'humanité, nantie du libre arbitre, mettre la pagaille sur terre et au sein de sa population, jusqu'à ce que le chaos devienne dévastation. Mais le moment est venu d'intervenir. Il s'agit d'un commandement divin, qui s'avère indispensable si vous devez vous joindre à la marche de la Création entière qui s'ébranle et entame son voyage de retour vers la perfection.

Plusieurs évoquent la seconde venue du Christ. Nous vous avons déjà expliqué le sens de cette expression : il s'agit de la diffusion, de la projection de pur Amour/Lumière depuis le cœur du Créateur suprême. Au cours des millénaires, un grand nombre d'êtres miraculeux sont venus sur terre, nantis d'une immense quantité de cette Lumière divine. Ils avaient pour but d'éclairer la voie, de servir de phares et de modèles à l'humanité. Aujourd'hui, c'est votre tour de devenir des êtres christifiés. La seconde venue sera pour vous un événement majeur, car c'est à vous désormais de recouvrer votre nature divine. Plusieurs d'entre vous ont subi ce que l'on pourrait qualifier de processus de crucifixion ou de nuit obscure de l'âme : ils ont évacué douloureusement et laborieusement tout ce qui les gardait captifs de l'illusion de la troisième dimension. Malgré tout, il faudra bien admettre qu'en dépit de tout ce que vous avez subi et vécu au cours de ce voyage vers l'illumination, votre sacrifice était négligeable comparativement à ce qu'ont souffert quelques-uns de nos chers avatars. Vous n'aurez pas à être suspendus à une croix, mais vous incorporerez un pilier et une croix de Lumière en votre corps. Cela aura pour effet de vous ramener à la brillance et à la perfection qui étaient vôtres. On ne vous enfoncera pas de clous dans les mains et dans les pieds mais, si vous y êtes disposés, je percerai vos mains et vos pieds de pyramides de Lumière adamantine pour qu'ainsi, où que vous alliez, un sillage de Lumière apparaisse, et quoi que vous touchiez soit pénétré d'une Lumière christique curative. Laissez votre regard irradier de la Lumière de l'amour divin, bien-aimés, et que vos paroles soient empreintes de vérité et de compassion. Que votre intégrité soit sans faille, que votre sagesse soit habile et que vos actions soient dynamiques. Voilà les qualités et les caractéristiques de l'être christifié. Votre fardeau sera léger si vous vous drapez du manteau de l'Esprit afin qu'il vous guide à chaque minute de chaque jour. Vous verrez loin dans l'avenir, nantis de pouvoir et certains de chaque décision, de chaque geste, car vous serez inspirés et dirigés par votre présence JE SUIS magique.

À l'heure actuelle, beaucoup de peurs et de rage envahissent la race humaine sur tous les plans. Cette obscurité qui habite l'humanité est au seuil de sa mort mais elle ne lâchera pas prise ni ne renoncera facilement. Du moins, tout ce qui n'est pas en harmonie avec les vibrations supérieures de la quatrième dimension doit être transmué ou alors évacué. Chaque boucle de la spirale qui accélère les fréquences de la Terre exerce une pression grandissante sur ceux qui ne sont pas disposés à les affronter ou à reconnaître intérieurement les énergies incrustées, qui exigent impérieusement une métamorphose et une intégration.

En ayant revêtu votre chape de chair terrestre, vous nous avez enseigné beaucoup, amis valeureux. Pour celui qui adopte la forme de l'Esprit, créer n'exige pas d'efforts ; cependant, force nous est de constater à quel point il est difficile de demeurer parfaitement concentrés, de faire descendre, au travers de la statique et des effluves nocives, l'énergie cosmique de la manifestation pour engendrer l'harmonie et la perfection, et de l'amener jusqu'aux troisième et quatrième dimensions. Vous nous avez enseigné beaucoup sur les émotions : nous éprouvons des émotions d'amour pur et vibrons à ce type de sentiments, mais nous ne connaissions pas la souffrance qui incendie et alimente le corps émotionnel des densités inférieures lorsque vous êtes déséquilibrés. Nous savons que vous avez été influencés, implantés, mystifiés et induits en erreur par ceux que vous croyiez être des dieux ou, tout au moins, des êtres miséricordieux. De fait, nous sommes conscients que plusieurs d'entre vous craignent qu'une telle chose ne se reproduise.

Soyez rassurés, bien-aimés et loyaux guerriers, car il n'en sera pas ainsi. Ces faits déplorables appartiennent au passé, et c'est pourquoi nous affirmons que le moment est venu de nous ingérer dans la destinée de votre planète chérie et de vous aider à emprunter de nouveau la voie de l'intégration et de l'illumination.

Permettez-moi de vous nantir d'une vision nouvelle, de vous offrir un accès accru à votre Soi divin et de présenter une manière plus efficace de vous aider dans la création de votre paradis tout neuf. Il s'agit cette fois d'un éden différent, bien-aimés. Les débuts de ce jardin d'Éden furent en effet merveilleux, mais vous étiez innocents, naïfs et des nouveaux venus dans le domaine de l'expression physique. Une fois de plus, ce séjour céleste sera féerique, immaculé, mais en outre, vous détiendrez la sagesse, car vous serez des vétérans expérimentés, des partenaires sur le même pied d'égalité en ce qui concerne la prise de décisions sur l'avenir de l'humanité dans son ensemble, des participants actifs dans l'évolution de la planète Terre.

Nous vous avons enseigné la vision qui consiste à amener depuis votre divine présence JE SUIS un vaste faisceau de Lumière blanche, ou un rayon laser de Lumière, ainsi qu'une pyramide de cristal adamantin emplie des énergies des cinq rayons supérieurs. Cette visualisation est censée vous seconder au cours du processus de transformation. Cela a également permis de déblayer la voie, ou connexion, entre vous, votre Soi supérieur et votre Soi divin, pour qu'ainsi ces éléments interagissent plus librement et communiquent plus aisément à mesure que vous amenez et incorporez plus de sagesse et de pouvoir dans l'ensemble de votre être.

Maintenant, j'aimerais rendre cette connexion encore plus puissante et plus réelle. Plutôt que de visualiser les énergies de votre Soi divin qui descendent et fusionnent avec vous, je souhaite que vous imaginiez l'essence de votre être profond en train de s'élever de votre corps et de se mouvoir jusqu'à ce chemin de Lumière, dans le but de se relier à votre Soi divin. Abreuvez-vous à l'ensemble de cette énergie prodigieuse et non uniquement à une petite projection de celle-ci ; imaginez-vous baignés de l'éclat et de la magni-ficence de votre être véritable.

Une fois que vous aurez bien saisi cette procédure, que vous aurez perçu sa validité, vous pourrez commencer à employer cette centrale d'énergie pour vous aider dans toutes vos entreprises et pour vous soutenir lorsque vous assumerez l'héritage qui vous revient de droit, celui de maîtres de la cocréation. Dans une pyramide de cristal adamantin, placez toute situation ou tout objet que vous souhaitez créer, transformer ou équilibrer, puis sentez que vous vous élevez sur le chemin pour rejoindre votre Soi divin. Maintenant, représentez-vous une immense fontaine de poussière d'or scintillante – il s'agit de l'énergie alchimique du douzième rayon porteur de la conscience christique en provenance du Créateur père/mère de cet univers. Cette fontaine déferle depuis votre Soi divin, de même que du noyau de votre être. Imaginez que tous ceux qui participent à cela forment un cercle autour de la pyramide qui contient la situation, et pensez que cette énergie sacrée imprègne chaque personne ainsi que le problème lui-même, et qu'elle rend l'équilibre et l'harmonie à tout ce qu'elle touche.

Partout où existe une lueur d'espoir, elle prospérera et s'accroîtra ; partout où existent une soif, un désir d'amour, elle sera multipliée ; partout où il y a la plus infime tendance vers l'unité et la résolution, elle en facilitera le dénouement. Mais n'oubliez pas, il vous faut souhaiter que l'issue soit pour le bien de tous et en harmonie avec votre plan, ou mission divine. Si vous joignez vos forces à votre Soi divin, vous ne vous abandonnez plus à lui, mais devenez lui. Voilà la prochaine étape, chers amis. Êtes-vous prêts à accepter ce pouvoir remarquable ? Vous n'avez qu'à croire, qu'à oser et puis, qu'à réclamer ce qui constitue votre droit de naissance.

Bien-aimés, le temps de l'activation accélérée, des sens

affinés et développés, et de la reconquête de la mainmise sur votre destinée est venu. Nous vous avons surveillés attentivement pour mesurer si vous êtes prêts à réintégrer le pouvoir de la Première cause à votre action de créer : soit avoir une unité dans l'intention, une vision claire et le désir d'employer cette énergie dynamique pour le bien de tous. Certains nomment cette énergie le « rayon royal » ou rayon de souveraineté. Et il s'agit bien en effet du rayon propre aux dirigeants, aux chefs d'État, aux guerriers spirituels et à ceux qui sont prêts à se mettre de l'avant. C'est l'énergie de la vitalité, de l'initiative et de l'action, et en cette époque, elle s'avère indispensable à l'abolition des attitudes anciennes et désuètes et au traçage d'un chemin vers un renouveau.

Le processus qui s'enclenche en ce moment consiste en l'intégration de l'énergie ardente, rouge flamme de la création pure, de la volonté et du pouvoir divin, dosée par la force et le dynamisme du rayon bleu acier, et munie d'un noyau de blanc immaculé représentant la pureté, la vérité et l'honneur. Cette énergie sera de couleur magenta et elle irradiera dans le corps de ceux qui sont prêts à recevoir ce don dynamique. Elle engendrera des cœurs braves, d'intrépides guerriers de la Lumière qui dirigeront la réunification et la transformation de planète pour lui redonner sa souveraineté : une Terre en paix peuplée par la race de l'Esprit ayant pris une forme humaine, une humanité où tous sont égaux et où tout est sacré.

Examinez votre cœur et vos intentions. Êtes-vous prêts, encore une fois, à assumer la responsabilité et le pouvoir liés à ce privilège grandiose ? Vous y avez déjà recouru avec efficacité et dramatiquement dans les premiers Âges d'or de la Terre. En fait, jusqu'au moment où l'humanité modifia sa conscience pour la gratification de l'ego et le désir de conquérir et de dominer. C'est une épée à deux tranchants, chers amis. En acceptant ce don, vous devez l'employer avec sagesse, sinon il se retournera contre vous en laissant place à la destruction. Plus jamais l'humanité ne sera autorisée à utiliser ce rayon à des fins égoïstes. Si vous êtes volontaires pour franchir la prochaine étape, alors nous serons à vos côtés pour en adoucir le parcours.

Nous vous bénissons pour la foi dont vous faites preuve et vous honorons pour votre courage. Vous êtes grandement aimés. JE SUIS l'archange Michaël.

13. L'ÉPOQUE DE LA TOLÉRANCE ET DU PARDON

Maîtres bien-aimés, un rassemblement grandiose se tient sur votre Terre à l'heure actuelle. Ne sentez-vous pas le changement ? Ce qui s'est divisé il y a si longtemps de cela, ce qui s'est fractionné en prismes de Lumière et d'énergie afin de faire l'expérience d'une diversité de plus en plus grande, se rassemble et redevient indivisible. Ces prismes de Lumière, en l'occurrence vous ainsi que toute créature vivante ou tout être conscient appartenant à ce système solaire et à cette galaxie, tentent actuellement de se reconnecter avec la myriade d'éléments qui les composent pour, dès lors, retrouver leur intégralité. L'époque se prête à l'unification, pas à la séparation ; il est temps d'affiner votre nature unique et de reprendre votre plan divin parfait.

Vous n'êtes plus ce que vous étiez au moment où vous avez fusionné avec votre corps physique. Vous avez acquis depuis une vaste expérience, vous arborez quantité de cicatrices rappelant vos combats et vous êtes affligés d'imperfections qui amenuisent votre capacité à cocréer dans l'harmonie et la beauté. Le temps est venu de réparer ces imperfections, d'évacuer les souvenirs douloureux d'expériences fâcheuses et de proclamer la victoire. Vous seuls pouvez décider de vous joindre à la marche vers l'unification et l'intégration de l'humanité avec la race de l'Esprit : de toute manière, sa cadence s'accélérera, que vous y preniez part ou non.

Un nombre croissant d'entre vous font émerger des souvenirs et des visions qui séduisent leur imagination et émeuvent l'âme : des souvenirs de ce qu'étaient les choses initialement ; des visions de vos origines, de votre foyer dans l'immensité au-delà ; une soif de ce qui a été perdu, ou une prise de conscience à ce sujet ; et un désir ardent de retrouver l'intégralité et la pleine conscience. Êtes-vous capables de regarder un inconnu et de sentir une complicité, une affinité avec lui en dépit de la couleur de sa peau, de sa race, de sa religion ou de différences culturelles ? Êtes-vous plus tolérants, plus patients et plus touchés de compassion à l'égard des gens qui vous entourent ? Percevez-vous leur beauté plutôt que leurs imperfections ? De par le monde, les gens commencent à percevoir les choses différemment ; l'espoir jaillit en contradiction avec la contrariété et le sentiment de l'absurde.

La Lumière christique provenant du grand Soleil central exerce peu à peu un impact remarquable sur les habitants de la Terre. L'époque est à la tolérance et au pardon. Le temps est venu de renoncer à tous les souvenirs douloureux, au ressentiment et aux jugements qui vous retiennent prisonniers dans une capsule temporelle d'illusion tridimensionnelle.

Ne laissez pas une indignation hypocrite vous empêcher de refléter, avec amour, les énergies négatives que d'autres projettent en votre direction. Que la culpabilité, le sentiment de honte ou le besoin de vous punir ne vous empêchent pas de vous pardonner les infractions passées, les méfaits ou quelques imperfections. Il est toujours plus difficile de se montrer clément envers soi-même qu'avec autrui.

À l'heure actuelle, chacun de vous se heurte à des événements dramatiques et subits. Il s'agit parfois d'incidents saisissants modifiant le cours de votre vie ou altérant profondément votre perception de la réalité. Regardez autour de vous, chers amis, voici le changement des Âges. Bénissez, soignez et soutenez les âmes bénies qui choisissent de passer dans la sphère de la réalité véritable et de laisser leur réceptacle physique derrière. Elles ne sont perdues pour vous que si vous vous coupez d'elles à cause de doutes mal fondés, de vues erronées ou d'un chagrin injustifié. La passerelle entre les mondes est plus ouverte que jamais, et le voile qui sépare les dimensions s'atténue rapidement.

Ceux qui opèrent encore sous l'emprise de la peur ou qui se cantonnent à leur nature instinctuelle inférieure, ou reste sous son joug, tentent désespérément de préserver le statu quo, essayant en vain de protéger ce qu'ils perçoivent comme leurs territoires. Cependant, les anciennes lois n'ont plus cours. Et les vieux modes opératoires ne sont plus efficaces. Tout ce qui a été construit sur les bases de l'avidité ou d'intérêts égoïstes, tout ce qui abuse des lois universelles, tout cela sera complètement anéanti. Il n'est pas nécessaire que vous provoquiez leur perte ; les énergies de la conscience nouvelle de la Terre et de l'humanité dans son ensemble s'en chargeront. Votre tâche, guerriers bien-aimés, consiste à vivre votre vérité propre avec intégrité, discernement et en toute discrétion.

Nous sommes tout à fait satisfaits de voir quelques communautés religieuses se réunir pour discuter de théories et de concepts spirituels sans accuser, blâmer ou ridiculiser ceux qui soutiennent des vues divergentes des leurs. Une tolérance nouvelle s'immisce dans l'esprit des dirigeants ecclésiastiques qui se montraient auparavant inflexibles et obtus. Les frontières entre les dogmes et la superstition s'évanouissent, et une perspective plus vaste devient acceptable.

En tant qu'ambassadeurs spirituels du Créateur, vous devez pouvoir choisir vos vérités pour vous-mêmes et déterminer comment vous allez pratiquer votre religion et assumer votre intendance. Ceux qui s'efforcent de garder leur ascendant sur vous en usant de la peur et de la culpabilité font face à un échec, et pour cause. Le Créateur se manifeste dans la liberté, la joie, l'amour et la beauté. Il ne vous a jamais imposé la souffrance, la contrainte et la douleur – vous-mêmes vous les êtes infligées.

Le temps est venu d'entreprendre le travail à abattre dès maintenant, mes guerriers bien-aimés. Le fait de savoir que l'ascension est un don et une possibilité pour vous tous en cette vie a éveillé en chacun l'enthousiasme, mais également un certain trouble. La vision de l'état de maître vous a encouragés et inspirés. C'est un état qui accède aux lois universelles de la manifestation et qui engendrera un éden ici, sur terre. Vous vous sentez plus à l'aise avec l'idée que nous existons réellement, qu'une interaction mutuelle a cours entre nous et que vous avez accès à des dimensions de plus en plus élevées tout en demeurant dans ce corps physique. Il est temps d'utiliser les dons que vous avez mis tant d'efforts à acquérir. On ne vous permettra pas de vous asseoir sur vos lauriers ni de vous contenter d'une ascension à demi parachevée. Il n'est plus opportun de lambiner ou de vaciller. Vous avez accordé la primauté à votre Soi Esprit, et il vous guidera, vous aiguillonnera ou vous poussera, mais il vous faudra tôt ou tard avancer. Pourquoi, très chers, ne pas consentir à ce que nous épaulions votre transition afin qu'elle s'accomplisse aisément et avec grâce ?

La tolérance, la clémence et la compassion sont pri-mordiales à l'heure actuelle parce que nous souhaitons ardemment infuser la Terre d'énergies de Création supérieure encore plus puissantes. Le moment est venu de mettre de l'avant, une fois de plus, le premier rayon de volonté divine, la volonté de créer et de prendre le contrôle. Cette énergie divine servira à ce que ceux qui s'entourent de Lumière reprennent la régence sur terre, que celle-ci emprunte à nouveau la voie de la Création bienveillante pour le bien de tous, et non pas le chemin de l'avidité et de l'oppression. Ceux qui sont aptes à manipuler cette énergie magnifique de la « première cause » seront les nouveaux dirigeants mon-diaux : les visionnaires, les gardiens et les serviteurs. Ce seront eux qui mèneront, érigeront, créeront et serviront avec amour et compassion, toujours dans l'harmonie et en accord avec la volonté divine. C'est ainsi que les limites et les démarcations s'évanouiront, que les divergences culturelles

et spirituelles seront respectées – non pas méprisées ou con-
damnées –, que tous les peuples et toute vie sur terre seront
considérés comme des dons de la Création précieux aux yeux
de tous.

Plusieurs d'entre vous prennent conscience que leur
environnement et les régions qu'ils habitent se transforment.
Les énergies se modifient et se raffinent, et une épuration est
en cours. Ces cités éthériques idylliques et ces communautés
de Lumière dont nous parlons depuis si longtemps prennent
désormais l'apparence d'une réalité de plus en plus tangible.
Il vrai que vous ne pouvez pas percevoir la beauté et la
grandeur de l'avenir qui se prépare pour l'humanité sur terre,
mais vous commencez à sentir, à pressentir une différence.

Un nombre croissant d'entre vous se sentiront enclins à
faire l'expérience de divers lieux et énergies partout sur
terre... De plusieurs manières, votre monde rapetisse, chers
amis. Saisissez l'occasion d'explorer un nombre aussi grand
que possible de cultures et de modes de vie. Connectez-vous
à la Terre et à son histoire, soignez et guérissez le passé grâce
à votre amour et à votre compassion. Plus vous en apprendrez
au sujet de cette planète et de ses habitants, plus vous verrez
de traits communs et constaterez une unité, une unicité.
Chaque région est douée de ses vibrations uniques ; elle
possède ses souvenirs propres, elle a ses dons et ses leçons à
offrir à chacun de vous.

Certaines régions autour du globe ont été moins touchées
par la négativité ou se sont moins éloignées que d'autres des
royaumes des Devas et des Élémentaux. Ces zones sont
disséminées de par le monde et se distinguent par la beauté
immaculée de la nature et par la cohésion et la tolérance au
sein de leurs peuples. Certains endroits sur terre abritent des
cultures qui se côtoient, qui œuvrent ensemble et qui pra-
tiquent leurs religions sans anicroche. Ces lieux sont iden-
tifiables par leur splendeur naturelle, l'absence de frontières

et de limites, la solidarité et la camaraderie qui règnent au sein de leurs populations.

La peur et l'avidité érigent des murailles et des démarcations. Et ces structures finissent par devenir des prisons. L'amour dissout les frontières, étend les horizons et assure la prédominance de la liberté et de l'unité.

En prévision de la grande infusion d'énergie ardente que vous recevrez dans les années à venir, je vous demande de concerter vos forces pour arriver à purifier et à harmoniser vos réceptacles mental, physique et émotionnel. Entamez une sorte d'exorcisme, si vous le voulez bien, en vous abandonnant à l'imprégnation des énergies raréfiées des cinq rayons supérieurs, qui par le fait même dégageront et évacueront les énergies incrustées incompatibles avec votre état nouvellement nanti de pouvoir. Plusieurs d'entre vous ont pardonné aux autres et ont accepté leur passé, mais le doute persiste en eux, car d'une part ils savent ne pas appartenir à l'ancien monde mais, d'autre part, ne se sentent pas encore à l'aise avec le nouveau monde en formation. Laissez ces énergies bénies imprégner votre corps jusqu'en son tréfonds. Laissez-les vous guérir, vous harmoniser, vous équilibrer et vous mettre au diapason des visions de lendemains somptueux. Voyez une pluie cristalline de pyramides adamantines et scintillantes pénétrer l'ensemble de votre corps, jusque sur le plan cellulaire le plus subtil. Puis, visualisez un déluge d'énergie dorée déferlant depuis la source la plus élevée en cet univers et vous reliant à cette source d'où vous provenez. Voilà la voie qui mène à la maison, bien-aimés.

Sondez votre univers en profondeur en vous posant la question suivante : Qu'est-ce qui est encore en état de déséquilibre ? Dirigez votre attention vers cette région, avec bienveillance, sans révolte, mais en y concentrant un sentiment de mise en accord et de raffinement par rapport à ce que vous souhaitez changer. Par le fait même, vous vous dirigez et vous épanouissez doucement jusqu'à la perfection.

Le temps de prendre action est venu, chers amis ; pour beaucoup d'entre vous, la période de préparation atteint son point culminant. On vous pousse dans la vaste arène de la vie, et vous devez servir d'exemples, d'enseignants, de dirigeants, en vérité, d'éclaireurs de la voie de la Lumière. Nous vous incitons à commencer là où vous vous trouvez, loyaux guerriers. Enseignez, vivez, exprimez votre sagesse nouvelle, votre divinité réactivée et retrouvée. Vous êtes des maîtres en devenir ; vous délaissez vos artifices, endossez votre identité véritable et récupérez ce qui vous revient de droit. La Terre et l'au-delà sont désormais votre territoire. On abolit les frontières et les démarcations entre les dimensions. Revendiquez votre nouveau royaume, mes bien-aimés. Régnons-y ensemble pour la gloire de notre Créateur père/mère. JE SUIS l'archange Michaël.

14. AU CŒUR D'UN INSTANT COSMIQUE

Maîtres bien-aimés, nous sommes au cœur d'un « instant cosmique », d'une époque de transformation des plus puissantes et miraculeuses. Depuis 1995, il a été décidé que votre Terre était capable d'incorporer une plus grande quantité d'énergie cosmique sans entraîner trop de destruction et de chaos au sein même de sa structure. Après de sérieuses délibérations, il fut également décidé qu'il s'y trouvait un nombre suffisant d'artisans de la Lumière éveillés, et l'humanité dans son ensemble, ayant élevé leur conscience à un niveau où nous pouvions commencer sans danger une infusion accélérée de la substance lumineuse universelle, ou énergie cosmique raréfiée en provenance de la source créatrice.

Depuis cette époque, on a sans cesse accéléré l'imprégnation, qui continuera à s'intensifier au cours de la prochaine décennie et par la suite. Des faisceaux d'information sous forme d'énergie lumineuse, des clés et des codes placés ici il y a des éons de cela sont présentement activés au sein de la Terre et dans la structure physique de l'humanité entière. On les y a placés en prévision de l'époque actuelle et de ce moment où vous inverseriez le processus de descente dans le domaine physique et entameriez le voyage de retour vers les sphères de l'Esprit.

Il est primordial qu'un nombre aussi grand que possible de gens soit également informé de ce qui se passe au sein de votre structure physique et dans la terre en cette époque extrêmement critique. Il est impératif que cet afflux d'énergie divine accordé à l'humanité et à votre planète soit autorisé à circuler en vous et dans la structure des courants telluriques de votre Terre. En convergeant vers votre réceptacle physique, cette énergie attise les encodages et les faisceaux lumineux latents au sein de votre structure cellulaire. Vous détenez également les clés et les codes requis pour activer, purifier et embraser les immenses structures cristallines au cœur de ce plan terrestre. Ces portails, ou voies d'accès, forment, pour ainsi dire, le système de chakras de la Terre. Et par leur activation, l'éveil de votre Terre Mère s'accélérera fortement aussi. Celle-ci se mettra à fredonner avec une intensité que vous tous pourrez sentir, dès qu'elle s'éveillera et s'extirpera de la densité pour retourner à la Lumière de l'illumination et à son état véritable – la cinquième dimension.

À mesure que ces sources d'énergie se mettent à résonner et à diffuser des signaux, la force vitale universelle dans toute son ampleur et sa puissance projetteront les fréquences requises pour activer ces codes et ces impulsions géométriques qui induiront l'étape subséquente de l'évolution pour vous, votre planète, votre système solaire et votre galaxie.

Voilà pourquoi vous devez impérativement purifier votre réceptacle physique de façon que les fréquences que vous relayez à la Terre – puis que vous renverrez plus tard aux dimensions supérieures – demeurent exemptes de contamination et intactes, et qu'elles préservent leur intégrité.

C'est comme si la Terre et l'humanité se branchaient à une source de puissance à haute résonance. Vous devez vous accorder et vous rendre compatibles avec cette source pour être capables de vous y adapter et d'en faire usage. Vous servez de conducteurs et de transducteurs pour cette énergie dynamique ; vous consentez à servir de convoyeurs de cette énergie pour votre Terre Mère. À son tour, celle-ci active ses propres sources de puissance (les grandes structures de cristal à l'intérieur de son corps). Aussitôt que la perception consciente s'éveille de nouveau en ces grands êtres, ces derniers se mettent à émettre des pulsations de fréquences nouvelles – des énergies purificatrices, édifiantes et curatives qui circulent dans le système de la Terre ainsi que dans l'humanité. On pourrait dire qu'on vous « zappe » depuis l'intérieur et l'extérieur.

C'est pourquoi il est de toute première importance que vous prépariez vos réceptacles physiques et qu'ils soient réceptifs à cet influx d'énergie, particulièrement à celle du premier rayon de volonté et de puissance divines, et à celle du septième rayon de transmutation et de transformation. En vous préparant ainsi, vous devenez les catalyseurs qui déclencheront ces centres de pouvoir. Votre cœur doux et aimant apaisera et guérira ; votre sagesse guidera et dirigera ; votre pouvoir vous permettra de vous élever en toute intégrité. Vous n'aurez de cesse que votre tâche ne soit menée à bien.

Vous vous trouvez au cœur d'un processus qu'on pourrait appeler l'armageddon/apocalypse/ascension. Personne ne viendra vous ravir de la Terre ou vous extirper du chaos que vous avez engendré sur votre planète bénie, comme l'avaient prédit ou espéré maintes personnes. Chacun de vous se voit contraint d'affronter ses propres illusions, cette réalité qu'il a tissée et qui donne lieu à sa version toute personnelle du paradis ou de l'enfer sur terre. Tout ce que vous avez cru être votre vérité, tous les jugements que vous avez portés sur ce qui est bien ou mal, ce qui est juste ou injuste, ce qui est saint ou maléfique se manifestent dans les situations et les circonstances quotidiennes, afin qu'une fois pour toutes vous puissiez atteindre à une conscience étendue, à la conscience d'un maître. Écoutez, soyez attentifs, je vous en prie, bien-aimés. La vérité comporte maintes nuances et les chemins sont nombreux, mais il n'existe qu'une seule destination : la conscience d'unité avec les êtres de Lumière et le Créateur divin.

Éliminer les vieilles habitudes et les anciens schémas de pensée appartenant au subconscient n'est pas une sinécure.

Épurer le passé exige d'éliminer davantage que les souvenirs issus de la présente existence ; il faudra équilibrer et harmoniser toutes vos expériences depuis le début de vos incarnations dans le monde physique. Ces souvenirs sont imprimés et enregistrés dans votre champ aurique ; ils sont source de joie et de sérénité, ou provoquent l'angoisse et la dissension. Épurer sous-entend équilibrer et harmoniser ce qui résonne avec une vibration d'énergie discordante ; cela signifie en venir à comprendre et à faire la paix avec toutes les facettes de votre existence. Une fois que vous aurez atteint ce point, les énergies déséquilibrées seront à jamais transmuées et vous n'aurez pas à en faire de nouveau l'expérience.

Et voici une excellente nouvelle : on a raffiné le processus d'ascension, on l'a rendu plus aisé et accessible à tous. Si vous êtes disposés à suivre les exhortations de votre âme, à laisser les fréquences nouvelles s'infiltrer dans vos quatre systèmes corporels des plans inférieurs, vous deviendrez plus objectifs et plus réceptifs à des schémas de pensée inédits. Il sera dès lors plus facile de délaisser les patterns de la peur, de la culpabilité et de la contrainte dont l'ego s'est servi pour vous garder captifs.

Autrefois, votre Soi supérieur a éprouvé quelques difficultés à retenir votre attention pour ainsi vous donner un coup de main. Cela nécessitait habituellement un choc quelconque et, le plus souvent, il ne s'agissait pas d'une expérience agréable. Cette époque est révolue, bien-aimés ; il deviendra de plus en plus difficile d'ignorer les incitations de votre âme ou de votre Soi supérieur, car le voile de l'oubli se lève et vous commencez à vous souvenir d'une « insatisfaction de nature divine » ou du moins à la ressentir.

Toutes les facettes de votre être résonnent avec les changements en cours. Cela étant, votre corps émotionnel ne peut plus tolérer le chaos et la dissonance qui lui étaient jadis supportables lorsqu'il était léthargique et dissocié d'une quelconque perception intérieure. Votre corps mental lutte peut-être toujours pour s'accrocher aux systèmes de valeurs désuets et apparemment sans danger. Mais beaucoup trop d'informations nouvelles le bombardent, cela ayant pour effet d'annuler ou de fracasser les anciens paradigmes, ou encore de vous amener à une perspective étendue où vous percevez petit à petit les événements de votre vie sous un angle différent. Désormais, vous n'aurez plus peur du changement – vous suivez plutôt le courant.

Votre corps physique fait également les frais de cette lutte, car il opère à l'intérieur de contraintes issues de milliers d'années d'apports négatifs, ce qui se traduit par la souffrance, la douleur, une mauvaise santé et par la mort. Lui aussi tend vers les fréquences de Lumière curatives, et rien ne peut empêcher la pénétration en chaque créature et en chaque chose sur terre de cette substance divine source de vie. La douleur et la contrariété sont le lot de ceux qui résistent, qui succombent à la peur, qui ne sont pas disposés à lâcher prise sur le passé ou sur la réalité tridimensionnelle. Ils seront assaillis sans cesse jusqu'à ce qu'ils décident d'accepter le don de l'ascension vers la perception consciente, à défaut de quoi leur Soi Esprit verra à ce qu'ils poursuivent leur évolution sur une autre planète où l'illusion est toujours présente mais qui éventuellement accomplira aussi son ascension. Les prochaines années seront décisives, chers amis. Quel sera votre choix ?

Avant de vous quitter, j'aimerais ici éclaircir une question très importante en ce moment. Plusieurs d'entre vous conçoivent et perçoivent les royaumes angéliques – notamment les archanges – comme des sauveurs responsables du salut du monde. Bien-aimés, prenez conscience qu'il s'agit d'une entreprise concertée. Nous œuvrons en harmonie avec tous les grands êtres de cet univers ; vous en connaissez plusieurs, vous en avez entendu parler, mais il existe nombre d'êtres divins dont vous n'êtes tout simplement pas conscients. Tout comme chacun de vous est utile, peu importe son degré d'évolution en conscience, il en va de même pour les domaines supérieurs. Chaque être de par l'omnivers joue un rôle intégral dans le vaste scénario qui se déploie si rapidement et où la Terre tient le premier rôle.

Nous, des royaumes angéliques, agissons en tant qu'équipe de transition, pour ainsi dire. Nous sommes les messagers du Créateur, et en ces époques de grandes transitions, on nous mande comme avant-gardes pour transmettre la Pensée de Dieu à tous, d'une manière que chacun puisse comprendre et qui s'avère acceptable pour toutes les races, toutes les religions et toutes les cultures. Nous avons toujours maintenu un rapport intime avec l'humanité. Cependant, du fait de votre assoupissement, vous ne pouviez accéder à nos fréquences raffinées. Nous vous avons toujours secondés et protégés avec tous les moyens dont nous disposions ou qui étaient permis à l'intérieur des lois du libre arbitre. Par contre, étant donné la densité de votre planète et de votre champ aurique, vous n'étiez que rarement conscients de notre présence.

Ainsi, bien-aimés, faites dorénavant appel à nous. Nous répondrons et nous vous soutiendrons. Par ailleurs, cultivez et consolidez votre lien avec tout avatar, tout être christique ou tout maître ascensionné avec qui vous sentez une affinité ou résonnez. Nous savons que tous nous jouons un rôle intégral dans ce grand projet, et nous œuvrons sans cesse en harmonie et en synchronicité, comme nous vous enseignons à le faire.

Ne craignez pas ce que vous réserve l'avenir, mes intrépides guerriers, et ne résistez pas aux changements qui surviennent. Sachez que tout ce qui a cours en ce moment se produit pour le bien suprême de tous et que ces événements vous affranchiront des fers qui vous assujettissent pour vous conduire à la sphère où tout est possible. Le temps est venu pour que vous, guerriers de la Lumière et défenseurs de la vérité, vous mettiez de l'avant et que vous vous imposiez afin d'être reconnus comme les sentinelles et les gardiens divins de la Terre, comme les guérisseurs et les éclaireurs de l'humanité.

Nous vous demandons de vous souvenir de votre héritage, de revendiquer votre pouvoir et la perfection de l'Esprit et de la forme physique, comme celle que vous avez manifestée lors de votre première venue sur terre. Il s'agit de votre état naturel, bien-aimés et loyaux serviteurs. LE TEMPS EST VENU de les réclamer. JE SUIS l'archange Michaël.

15. LES ÉPREUVES ET LES DONS LIÉS À L'ÉTAT DE MAÎTRE

Maîtres bien-aimés, puisque vous opérez encore dans le cadre des concepts de l'espace et du temps, que vous subissez toujours leur influence, passons donc en revue les événements des dernières années, vus d'après votre perspective ; par la suite, nous vous expliquerons ce qui se passe selon notre point de vue. Nous, des domaines supérieurs d'existence, nous assemblons régulièrement pour analyser ce qui a eu lieu sur terre et pour évaluer le niveau de conscience de l'humanité tant sur le plan individuel que global. Bien entendu, nous avons de vous une perception fort différente de la vôtre et nous mesurons vos progrès en termes de degrés de fréquences lumineuses, de patterns d'intention ou de conscience spirituelle, plutôt que d'après les événements, les réalisations matérielles ou des critères physiques. À mesure que vous vous harmonisez à l'Esprit, vous avez moins conscience du temps. Le cerveau humain enregistre le temps sous forme de cycles et de séquences événementielles. Vu depuis la perspective des domaines supérieurs, l'espace aussi est perçu différemment. Il fait partie d'un tout éternel : le corps non manifeste du Créateur primordial. Plusieurs d'entre vous ont accompli des progrès et des avancées remarquables, car ils atteignent à un stade de l'état de maître qui leur donne accès à la libre circulation de l'énergie cosmique et, par le fait même, favorise la concrétisation de leurs rêves et de leurs aspirations. L'époque est particulièrement propice à tous ceux qui souhaitent mettre sérieusement à l'épreuve leur discernement et leur jugement, car ils arborent de nouveau le sceptre du pouvoir et reprennent le contrôle de leur destinée. Amis inestimables, lorsque vous acquérez le pouvoir, un certain ascendant et des connaissances avancées, prenez garde que ne vous piège le « glamour » de la quatrième dimension.

Le fait pour une personne d'être douée de facultés extra-sensorielles ne la rend pas pour autant spirituellement lucide. Ces dons et ces facultés vous reviennent de droit ; vous avez tout simplement oublié comment les utiliser et, par conséquent, ils se sont atrophiés au fil des siècles. Avant de pouvoir accéder à ces trésors cosmiques prodigieux de la manifestation, il est donc indispensable que vous soyez sagaces sur le plan spirituel et à l'écoute de votre Soi supérieur au lieu de suivre les propensions de ce corps de désir de l'ego.

Depuis quelque temps apparaît une profusion de connaissances auxquelles vous n'avez pas eu accès pendant plusieurs éons. Il s'agit d'une information riche qui, essentiellement, s'avère juste et qui est transmise correctement. Par ailleurs, il arrive que ce savoir soit involontairement déformé lorsque le messager, en accédant aux niveaux de conscience supérieurs de la vérité spirituelle, tente de déchiffrer et de vulgariser ces renseignements pour qu'ils s'adaptent à vos langues et à votre degré de compréhension. Malheureusement, il y a aussi cette partie des enseignements diffusés à la population en générale sous diverses formes qui se révèle tout à fait inexacte, allant même jusqu'à nuire à la croissance spirituelle de tous.

C'est pourquoi, chers amis, nous ne cessons de vous répéter de faire preuve de discernement. Acceptez les faits et les théories uniquement après vous être assurés qu'ils correspondent à votre vérité. Votre système de surveillance permettant la validation est désormais bien en place : il se situe au centre du cœur-thymus. À titre de disciples de la Lumière, il vous faut impérativement devenir maîtres de votre destinée.

Le savoir n'est pas forcément sagesse, mais la sagesse constitue un pouvoir. Lorsque vous exercez votre musculature spirituelle et que vous l'employez en harmonie avec votre Soi divin, vous passez véritablement à cette dimension raréfiée où vous êtes l'architecte, le concepteur de votre réalité et de tout ce qu'elle comporte, soit les éléments tant mentaux que physiques, émotionnels ou matériels de votre environnement tangible. Cela stimule le perfectionnement de l'humanité et de la Terre, parce que votre énergie raffinée et nantie de pouvoir s'unit à celle des autres et s'amplifie pour finalement vaincre les schémas de pensée négatifs et les restrictions de la troisième dimension. Procédez mentalement à un inventaire, mes intrépides amis, passez en revue vos réalisations et établissez votre itinéraire spirituel pour les années cruciales qui viennent. Le trajet a été long et pénible, mais le sommet de l'illumination point à l'horizon. Plusieurs d'entre vous recèlent en eux des trésors de connaissance qu'ils souhaitent ardemment partager. Le désir de servir les tenaille, mais ils n'ont pas la confiance en eux requise pour proclamer ces vérités nouvelles, car ils craignent d'être jugés ou ridiculisés en raison de leur « différence ».

D'autres encore servent déjà. Ils font autour d'eux beaucoup de bien et produisent un impact bénéfique sur la conscience collective. Mais certains sont toujours assujettis à une soif de pouvoir ou de domination, ce qui nuit à leur efficacité. Ils prévaudront pendant quelque temps, mais ceux qui les entourent s'apercevront rapidement que leurs actes ne sont pas en harmonie et s'en éloigneront. Il vous faut penser, agir et vivre avec une intégrité absolue, bien-aimés. Une fois que vous serez plus à l'écoute et en harmonie avec votre Soi supérieur, il sera beaucoup plus difficile de vous duper puisque vous deviendrez moins crédules.

L'impatience constitue un autre écueil sur la voie vers l'ascension. À mesure que font surface les souvenirs de vos origines, que vous découvrez que la Terre n'est pas votre foyer originel et que vous êtes des Créations magnifiques de

Dieu remplissant une mission ici, vous aspirez et rêvez de récupérer tout ce que vous avez abandonné afin de vivre l'expérience du plan matériel. Soyez patients, bien-aimés, il est important que vous expérimentiez et franchissiez chaque niveau de l'expression physique, que vous équilibriez et harmonisiez les patterns de fréquences tout en acquérant la sagesse grâce à ce que vous aurez manifesté, même si cette création est imparfaite. Amorcez une inspection intérieure. D'abord, examinez votre réceptacle physique : est-il en meilleure condition, mieux harmonisé qu'à la même époque l'année précédente ? Êtes-vous plus à l'écoute de votre corps ? Réagit-il à vos nouveaux schémas de pensée ? Vous ne pouvez pas émettre des pensées d'amour et d'harmonie un jour, puis le lendemain, vous maltraiter ou oublier qu'en vous il y a une création magnifique de l'Esprit prête à se plier à toutes vos idées et à tous vos désirs. Mais il vous faut diffuser des signaux et des pensées claires, et appliquer les réponses que vous recevez par l'entremise de vos facultés intuitives. Si vous n'écoutez pas, des malaises et des douleurs s'ensuivront. Votre diète mentale est beaucoup plus importante que votre régime alimentaire ou votre programme d'exercices. Si vous émettez des pensées d'insatisfaction, de rejet, un sentiment de dévalorisation, ou si vous vous concentrez sur vos défauts physiques, alors c'est ce qui se manifestera dans la réalité. C'EST AINSI QUE LE VEUT LA LOI UNIVERSELLE. L'une des premières grandes épreuves sur la voie vers l'état de maître consiste à aimer inconditionnellement ce que vous avez déjà créé et à tourner votre regard vers la perfection qui s'offre à vous, plutôt que vers l'imperfection derrière vous. Percevez cette dernière comme un déséquilibre, ne croyez pas qu'elle est méprisable, à craindre ou à éliminer. La tâche est assurément ardue, mais il faut commencer quelque part. Ce sur quoi vous concentrez votre attention lui donne de l'énergie.

Pourquoi donc ne pas vous focaliser sur cette possibilité grandiose de récupérer la splendeur et la perfection qui vous reviennent de droit ?

Vos rapports sociaux se sont-ils améliorés ? Avez-vous trouvé le courage d'affirmer votre vérité et de réclamer votre pouvoir ? Osez-vous être différents et afficher une identité raffinée, toute neuve ? Avez-vous mis de côté votre ego à mesure que vous équilibriez et harmonisiez les énergies entre les personnes avec qui vous vivez, vous échangez ou que vous aimez ? Au cours de votre apprentissage, il faudra manœuvrer adroitement l'établissement d'un autre plan et fixer de nouvelles frontières tout en laissant les gens vivre leurs vérités et opérer en fonction du niveau de conscience qu'ils ont atteint. Il est dangereux de succomber à l'hypocrisie lorsque vous surpassez ceux qui vous entourent par rapport à la connaissance spirituelle. Ici encore, bien-aimés, regardez les choses depuis un point de vue plus élevé et permettez à l'amour de tempérer vos actions et vos échanges avec autrui. Vous devez illustrer ce précepte de « fonctionnement dans le monde quotidien » parce que les autres doivent apprendre de vous et accepter les vérités nouvelles que vous avez à leur offrir.

Ressentez-vous une plus grande assurance face à votre univers ? Jouissez-vous d'une abondance plus florissante, ou votre sentiment de plénitude s'est-il accru ? À l'approche de la fin du siècle, les prophéties apocalyptiques, les prévisions de catastrophes et de cataclysmes se sont multipliées. Voilà quelques-unes des formes-pensées déformées et destructrices qui ne peuvent se réaliser que si vous leur accordez votre énergie. Un aspect important de votre mission consiste à concevoir un plan directeur originel pour la Terre et l'humanité, et à y puiser. Concentrez vos énergies intensifiées propres à la manifestation sur le fait de reproduire le paradis sur terre – le jardin d'Éden .

Un assainissement a effectivement cours. La Terre tente de se purifier et de retrouver son intégralité. En conséquence, certaines régions et certains peuples connaîtront la dévastation, la douleur et le déchirement. Il ne s'agit pas d'un châtiment, chers amis. C'EST LA LOI. Ceux qui ne sont pas d'accord, ou qui sont incapables de se redéfinir et de s'harmoniser à l'augmentation des fréquences, verront la décision leur échapper lorsque la Terre et l'humanité s'apprêteront à passer au niveau subséquent d'expression. Le Créateur et tous ceux qui vous secondent souhaitent ardemment que l'expérience soit aussi douce, aussi indolore que possible. L'humanité est cependant toujours douée de son libre arbitre, et nous devons nous conformer aux paramètres de la loi universelle. Le plus grand service que nous puissions vous rendre, c'est de diffuser la Flamme violette de transmutation à toutes les régions de votre planète en détresse et aux chères âmes qui sont captives des luttes pour le pouvoir et pour le gain que se livrent leurs dirigeants.

Du seul fait de savoir que vous avez droit à la splendeur, à l'abondance et à l'affluence de la Création, vous vous mettrez à manifester l'opulence. Encore une fois, quel usage ferez-vous de cette richesse ? Vous êtes responsables de ce que l'on vous confie. Outre la prospérité matérielle, la fortune peut prendre plusieurs formes. Et la loi universelle exige que vous employiez ce dont vous avez besoin et que vous fassiez circuler le reste afin d'assurer le réapprovisionnement de l'abondance. Et même si vous vivez en toute intégrité, que vous agissez en harmonie avec l'Esprit et que votre abondance se met à croître, vous serez tout de même mis à l'épreuve, amis valeureux. Vous le serez par ceux de votre entourage qui accordent encore foi à la pénurie, qui ne se font pas confiance ou qui n'ont pas l'assurance suffisante en leurs aptitudes pour manifester tout ce dont ils ont besoin par leurs propres actions. Vous aurez l'occasion de vous en tenir à votre intégrité, de réclamer votre pouvoir et, naturellement, de récupérer ce qui vous appartient. Le véritable guerrier de la Lumière se bat pour ce qui est juste et noble sur tous les plans. Pour nombre d'entre vous, c'est là une véritable mise à l'épreuve, parce qu'au fil des âges ils ont abdiqué leur pouvoir, renoncé à leur opulence et même trahi leurs convictions et leur honneur, tout cela au profit de ceux qui leur semblaient plus puissants qu'eux. Si vous demeurez fermes et en harmonie avec l'Esprit et avec votre direction intérieure, vous ne vous fourvoierez point, bien-aimés.

Si vous redéfinissez ce qui est important et valable dans votre vie, vous délaisserez bon nombre de choses qui n'ont plus aucune valeur. Ne craignez pas le changement et ne vous accrochez pas à ce qui ne vous sert plus. Au fil de votre passage de l'enfance à l'âge adulte, vous avez dépassé et délaissé un grand nombre de croyances et d'habitudes. Vous adoptez désormais votre identité véritable : l'état de maître spirituel. Il vous faudra du temps avant de vous sentir à l'aise avec cette identité toute neuve. Montrez-vous donc, précieux amis, très tolérants à votre égard.

Comme je l'affirmais au début de ce chapitre, notre perception de vos progrès diffère largement de la vôtre. Nous observons l'éclat et la brillance de la Lumière qui émane de la Terre et de l'humanité, et qui s'intensifie. Votre rayonnement est magnifique ; il pénètre jusqu'au noyau de la planète et, à la fois, recouvre et englobe sa surface. Vous tissez des rayons de Lumière, bien-aimés, un lien du cœur entre vous – les germes stellaires –, un lien qui se consolide jusqu'à ce qu'il ourdisse autour du globe une toile de Lumière dorée. Et vous y arrivez. Vos efforts produisent un impact sensible. Un nombre beaucoup plus grand que nous ne l'espérions au départ sera capable de passer aux dimensions supérieures et de s'harmoniser aux fréquences nouvelles de la Terre. Et tout cela grâce à vous et à ceux qui, comme vous, ont consenti à servir d'instruments et de véhicules pour le changement, de porteurs et de stabilisateurs des infusions de Lumière raffinée, ceux-là qui ont porté le fardeau et souffert pour servir de catalyseurs en cette époque de transmutation et de transformation.

J'ai tout d'abord accordé ce don et assigné cette mission à ceux qui ont participé à l'initiation et à l'activation au cratère sacré d'Haleakala, à Maui, pendant les festivités de l'anniversaire de la Convergence harmonique en août dernier. Avec la collaboration d'autres personnes dans le monde à qui l'on avait transmis la même information sous diverses formes, ces chères âmes ont posé les fondations pour que s'accomplisse le processus. Le temps est venu pour chacun de prendre une part active à cette cérémonie sacrée, imbue de pouvoir, et qui a pour but de diffuser, d'accélérer et d'intensifier l'intégration de fréquences raffinées qui, désormais, s'offrent à vous et à votre planète.

Bien-aimés fils et filles de la Lumière, bien que vous soyez dispersés aux quatre coins de la Terre, vous allez bientôt rétablir entre vous une connexion qui perdurera durant une période de temps interminable. Il y a plusieurs éons, vous avez tous passé une entente stipulant que vous vous retrouveriez à cette époque critique de l'histoire de l'humanité et de l'évolution de la Terre. Vous recelez tous une portion intégrale du plan divin ; à votre manière et grâce à vos efforts exceptionnels, vous serez ceux qui serviront de catalyseurs pour l'éveil des masses. Serviteurs bénis de la Lumière, vous serez porteurs des nouveaux patterns de fréquences qu'on ancre en ce moment sur terre. Vous recevrez les visions, les directives, les formules pour la transformation, ainsi que les ingrédients requis pour procéder à la transition depuis un monde tridimensionnel, obscur et limité jusqu'à une planète-étoile radieuse, inondée de beauté, d'amour, de rires, et peuplée par une humanité illuminée.

Dans le cadre de votre participation à cette entreprise, je vous prie de vous assembler sur le plan éthérique à la pleine lune de chaque mois. Ce jour-là, au lever et au coucher du soleil, peu importe où vous vous trouverez alors, je souhaite que vous vous placiez dans un espace sacré et que vous demandiez à votre divine présence JE SUIS de vous inonder des énergies curatives et alchimiques du septième rayon. Enjoignez-la d'activer les dons des cinq rayons supérieurs de conscience galactique et de vous en imprégner. Il est important que vous participiez à cette cérémonie nantis de l'intention la plus pure et de l'amour le plus absolu à l'égard de la Création entière. Au moment où le soleil et la lune paraissent à l'horizon, dès que leurs rayons lumineux vous atteignent et se diffusent dans votre système de chakras, vous bénéficiez d'une infusion plus importante du rayon divin de première cause du Créateur, d'énergies qui recèlent les encodages parfaits et la résonance du pouvoir, de la volonté, de la valeur et de la vérité. Le soleil est porteur des énergies masculines du Créateur et la lune, celles de la divine mère. Autorisez votre Soi divin à orchestrer le rituel qui devra toutefois comporter les éléments suivants : une demande à notre bien-aimé Créateur père/mère, aux forces angéliques, aux grands êtres de Lumière, aux maîtres ascensionnés, aux Élohim, notamment les dirigeants des royaumes élémentaux et l'entière compagnie du ciel et de la terre, les priant de se joindre à nous pendant cette entreprise grandiose et de bon augure qu'est L'ASCENSION DE LA PLANÈTE TERRE ET DE L'HUMANITÉ.

Faites face au sud, tournez-vous vers l'ouest, vers le

nord, puis finalement vers l'est pour absorber les rayons du soleil ou de la lune dans votre système de chakras. Voyez votre tube de Lumière pranique s'illuminer d'un faisceau de Lumière blanc doré provenant de la source créatrice, faisceau qui pénètre profondément jusqu'au noyau cristallin de la Terre. Respirez à fond et en cadence le prana de vie, et ressentez un vortex d'énergie s'élever en votre corps. Sentez que la force monte en vous en un tourbillon de pouvoir divin. Centrez votre conscience sur votre cœur. Que l'amour pour la création tout entière imprègne votre être jusqu'à son essence tout en alimentant ce vortex d'énergie cosmique à l'intérieur. Voyez ce tourbillon s'emplir de la Flamme violette magique et d'un faisceau scintillant de couleur magenta cerné d'un bleu électrique et dont l'intérieur est d'un blanc lumineux : vous êtes maintenant un pilier de Lumière irradiant la pure essence de la force vitale cosmique. Déplacez votre conscience jusqu'à votre troisième œil, puis, comme nous vous l'avons enseigné, focalisez-vous au centre de votre cerveau. Vous déclencherez ainsi les codes et les clés que vous portez en vous ; ils constitueront votre don et votre contribution au plan maître. Émettez un rayon de Lumière depuis votre plexus solaire et votre troisième œil, et grâce à votre vision intérieure, percevez qu'ils forment un V en se rejoignant devant vous, à environ un mètre au-dessus du sol. Grâce à votre œil intérieur, observez ces énergies qui s'enflamment, se diffusent autour du globe et se relient à vos frères et sœurs spirituels. Maintenez cette vision et votre point focal jusqu'à ce que vous entendiez dans le centre de votre cœur : « C'est accompli. C'est accompli. »

Ce don prodigieux vous appartient, mais il faut l'employer au profit de l'humanité et le partager. Et grâce à vos efforts concertés, la beauté et l'harmonie sur votre planète bénie fleuriront à mesure que d'autres s'éveilleront et reprendront la bannière de la Lumière. Toutes les formes de vie de la Terre Mère se dirigent définitivement vers l'illumination. Et vous, en tant qu'émissaires de la volonté divine, de la vérité et de la vaillance, aiderez à éclairer la voie menant à la victoire.

Faites un usage avisé de ce don béni, mes braves guerriers. Il vous faut manier ce don de pouvoir avec amour, en toute intégrité et pour le bien suprême de tous. Sinon, il se retournera contre vous et vous anéantira. On n'autorisera plus jamais l'humanité à employer ce don en vue de dominer, d'obtenir des gains ou de concrétiser des visées personnelles.

Amis bénis, arborez un courage sans faille, surtout lorsque le doute s'insinue en vous ou lorsque la voie à suivre n'est pas claire. Si vous êtes ostracisés ou faites l'objet de médisances, tournez-vous vers l'intérieur et vers l'au-delà : nous sommes tout près pour soutenir votre bravoure et vous offrir une direction et des révélations. Mais la plupart d'entre nous sommes ici pour vous aimer infiniment. JE SUIS l'archange Michaël, et je vous offre ces vérités.

16. VOUS ÊTES DES ARCHITECTES COSMIQUES

Maîtres bien-aimés, repartons à neuf puisque nous entrons dans une ère qui pourrait être décrite comme la passerelle vers le Nouvel Âge – l'ère de l'illumination. Le décompte pour la transition d'un âge à l'autre s'est enclenché, mais aussi celui qui mène à l'arrivée à maturité de l'humanité, à sa prise de responsabilité en tant que partenaire cocréateur dans cette odyssée sur l'autoroute cosmique conduisant aux étoiles. Ce voyage vous ramènera à la maison, en vue d'une fabuleuse réunion avec votre famille véritable.

Étant donné le libre arbitre, le plan divin pour l'évolution de la Terre et de l'humanité a toujours été sujet au changement et à une réévaluation. On a permis au projet de suivre son cours pendant bon nombre de millénaires, mais cette époque tire à sa fin. Le principe de non-ingérence a atteint ses limites, du moins en ce qui concerne l'humanité et la Terre. De par le passé, la race humaine semblait être un pion dans un vaste jeu de hasard, un pion sous l'emprise de forces extérieures. La hiérarchie dans son ensemble prend dorénavant une part plus active, imposant de nouvelles règles et érigeant des barrières protectrices autour de votre système solaire, notamment autour de votre planète. Une occasion en or s'est présentée à vous, bien-aimés, celle de prendre le contrôle et de servir comme architectes divins pour diriger la restructuration et la restauration de la Terre. Avec un coup de main de la part du concile cocréateur des royaumes supérieurs, vous avez désormais à votre disposition des ressources illimitées et l'expertise de maîtres constructeurs.

Nous vous prions de vous interposer intrépidement pour prendre en main votre destinée. Unissez-vous à vos frères et sœurs, à votre famille spirituelle, afin de mener à bien les prodigieux dons qui vous sont accordés, ceux d'embellir et de guérir votre Terre, et de revendiquer votre droit de naissance. Passons en revue quelques-uns des concepts que l'on vous a exposés au cours de la dernière année. La Terre et l'humanité sont au cœur d'une grande transformation. Vous êtes en train de retracer la route par laquelle vous êtes descendus lorsque vous avez adopté cette forme physique dense. En vue d'accomplir ce trajet de retour, il vous faut évacuer les patterns énergétiques négatifs qui reposent en votre structure physique et laisser place à des fréquences plus subtiles, plus élevées. Les processus d'initiation et d'ascension consistent en une acquisition graduelle d'un savoir nouveau : il s'agit en fait d'obtenir une acuité spirituelle nouvelle puis de permettre à la sagesse et à la véracité de cette connaissance de se substituer aux concepts et aux croyances vieillis et désuets. Ce faisant, cela modifiera vos patterns de fréquences qui, par la suite, transformeront votre monde, ou votre image de la réalité.

Comme vous le savez déjà, nous désignons ce processus par les termes « élaboration du corps de Lumière ». Celui-ci entraînera une imprégnation de vos nombreux corps d'énergies équilibrantes afin de vous amener à une santé, à une vitalité et à une forme optimales. Cette infusion vous aidera également à actualiser vos aptitudes créatives latentes et la connaissance conservée dans votre structure cérébrale. Nous vous l'avons dit : vous recelez des faisceaux lumineux, des clés et des codes à l'intérieur de votre cerveau auxquels vous ne pouvez accéder qu'en vous accordant aux fréquences supérieures. À l'heure actuelle, le phénomène se produit sur une vaste échelle puisqu'une section plus importante de la population se met à sentir les incitations de l'Esprit. Le voile de l'oubli s'estompe et, de ce fait, vous devenez capables d'harmoniser vos corps émotionnel et mental. Vous acquérez aussi la capacité de puiser à même votre mental supérieur et de fusionner vos maintes facettes.

Nous vous avons demandé d'entamer le processus qui consiste à transgresser toutes les ententes passées, présentes et futures qui ne vous servent plus. Celui-ci exige de pardonner à tous ceux avec qui vous avez eu ou aurez un lien karmique (dans le passé, le présent ou le futur), ceux par qui est survenue la tragédie ou par qui vous avez reçu une leçon. Vous devez pardonner de bon cœur et oublier. En d'autres termes, il vous faut tout effacer, comme si l'événement n'avait jamais eu lieu. Ce geste est d'une importance capitale, car c'est seulement à partir de ce moment que l'énergie dans votre champ aurique sera entièrement transmuée. Peu importe que l'autre personne vous pardonne ou pas, ou qu'elle ait même conscience d'avoir été pardonnée. Néanmoins, si vous entretenez encore un lien étroit avec cette personne, elle constatera certainement que quelque chose a changé entre vous en percevant que vous rayonnez d'amour et de tolérance, plutôt que de colère et de ressentiment.

Nous avons également souligné l'importance d'être en contact avec la sagesse de votre corps physique et de votre corps élémental. En vous mettant à l'écoute des signaux que transmet votre corps physique, vous prenez conscience de ce qui requiert une modification, de ce qui doit être ajouté en vue de conserver la santé ou de la recouvrer. Vous effectuerez un suivi de santé préventif au lieu d'attendre que votre corps soit plongé dans une grande détresse. Vous ne remettrez plus la responsabilité de votre santé entre les mains d'un médecin ou d'un professionnel de la santé. Vous consulterez ces spécialistes pour leurs méthodes et leurs connaissances, vous ferez appel à leurs services quand le besoin s'en fera sentir, en sachant clairement cependant que chacun de vous est le gardien et l'ultime guérisseur de son précieux réceptacle physique.

N'oubliez pas de respirer profondément et de pratiquer la respiration sacrée chaque jour, jusqu'à ce qu'elle devienne naturelle, chers amis. Une respiration profonde et en cadence, qui absorbe le prana de vie doré ou blanc, constitue l'un des plus grands présents que vous puissiez vous offrir. Le prana doré est l'énergie du soleil, ou élément feu, et le prana blanc est un dérivé de l'élément air. Il y a aussi le prana issu de la terre, ou élément terre, et effectivement, un prana de l'élément eau. Ces énergies vitales sont indispensables à la continuation de votre existence et à votre capacité de fonctionner dans un corps physique. C'est pourquoi nous employons parfois l'appellation « souffle sacré », car ce dernier aide à transmuer et à évacuer les énergies négatives présentes dans le corps. En outre, il équilibre et améliore le système de chakras, et assainit et augmente le champ aurique. Concentrez-vous sur vos techniques de respiration jusqu'à ce qu'il devienne naturel pour vous de respirer depuis l'abdomen plutôt que superficiellement, par la poitrine ou le diaphragme.

Si vous vous exercez consciemment à la respiration profonde et rythmée, vous glisserez plus facilement dans un état altéré ou méditatif ; ce type de respiration soulage le stress et clarifie l'esprit en dynamisant le corps. La respiration profonde, effectuée avec ou sans affirmations, est l'une des meilleures méthodes visant à équilibrer et à harmoniser vos champs énergétiques. Il s'agit en somme de l'élixir magique de vie.

Au cours des dernières années, votre vie a été bouleversée, et cela n'exclut personne. Ceux d'entre vous qui ont emprunté la voie du disciple ont subi plusieurs transformations et ont évacué nombre de choses qui ne leur servaient plus : biens matériels, liens affectifs, croyances et habitudes. La tâche n'a pas été facile, mais à mesure que vous adoptez un point de vue plus vaste, vous commencez à percevoir la direction et la perfection de ce qui se passe. Il vous est alors plus aisé de permettre aux changements de se poursuivre parce que vous avez conscience que si vous éprouvez un amour inconditionnel et que vous vous accordez constamment sur votre Soi supérieur, tout ce qui se produira sera d'ordre divin et que l'issue en sera votre bien suprême. Inévitablement.

Vous avez étudié les lois universelles de la manifestation et il est à espérer que vous les appliquez et que vous êtes conscients que les paroles et les pensées sont douées d'énergie. Les pensées, les émotions, les paroles et les actes sont les éléments requis afin de concrétiser vos aspirations dans le monde physique. C'est pourquoi, à mesure que vous faites un usage plus habile des substances cosmiques universelles qui composent toute chose, vous devez surveiller attentivement vos pensées, maîtriser vos émotions et choisir délibérément vos paroles et vos actions.

Plusieurs d'entre vous ont entendu dire qu'ils sont des guérisseurs, rêvent de le devenir ou soupçonnent de l'être. Cependant, la guérison peut adopter plusieurs formes, et un diplôme universitaire, un certificat, une autorisation ou des qualifications ne sont pas indispensables si vous souhaitez diffuser ou transmettre de l'énergie curative. Le procédé est en fait tout aussi simple que de laisser la pure substance de Lumière cristalline affluer en vous et se diffuser vers autrui par le centre, en votre cœur. Cette procédure étendra, amplifiera et intensifiera votre champ aurique de telle sorte que les gens seront bénis par votre seule présence parmi eux. Demandez à recevoir les pyramides de cristal adamantin, puis sentez que leur énergie s'active sur la paume de vos mains. Celles-ci se mettront alors à pulser ou deviendront toutes chaudes. Toutefois, même si vous n'éprouvez aucune sensation particulière, sachez que du seul fait de souhaiter employer cette énergie puissante en vue de servir l'humanité, elle s'amplifiera et se développera. Une parole aimable, un sourire, un toucher affectueux ou le partage de votre sagesse et de vos connaissances, tout cela rendra un service valable à l'humanité.

Par ailleurs, vous découvrirez que la voie s'ouvrira à vous pour favoriser l'élargissement de votre sphère d'influence et que les opportunités se multiplieront à mesure que votre assurance et votre expérience s'accroîtront. Si vous surmontez les obstacles et perfectionnez les dons qui vous sont accordés, votre voie se dégagera et vous saurez, sans l'ombre d'un doute, que l'on vous aide, que l'on vous guide et que l'on vous soutient.

Au cours des quelques prochaines années, le *channeling* tel que vous le connaissez aujourd'hui deviendra partie intégrante du quotidien. Il ne sera plus considéré comme inusité, biscornu ni comme l'apanage de quelques élus, puisque quiconque aura atteint le niveau de fréquence de la quatrième dimension pourra accéder à son Soi supérieur et communiquer avec celui-ci, ainsi qu'avec ses guides, ses collaborateurs angéliques et même avec les maîtres ascensionnés.

Laissez-moi élucider aujourd'hui certains renseignements ou fausses conceptions déroutants au sujet des maîtres ascensionnés et des êtres angéliques. Sachez qu'il existe un nombre plus grand que jamais d'êtres humains qui sont porteurs des énergies d'êtres cosmiques provenant des domaines d'existence supérieurs ou en sont pour le moins des aspects. Certains recèlent l'énergie d'un être en particulier selon un degré plus ou moins grand, mais c'est tout ce qu'ils sont : un aspect ou une facette de cet être d'envergure. À l'exception des grands avatars, que vous connaissez tous, nulle personne incarnée dans l'expression physique des troisième et quatrième dimensions ne peut contenir ou porter la vastitude ou la totalité d'un archange, ou de tout autre être cosmique. Par ailleurs, les maîtres ascensionnés suréclairent et infusent le champ aurique de nombreux de leurs disciples bien-aimés. Toutefois, à l'exception d'apparitions très brèves lorsque le besoin s'en fait sentir, ils ne s'incarneront plus dans un corps physique sur la Terre.

Lorsque votre planète sera passée à une fréquence plus subtile viendra un temps où nous serons, une fois encore, visibles pour vous, tout comme nous le fûmes jadis. Nous nous reconnecterons alors par l'intermédiaire des sentiments, des impulsions énergétiques et des messages communiqués par voie de channeling et nous adopterons une réalité d'autant plus tangible que vous développerez une vision claire ou l'aptitude à percevoir sous un angle multidimensionnel. Le processus a déjà cours, et plus fréquemment que vous n'en avez conscience. Vous percevez en fait un spectre lumineux de couleurs plus large. Des signes apparaissent dans les cieux sous forme d'archétypes lumineux, de formations de nuages et de phénomènes inexplicables. Certains d'entre vous voient plus clairement que les autres, et d'autres entendent plus finement. Il s'agit de facultés que vous avez apportées avec vous lors de votre venue dans le monde physique. Peut-être se sont-elles atrophiées ou ont-elles été oubliées, mais le moment est venu de les redécouvrir. Il faut d'abord croire, avoir la foi en vos propres aptitudes et dans la véracité de nos assertions. Je vous prie d'en faire la preuve pour vous-mêmes, étape par étape, et de constater les nouvelles avenues et aptitudes qui s'offrent à vous.

Même si nous affirmons que ces dons sont vôtres, ne vous laissez pas séduire par les facultés extrasensorielles. Celles-ci n'attestent pas forcément d'une spiritualité évoluée, notamment si elles sont utilisées pour assujettir, influencer ou dominer autrui. À l'origine, ces aptitudes faisaient partie de votre constitution physique naturelle, et elles le redeviendront dans le futur. Néanmoins, au cours de cette époque transitoire, votre constitution physique et votre mission détermineront les facultés que vous verrez naître en vous et la rapidité avec laquelle elles seront mises à votre disposition. Autrefois, ces dons ont été employés à fort mauvais escient, et nous ne permettrons pas que de tels incidents se reproduisent. Jadis, un initié devait attendre plusieurs années, parfois même des vies entières, avant de pouvoir développer des facultés extra-sensorielles élémentaires. Faites donc preuve de patience, chers amis, car vous bénéficiez d'une aide et de chances plus importantes que jamais auparavant. Vous faites des progrès considérables, et soyez assurés que des dons d'envergure vous attendent.

Je souhaite maintenant aborder le thème de votre jeunesse. Ceux qui se sont incarnés dans le monde physique au cours des vingt-cinq dernières années sont des êtres d'une grande sagesse et fort évolués. Plusieurs forment l'avant-garde de la prochaine race humaine qui peuplera la Terre lorsqu'elle aura atteint la paix et l'harmonie. Ces jeunes sont davantage en accord avec l'Esprit et doués d'aptitudes que vous cherchez encore à récupérer. Cependant, à les contempler aujourd'hui, il n'est pas évident d'y voir cette avant-garde : violence gratuite, colère, incompréhension, dépendances et excès affligent cette jeunesse et semblent la tenir captive. Comprenez bien qu'il n'est pas facile de vivre et d'opérer au sein de la négativité à laquelle ils ont été exposés depuis leur naissance et qui les entoure à chaque instant. Ils ne peuvent pas comprendre et tentent donc de lénifier leur douleur et d'anesthésier leur nature sensible à l'aide de sensations physiques de divers types. Et lorsque la douleur se fait intolérable, ils explosent en une violence gratuite. Leurs facultés sensorielles ne sont pas anéanties ou amorties autant que celles des générations qui les précèdent. Leur nature mentale et émotionnelle ne peut pas supporter la violence, la haine et l'angoisse auxquelles ils sont soumis quotidiennement.

N'accusez pas la jeunesse ; les jeunes ne font qu'amplifier ce que les adultes dans leur entourage leur présentent. S'ils doivent apprendre le respect, il faut qu'ils soient eux-mêmes respectés ; s'ils doivent apprendre l'amour inconditionnel et à accorder une valeur à la vie, il faut leur enseigner qu'ils sont dignes d'être aimés, qu'ils le sont en réalité et que la vie est un cadeau précieux. S'ils doivent apprendre la responsabilité, ceux qui les entourent doivent être eux-mêmes responsables de leurs pensées, de leurs actions et de leurs comportements. Les jeunes amplifient et expriment théâtralement les attitudes, les concepts et les convictions qu'entretiennent leurs parents, leurs professeurs et leurs modèles. Ce sont des âmes puissantes et merveilleuses. Et pourtant, ils perpétueront leurs comportements autodestructeurs et continueront de nuire aux autres jusqu'à ce qu'ils s'éveillent à leur nature divine et qu'on leur permette de se relier à leur Soi supérieur. Dès lors, vous verrez tous à quel point ils se transformeront sous vos yeux et comment ils feront preuve de leadership. Car ils poursuivront et parachèveront la tâche déjà entreprise par vous-mêmes.

Maîtres de Lumière bien-aimés, nous vous considérons, au cours de ce magnifique événement cosmique, comme nos partenaires. Vous êtes les acteurs et les directeurs, nous ne fournissons que les ressources, pour ainsi dire. Mais le scénario passe rapidement à la scène suivante, une étape où nous allierons encore plus étroitement nos forces. Vous, tout à fait conscients d'être nos émissaires et représentants bien-aimés, et nous, en tant que vos protecteurs et mentors bienveillants. Nous vous rendons hommage et nous vous aimons profondément. JE SUIS l'archange Michaël.

17. Nombres

À l'heure actuelle, il se produit un phénomène qui nous signale que nous évoluons en l'Esprit ; nos guides et nos maîtres nous font prendre conscience des énergies et de l'importance des nombres par la répétition du même chiffre trois fois ou plus. Je sors souvent du sommeil en pleine nuit, et mon réveil électronique indique 2:22, 3:33 ou 4:44 (parfois même 5:55). Ou encore, je jette un coup d'œil à l'horloge et, souvent, elle marque 11:11, mais quelquefois 12:12.

L'information qui suit provient de sources multiples et a été confirmée par le seigneur Michaël.

- 111 – Circulation d'énergie. Augmente le niveau où vous vous trouvez présentement.
- 222 – Processus de résurrection et d'ascension.
- 333 – Nombre de la décision. Il oriente vers le stade d'achèvement qu'indique le 999, ou alors, dans son autre aspect, il vous place dans la fréquence du 666 qui vous ramène à la troisième dimension.
- 444 – Voici un nombre qui signifie la résurrection. Vous venez de franchir une étape importante.
- 555 – Expérience de l'énergie ou de la conscience christique. Chiffre d'une portée profonde.
- 666 – Le monde matériel, les fréquences tridimensionnelles, la densité.
- 777 – Représente une intégration d'une certaine portion des quatre corps inférieurs des fréquences spirituelles supérieures sur le plan tridimensionnel ou le niveau où vous manifestez votre réalité physique sur le plan terrestre.
- 888 – Symbolise l'infini, la spirale unifiée du domaine

physique fusionnant avec le monde spirituel, l'approche de l'achèvement du processus d'ascension grâce aux énergies du 222 ou du 444.

* 999 – Représente les trois visages de ce qui est trin ou de la trinité, la réalisation.
* 000 – Grand vide, expérience d'une *zone neutre*, le fait de passer à un champ énergétique nouveau.
* 11:11 – Le début d'une nouvelle étape ou phase de développement, une autre dimension ou fréquence d'expérience, *une voie d'ouverture.*
* 12:12 – *Une connexion cosmique* ou un pont vers l'avenir. Indique un degré d'achèvement ou le passage à une autre étape du processus d'initiation.

Amusez-vous avec ces chiffres. Personnellement, j'obtiens souvent la confirmation d'une décision que je viens de prendre ou que je m'apprête à prendre grâce à eux. Prêtez également attention aux plaques minéralogiques.

18. Vivre votre passion

Maîtres bien-aimés, en raison de l'influx de patterns de fréquences extrêmement élevées émises en votre direction, vous atteignez à un autre état de conscience plus subtil. Vous ne le percevez peut-être pas et ne vous sentez pas différents dans l'immédiat, mais nous vous assurons que cela se produira. Vous commencez à voir avec les yeux de Dieu, et votre mental et vos mains rayonneront une fois de plus du pouvoir de la Création. La connexion à votre source se consolide de jour en jour. Comprenez, bien-aimés, qu'à chaque minute qui passe, ou vous vous approchez de la gloire et de la splendeur de la perfection de Dieu, ou vous accumulez les énergies déséquilibrées qui devront être requalifiées et purifiées pour redevenir de la substance vitale primaire neutre. Celle-ci sera ensuite transmuée en de nouvelles formes douées d'une vibration supérieure. L'énergie, ou la substance manifestée, ne disparaît jamais. Elle ne peut qu'être transmuée ou transformée sur le plan de sa structure moléculaire en une forme, ou pattern de fréquence, supérieure ou inférieure.

Nous vous avons expliqué qu'il est temps d'amener la science de la spiritualité dans votre conscience lucide. Il existe aujourd'hui un grand nombre d'êtres prodigieux doués d'aptitudes et de connaissances scientifiques ; ils sont désormais éveillés et se consacrent à la tâche de fusionner la science de la spiritualité avec la théorie et les émotions de la perception spirituelle. Il s'agit d'une étape décisive dans l'évolution de la race humaine. Oui, vous devez garder foi en l'avenir et être convaincus de la perfection du plan qui se déploie sous vos yeux. Cependant, vous arrivez à la maturité spirituelle et devriez désormais exiger et réclamer la sagesse et les renseignements détaillés sur le fonctionnement du cosmos, ainsi que les pourquoi qui sous-tendent les choses.

Une foi aveugle n'est ni une exigence ni un trait souhaitable chez un maître. Vous êtes en voie de devenir des partenaires responsables, des cocréateurs de votre avenir, celui de la Terre et de l'humanité. On vous met à l'épreuve afin de voir de quelle fibre vous êtes faits, si vous pouvez rester fermes au cœur de la tempête de négativités, d'angoisses et de résistances émanant de ceux qui ne sont pas prêts à s'éveiller. Peu importe l'opacité des ténèbres ou la densité de la matière qui vous entoure, il vous faut demeurer un pilier de Lumière solidement amarré à la Terre tout en puisant à la puissance et à la majesté de votre Soi divin.

Plusieurs d'entre vous sont prêts à découvrir leurs origines, le lieu d'où ils sont venus il y a de cela nombre d'éons. De ce fait, vous commencerez à faire surgir la sagesse, les talents et les dons demeurés latents en vous en vue de cette époque d'éveil. Les sons guérisseurs de la Création se mettent à résonner en vos esprits – vous ne pouvez plus les ignorer ou nier leur existence. Les patterns géométriques de Lumière et de couleur emplissent peu à peu votre imagerie mentale et s'infiltrent dans votre réalité. Vous vous souvenez d'être venus sous la forme de piliers de Lumière cristalline dans le but de vous manifester dans la matière solide et de graduellement adopter une forme physique. À mesure que vous vous alignez avec les autres aspects de vous-mêmes et réparerez les souvenirs du passé, vous pourrez, une fois de plus, atteindre l'état de maître, car votre vie et tout ce qui vous entoure brilleront de la pureté et de la puissance de l'Esprit.

Permettez-moi de vous offrir un autre avant-goût de la sagesse et des perceptions que vous obtiendrez en accédant à la sagesse supérieure de la Création. Vous connaissez désormais les couleurs associées au système de chakras (les couleurs sur le plan physique, et leur résonance, ainsi que les fréquences supérieures transformatrices et leurs propres couleurs). Vous connaissez également les rayons, leurs teintes, leurs aspects et leurs attributs. Vous vous êtes penchés avec un intérêt croissant sur les cristaux, sur les pierres précieuses et semi-précieuses, sur les minéraux et les trésors que recèle la terre, tels l'or, l'argent et le cuivre. Et cet intérêt dépasse le simple engouement pour les ornements. Ces substances comportent une signification ésotérique – une sagesse secrète à l'intention des initiés ou des disciples – que vous avez oubliée. Lorsque vous avez consenti à quitter votre foyer dans les dimensions supérieures et à vous incarner dans la densité et la limitation de la forme physique, nous voulions nous assurer que vous n'oubliiez pas la magnificence de vos origines et la beauté de ce que vous êtes vraiment. C'est pourquoi nous avons placé l'éclat de l'or et de l'argent du grand Soleil central sous forme solide partout dans la terre. Par ailleurs, de grandes caches de joyaux et de minéraux enchanteurs furent disséminées là où vous pourriez les découvrir aisément. Au fil des âges, l'humanité a recherché avidement ces trésors sans toutefois en apprécier ni en connaître la véritable portée.

Chacun de vous a acquis une perception lucide du souffle de l'essence du Dieu père/mère. Vous avez d'abord été un rayon blanc de Lumière étincelante, rayon qui fut ensuite réfracté en un rayon doré et argenté, suivant la dualité qui caractérise la sphère terrestre : la couleur d'or porte les énergies de l'aspect père et la couleur d'argent, les énergies de l'aspect mère du Créateur. Le soleil qui insuffle vie à toute chose représente la puissance du père et, de la même manière, la lune argentée reflète l'amour, la beauté et la pureté de la mère. La considérable variété des pierres précieuses symbolise les rayons réfractés qui furent projetés depuis le noyau de leur Esprit créateur et imprégnés des vertus, des aspects et des attributs que vous et l'humanité êtes censés incorporer. Le système de chakras fut ensuite accordé à ces vertus, à ces aspects et à ces attributs en parfaite harmonie à l'origine. Ce n'est qu'après plusieurs millénaires que vous avez perdu votre connexion à ces fréquences harmonisantes parce que votre système de chakras était alors déformé et déséquilibré. Le cuivre a toujours servi de stabilisateur et de conducteur pour ancrer les fréquences supérieures à la surface et à l'intérieur de la Terre. Il a joué un rôle secondaire cependant important.

Vous vous expliquez votre attrait pour l'or et l'argent par le fait qu'ils sont rares et exquis, mais il ne s'agit pas là de l'unique raison. En élevant vos fréquences, en équilibrant et en harmonisant les quatre systèmes inférieurs de vos corps ainsi que les sept principaux chakras (de même que nombre de chakras mineurs) qui existent sur le plan de la troisième dimension, vous pourrez amplifier et déclencher, une fois de plus, les patterns de fréquences dans les cristaux, les gemmes et les métaux précieux. Ce processus favorisera à son tour l'accès au système des chakras galactiques et aux cinq rayons galactiques supérieurs, et leur activation au sein de vos corps physique et éthérique. Chaque rayon possède un sens exotérique – matériel ou externe –, de même qu'un sens ésotérique – spirituel. À diverses époques au cours des âges, les couleurs ont changé ou se sont mixées selon les leçons à assimiler ou l'attribut que l'humanité devait incorporer. Le Créateur décidait des couleurs et du lieu d'où étaient émises les énergies, soit du grand Soleil central ou depuis l'un des soleils mineurs.

Si vous désirez recevoir plus de cette puissance solaire ignée contenue dans le **premier rayon**, portez une pierre précieuse rouge. Si, au contraire, vous voulez tempérer l'emploi plus agressif du premier rayon, apaisez-le grâce à un saphir. Pour puiser à l'illumination/sagesse du **deuxième rayon**, portez une gemme bleu clair ou une topaze jaune. La couleur jaune peut être portée ou utilisée pour affiner l'aspect intellectuel du **troisième rayon**. Quant au rose luminescent, il renvoie à l'amour divin. Le vert est la couleur ou la gemme apte à susciter l'harmonie et l'équilibre, et le diamant blanc symbolise la pureté ; ces couleurs appartiennent au **quatrième rayon**. Sur le plan matériel, la couleur du **cinquième rayon** est l'orangé ; il diffuse les aspects de la science, de la guérison et de la logique ; par contre, sa couleur ésotérique, ou spirituelle, est le vert, et c'est pourquoi, pour s'accorder aux fréquences supérieures de ce rayon, il est indiqué de porter de l'émeraude. Le **sixième rayon** recèle les énergies du service, de la dévotion, de la miséricorde et de la grâce. Sa couleur est l'indigo, mais sa pierre est le rubis symbolisant le sang sacré de l'énergie du Christ qui circule dans vos veines, ou le Créateur rendu manifeste sur le plan physique. Le **septième rayon**, celui de la purification, de la transmutation et de la liberté, est le rayon le plus actif sur terre en ce moment, avec les énergies du premier rayon de volonté divine. Sa vibration prédominera sur terre pendant les deux mille prochaines années. Sa couleur est violette et la pierre qui lui est associée est l'améthyste. Il émet la flamme du pardon et la divine alchimie qui reconstruit et parfait l'énergie.

Les cinq rayons galactiques supérieurs sont imprégnés de la luminescence de la Lumière christique provenant de la source divine. Le **huitième rayon** est turquoise, ou d'un vert semblable à celui de l'écume, et teinté de la flamme violette de transmutation ; il facilitera la purification des quatre systèmes corporels inférieurs et apportera la clarté. Le **neuvième rayon** est magenta dans sa forme exotérique ; cependant, il émet des énergies rayonnantes qui sont de la couleur d'une turquoise. Ces énergies effectuent l'ancrage du nouveau chakra qui combine le cœur et la gorge et réactive la glande thymus prolongeant la vie. Le **dixième rayon** est d'un blanc nacré nuancé d'or (par lequel vous accédez à la richesse dorée du Créateur qui s'accroît et s'amplifie avec l'élévation successive des rayons). Grâce à lui, vous commencez à ancrer le corps de Lumière et à puiser dans la paix et la joie éternelles du Créateur. Le **onzième rayon** est de couleur pêche irisée, ou d'un rose teinté de doré, et il constitue la passerelle arc-en-ciel qui mène à l'esprit causal supérieur, le lien avec votre divine présence JE SUIS. Quant au magnifique **douzième rayon**, d'une énergie solaire dorée, il irradie une opalescence d'une grande beauté. Sa pierre précieuse est l'opale scintillante, et il symbolise la transformation. C'est celui qui ancrera la conscience christique sur terre ; il combine l'ensemble des rayons. En d'autres termes, tous les autres rayons sont les reflets du douzième.

Je me suis efforcée de rafraîchir votre mémoire et de souligner le sens et le rôle véritables de certains des précieux dons qui vous ont été accordés par le Créateur. Ces enseignements de sagesse ont l'âge de l'humanité ; vous les avez simplement oubliés. Permettez à votre savoir intérieur, ou Soi supérieur, de vous aider à déterminer sur lesquels des rayons ou des attributs vous devez vous concentrer, pour ensuite les intégrer et les parfaire. Puis, portez les couleurs correspondantes et employez les pierres appropriées dans vos méditations ou comme bijoux.

Je vous rappelle que l'information présentée ici et le recours à ces outils doivent s'appuyer sur le pouvoir catalyseur d'une intention bienveillante afin d'être activés. Vous devez démontrer du discernement et faire appel à votre intuition pour vous guider le long du chemin vers l'éveil. N'oubliez pas de réclamer et d'exprimer la joie de l'Esprit chaque jour, en vivant pleinement le présent et en avançant vaillamment vers l'avenir. À mesure que vous approfondirez la signification de chaque rayon et que vous vous harmoniserez à ceux-ci, vous serez nantis d'un pouvoir grandissant tout en devenant plus affables. En définitive, le savoir se transformera en sagesse lorsque vous puiserez au mental divin, là où toute chose est possible.

Votre capacité d'autoguérison et votre pouvoir d'aider les autres à en faire autant s'accroîtront ; vous atteindrez aussi un équilibre et une harmonie plus complets, intérieurement et dans le monde. Votre créativité s'épanouira et vous serez aptes à réaliser des œuvres d'une grande beauté. Vous prendrez davantage l'apparence d'un dieu, et en même temps celle d'un petit enfant, car vous exalterez la vie ; vous serez en proie à un émerveillement candide et apprécierez la magie de l'instant présent. Vous irradierez l'amour et ressentirez un lien exquis avec toute chose. La Terre et toutes les créatures vivantes vous paraîtront sacrées, car vous reconnaîtrez l'aspect divin en toute chose et en tout être, et le révérerez. En retrouvant l'état de maître, vous éprouverez un profond sentiment de valorisation et découvrirez le sacré en vous ; et ce don rayonnera dans vos yeux, dans votre cœur et vers chaque personne que vous rencontrerez afin que tous sachent qu'ils sont également des êtres de nature divine.

Vous vivrez en paix et en harmonie avec votre entourage, malgré les difficultés ou les leçons qui joncheront votre route. Vous vous abreuverez à la sagesse et à la force de l'Esprit du fait d'activer et d'employer chaque don et chaque attribut jusqu'à ce que le bandeau de lumière sur votre front irradie en toute harmonie du spectre complet des douze rayons. *L'existence sera un jour telle qu'elle le fut à ses débuts.*

Le temps est venu de retrouver votre passion pour la vie et pour la Création. Délaissez les souvenirs de l'échec et ressuscitez la vision de votre mission originelle sur terre. Il vous faut effectivement intégrer toutes les facettes de l'expression que représentent les douze rayons. Chose certaine, vous conservez en votre mémoire cette impulsion spéciale, unique, qui n'attend que d'être extériorisée sur le plan terrestre. Vous êtes détenteurs d'un don prodigieux qui n'attend que de pouvoir s'exprimer et qui vous fut accordé par le Créateur. Vous devez le redécouvrir. Au cœur de cette passion pour la création repose la formule permettant d'assurer votre contrat et d'accomplir votre part du plan divin.

Ne tardez point, bien-aimés. Brandissez de nouveau la **flamme de la Création** en cheminant ensemble vers les glorieux temples de l'alpha et de l'oméga. Vous êtes aimés, infiniment. Je suis l'archange Michaël.

19. L'INSTANT D'INFINI

Chaque instant s'inscrit sur une ligne infinie
d'émotions, de pensées et de gestes.
Nous sommes tous habités de cette impulsion inhérente,
celle de laisser derrière une trace de nous-mêmes,
une couleur indélébile, un son, une impression
qui divulguera ce que nous sommes.
Ainsi, les autres n'oublieront jamais
que nous étions avec eux.
Le passé enchevêtre ses souvenirs,
l'avenir scintille de promesses reluisantes,
seul l'instant présent est magique.
Car c'est alors que nous sentons le souffle de Dieu
toucher notre âme.
Et nous savons dès lors
que nous aussi sommes infinis.

20. LE PORTAIL MAGIQUE

Maîtres bien-aimés, imaginez si vous le voulez bien que nous sommes tous assis ensemble dans une immense pièce circulaire, appuyés sur des coussins moelleux. Une douce brise souffle un parfum exquis à travers des rideaux moirés et une musique douce joue en arrière-plan. Nous appellerons cet endroit le temple de la réunification et de l'harmonie. Visualisez des piliers de marbre sillonnés de veines d'or ; vous apercevez le lustre de cristaux somptueux suspendus au centre du dôme qui forme le plafond ; cette voûte qui vous surplombe brille et reflète dans ses prismes les douze rayons cosmiques. Emplissez ce temple de tous les trésors merveilleux que vous pouvez imaginer, de tout ce dont vous aurez besoin pour revenir au paradis du cœur, ce lieu enchanté que vous avez dû quitter afin de remplir votre mission ; vous avez franchi les éons et les années-lumière pour parvenir à la sphère physique de la planète Terre. Sachez que ce temple est un sanctuaire exempt de tout danger, un lieu sacré. Si vous vous tournez bravement vers l'intérieur pour y affronter les ombres que vous craignez tant, vous les verrez s'évanouir miraculeusement. À leur place se substitueront l'espoir, l'inspiration, la clairvoyance, le courage, le pouvoir et tout le nécessaire pour réaliser vos rêves les plus fous et vos plus grands désirs, pourvu qu'ils soient en harmonie avec votre plan directeur divin et le bien suprême de tous.

Votre famille spirituelle vous attend en ce temple sacré, de même que vos guides, vos maîtres et nous des royaumes angéliques qui avons voyagé avec vous au cours des âges. Les maîtres avec qui vous avez travaillé sont ici, dont le plus important, votre cher Soi JE SUIS. Je vous assure qu'il ne s'agit pas d'un simple exercice, mais bien du début d'une phase nouvelle de l'évolution de votre conscience : ceci vous

permettra d'amener sur le plan conscient les faits réels, tels
qu'ils surviennent dans vos voyages astraux lorsque sommeillent votre cerveau et votre corps physique.

Aujourd'hui, nous allons nous efforcer de vous faire
prendre conscience de l'angoisse, si profondément immiscée
en vous, angoisse au sujet de la mort et de la survie. Sachez
que cette appréhension influe encore sur chaque aspect de
votre existence. Lorsque vous avez été coupés de votre
famille spirituelle et de la source, par l'entremise de votre Soi
supérieur et de votre présence JE SUIS, et que vous avez
entamé votre périple dans la solitude – ce sentiment d'être
séparés, distincts –, vous avez oublié votre immortalité et le
fait que cette forme physique corporelle n'était qu'un tra-
vestissement. Vous avez entrepris le voyage dans la dualité et
avez appris à jouer le jeu des polarités.

Tous – et nulle personne douée d'un corps physique n'en
est exempte –, vous avez joué au jeu de la victime et du
tourmenteur. À l'occasion, vous avez aussi été celui qui
détenait le pouvoir ou, en d'autres circonstances, celui qui
essuyait la défaite. Vous avez tantôt goûté l'opulence, tantôt
souffert d'indigence. Vous avez vécu dans la magnificence et
l'abondance, mais aussi dans la pénurie et la servitude. Vous
avez dilapidé vos dons mais vous les avez aussi employés à
apporter un minimum de paradis sur terre. Vous avez chéri et
soigné vos proches, mais vous avez aussi été des monstres
d'égoïsme, centrés exclusivement sur vous-mêmes. Ces situations sont toutes liées à la question de la survie et à ce besoin
profond de retrouver ce qui vous revient de droit. Pourtant, la
plupart du temps, vous vous y êtes pris de la mauvaise
manière, soit en exigeant ou en réclamant ce qui appartenait
à autrui, soit en laissant les autres vous asservir et prendre ce
qui était vôtre. Vous avez oublié qu'il existe une quantité
d'amour bien suffisante pour tous, une provision illimitée de
tout ce qui est nécessaire pour une longue vie florissante,

prospère et heureuse sur terre, dans un corps sain et attrayant.

Puisque vous vous êtes dissociés de votre Soi supérieur, vous êtes passés dans le mode de la survie et de la pénurie, vous vous êtes focalisés sur les limitations du corps physique en l'absence de toute conscience ou de la sagesse de l'Esprit. Vous vous êtes sentis peu à peu « diminués » et par le fait même, imparfaits et inférieurs. En projetant toutes ces formes-pensées sur votre corps éthérique et dans les éthers, celles-ci ont, au fil des âges, pris de l'ampleur et exprimé un dynamisme jusqu'à ce que vous ayez engendré un monde qui reflétait vos pires craintes et vos obsessions. À chaque nouvelle existence, l'occasion vous a été offerte de réécrire le scénario, de transformer votre perception et d'éliminer la cause de votre peine et de votre pénurie. Le périple a été long et douloureux, mes amis, et nous sommes bien conscients que vous avez souffert intensément puisqu'il nous a fallu suivre votre parcours, impuissants. L'aide que nous pouvions vous apporter était restreinte parce qu'il ne nous était pas permis de nous interposer contre votre libre arbitre. Vous n'aviez pourtant qu'à en faire la requête et à nous autoriser à vous aider, mais le plus souvent, vous ne l'avez pas fait. Vous aviez oublié notre promesse de faire vos quatre volontés et, du coup, avez livré seuls le combat.

Cette époque tire à sa fin ; une fois de plus, les souvenirs font surface et vous vous tournez vers l'intérieur et au-delà de ce que vous apercevez sur le plan physique. Peu à peu, vous faites confiance à votre intuition, aux incitations de l'Esprit, ce prodigieux puits de sagesse et de force qui vous mènera sans équivoque à la voie juste et à l'action opportune.

Pendant que vous habitez cet espace sacré, allouez-nous le droit de vous aider à évincer ces questions de survie qui vous empêchent de retrouver votre pouvoir et l'état de maître. Subitement, plusieurs d'entre vous se retrouvent au cœur d'une transition ou doivent affronter un changement qui leur est imposé soit sur le plan santé, au travail, dans leurs rapports avec les autres, à la maison ou dans la famille. Nous vous avons rappelé que le statu quo a été aboli, que tout est en mouvement et évolue. Ce qui ne correspond pas aux patterns de fréquences raffinées qui vous bombardent actuellement, vous et votre monde, sera ébranlé, stimulé et amené à la surface pour que vous l'affrontiez et le rectifiez. Installez-vous dans un coin tranquille et concentrez-vous sur chaque situation qui vient à votre esprit. Par exemple, votre travail vous procure-t-il joie et satisfaction ? Pouvez-vous y faire usage de vos talents créatifs et exprimer qui vous êtes, ce que vous êtes ? Suffoquez-vous au sein d'une atmosphère que vous avez dépassée, incapables de comprendre désormais ceux qui vous entourent ? Aspirez-vous, en votre for intérieur, à un changement et à un autre travail qui comblerait tous vos besoins et qui, outre l'apport financier, vous procurerait une stimulation et une gratification sur les plans émotionnel et intellectuel ? Plusieurs d'entre vous hésitent et vacillent à l'idée de prendre une décision. Ils attendent que le destin s'en mêle et qu'il les oblige à effectuer un changement en éliminant ce qu'ils ont dépassé ou ce qui ne sert plus à leur bien suprême. L'Esprit vous secondera pour atteindre ce que vous désirez si vous avez le courage d'élaborer votre vision et de poursuivre votre rêve lorsque s'ouvrira la voie.

Vos rapports humains et votre environnement familial constituent de merveilleux terrains d'expérimentation. Ils peuvent potentiellement faire progresser rapidement votre évolution spirituelle. Les êtres qui vous sont chers vous reflètent les questions que vous devez traiter et résoudre – vos peurs et vos insuffisances. Vous livrez-vous à des jeux de pouvoir ? Abdiquez-vous votre pouvoir tout en essayant de réclamer ou d'assumer votre autorité ? Tentez-vous de dominer les gens et toutes les situations de votre vie par crainte de perdre le contrôle ? Percevez-vous toutes les imperfections en ceux qui vous entourent, ou voyez-vous leur beauté et leur caractère unique, renforçant par le fait même tout ce qui est positif et bienveillant en eux ? Nous nous attristons de constater que tant d'entre vous attribuent aux personnes qui leur sont chères le blâme pour leur sentiment d'insuffisance et leur peur de l'échec. Certains d'entre vous ont dépassé le stade des liens affectifs et du partenariat/mariage et se sentent donc asphyxiés et restreints dans ces carcans. Savez-vous que si vous vous concentrez sur les qualités positives des gens qui vous entourent et leur donnez la chance d'être à leur meilleur, tout en servant vous-mêmes d'exemples aimants, en demeurant vrais et intègres, il est tout à fait possible qu'ils entameront à leur tour un processus de transformation ? Ils s'éveilleront alors aux incitations et à l'inspiration de l'Esprit. S'ils ne le font pas cependant, vous aurez tout de même rempli vos obligations envers eux. Si vous demeurez centrés dans votre cœur, en quête du plus grand bien de tous, l'Esprit prendra les commandes et résoudra le dilemme pour vous. Rien ni personne n'auront le droit de s'opposer à ceux d'entre vous qui se consacrent à leur mission et aux voies vers l'illumination. Une fois que vous aurez tiré la leçon qu'une situation ou une relation recèle et que vous en aurez assimilé la sagesse, alors ce rapport ou cette situation seront transmués ou résolus.

Cette perspective suscite-t-elle en vous la peur de l'échec, de la responsabilité, ou craignez-vous de voir vos proches fauchés par la mort ? Plusieurs ont pris la décision de ne pas demeurer dans le monde physique pendant ces temps de grands tumultes et de bouleversements. Ils sont effrayés à l'idée de se faire face et craignent ce qu'ils auront à faire pour arriver à l'étape ultérieure. Ceux d'entre vous qui lisent ce message et prennent à cœur ces paroles n'appréhendent probablement pas le processus de la mort en ce qui les concerne, car ils savent que ce n'est qu'une transition vers un autre état de conscience, comme s'il s'agissait de rentrer à la maison pour y être accueillis comme les fils et les filles prodigues. Apercevez-vous l'ensemble du plan, l'image globale ? Ne comprenez-vous pas que, pour ceux qui sont encore captifs de la souffrance et de l'illusion des dimensions inférieures, il existe des destinées pires que la mort ? Si vous avez assimilé ce que nous avons tenté de vous transmettre au fil de ces longs mois et par ces multiples messages, vous reconnaîtrez que la mort du réceptacle physique constitue un début nouveau. Elle met un terme à la souffrance et à la douleur, et offre l'occasion de recommencer à neuf.

Quant à ceux que vous aimez et que vous chérissez, sachez qu'il ne s'agit pas d'une séparation d'avec eux et qu'ils ne sont pas à jamais perdus pour vous. Les voiles entre les dimensions sont levés ; ils se sont dissipés et, de ce fait, il devient plus facile de demeurer en contact à tout moment avec ceux qui ont transcendé ce monde et de sentir leur présence aimée. Voici l'occasion rêvée de prêter main-forte aux êtres qui vous sont chers et qui ont choisi de quitter la sphère physique. Parlez-leur, apaisez leurs angoisses au sujet de la mort. Aidez-les à pardonner et à régler avec leurs proches tous les problèmes qui n'ont pas trouvé de solution. Plus important encore, faites-leur comprendre qu'ils peuvent faire une requête d'absolution pour toutes leurs transgressions et obtenir ce pardon. Offrez-leur le don de la perception lucide en leur expliquant que de merveilleux êtres angéliques, ou même leurs proches, sont disposés à les seconder dans leur périple vers l'au-delà. S'ils sont ouverts et s'ils consentent à accepter la vérité, aidez-les à découvrir qu'il n'y a pas d'enfer ni de damnation de l'autre côté du voile, mais seulement l'amour, la joie et la Lumière. Vous pouvez ainsi donner un coup de main décisif et aimant aux êtres qui vous sont chers. Et vous pouvez également secourir d'autres personnes qui font face à la perte de leurs amis et de leurs proches dans le processus de la mort.

Pour solutionner chaque question, chaque épreuve, placez-vous en votre temple et évoquez le problème. Laissez les énergies unifiées de l'Esprit guérir, transformer, transmuter et évacuer tout ce qui vous fait souffrir : malaise, angoisse ou détresse morale. Si vous scrutez les faits avec objectivité, vous constaterez qu'il n'y a personne sur qui rejeter le blâme ; chacun tente tout simplement d'atténuer ou de chasser sa propre douleur. Si vous acceptez vos craintes, votre souffrance et votre sentiment de dévalorisation, si vous cessez de les projeter sur les autres, alors il se produit quelque chose de miraculeux : ces états d'âme deviennent tout à fait traitables, vous faites quelques découvertes et, par le fait même, s'éveille peu à peu en vous un sentiment de pouvoir et de contrôle sur votre destinée.

Le procédé s'appelle « faire face à soi-même et à ses démons », bien-aimés. Vos démons ne pourront survivre à l'amour ou à la sagesse de l'Esprit. Si vous entamez le processus menant à recouvrer votre souveraineté spirituelle, vous pénétrerez dans ce temple de réunification et d'harmonie et commencerez à y agir. L'endroit prendra pour vous un caractère réel, tangible, et votre perception du monde et de son fonctionnement sera à jamais transformée.

Nous nous efforçons de rendre les dimensions supérieures réelles pour vous, de vous aider à accéder à cette spirale de conscience élevée pour que vous soyez constamment protégés du tumulte des masses par la douceur et l'amour de votre Soi divin. Ce don est accordé librement à tous, mais chacun d'entre vous doit être un partenaire consentant et endosser sa part de responsabilités, sinon nous ne pouvons ouvrir la porte magique menant à la réunification et à l'harmonie. Passez cette porte, mes braves guerriers, et démontrez à ceux qui vous suivent que le périple n'est pas si difficile et qu'il peut être couronné de succès.

Nous vous espérons en ce lieu de beauté, d'amour et d'harmonie. Vous êtes les invités d'honneur : nous ne pouvons commencer avant que vous arriviez. Joignez-vous à nous, amis précieux, et vivons ensemble cette aventure grandiose. Vous avez mérité votre place parmi nous. Vous nous manquez beaucoup. Vous êtes aimés sans fin. JE SUIS l'archange Michaël.

21. Une autoroute vers les cieux

Maîtres bien-aimés, scrutons maintenant l'avenir – le vôtre – pour voir ce qu'il vous réserve dans les mois qui viennent. Comme vous le savez, l'époque est d'une grande importance. Les décisions que vous prenez maintenant, ou les énergies qui émanent de vous pour engendrer le champ magnétique où vous vivez, détermineront votre réalité et la manière dont vous évoluerez en ce millénaire tout neuf. Il est temps de décider si vous allez avancer sur la spirale de l'ascension grâce au processus du don de la vie, ou continuer avec le processus de la mort du corps physique. Il va sans dire que tous les êtres humains sur cette planète sont en ce moment soumis à ce choix, de diverses façons, en en étant plus ou moins conscients.

Vous inversez actuellement le processus que vous avez initié il y a de cela des centaines de milliers d'années, lorsque vous êtes descendus dans le domaine matériel et que vous avez commencé à ériger un temple de chair en vue de contenir ce précieux don de vie, votre Soi Esprit. Vous avez oublié qu'au cours des temps jadis, vous pouviez retourner vers les domaines supérieurs de l'expression en passant par la flamme violette de transmutation. Par le fait même, les impuretés étaient transmuées et raffinées, et vous redeveniez des êtres de Lumière étincelants et parfaits. Il faudra un certain temps pour que vous puissiez accomplir de nouveau ce miracle de Création ou de recréation. Nous pouvons cependant vous aider à rendre ce processus moins douloureux et plus expéditif.

Il est temps de scruter attentivement vos convictions et ce que vous avez accepté comme étant votre vérité, car c'est de cela qu'il vous faudra faire l'expérience. Faites une pause et penchez-vous sur cette question, bien-aimés : êtes-vous prêts à évoluer au fil du don alchimique qu'est la vie, ou êtes-vous toujours si empêtrés dans les croyances collectives, que la seule possibilité pour vous d'accéder aux domaines supérieurs consiste à subir le processus de la mort ? Oui, nous savons que ceci semble un prodige impossible à accomplir, et il faudra un certain temps avant que nombre d'entre vous arrivent à franchir le seuil de la transmutation tout en demeurant dans leur réceptacle physique. Mais nous pouvons vous aider à recouvrer peu à peu l'aptitude et les ressources nécessaires afin d'effectuer ce miracle.

Plusieurs d'entre vous ont entamé le processus qui consiste à inverser ou à stopper le mécanisme du vieillissement. Vous demeurez juvéniles, débordants de vitalité, de vigueur et vous souhaitez ardemment faire l'expérience de tout ce que l'Esprit a à vous offrir. Vous exercez une influence marquante par vos interactions bienveillantes avec autrui et par votre dévotion désintéressée, votre désir d'être secourables et de seconder les autres sur la voie. Le moment est désormais venu de sonder votre mémoire, de retrouver votre immortalité.

Plusieurs parmi vous, parce qu'ils constituent l'avant-garde de ce phénomène, prendront conscience de ce choix qui s'ouvre à eux de passer au prochain stade de l'éveil ou de franchir le portail des dimensions supérieures là où leurs proches ne pourront plus les voir. Si vous faites partie de ces derniers, cependant, vous ne tomberez pas malades. Vous semblerez toujours en santé et bien en vie, mais votre Esprit vous dira qu'il est temps de vous préparer pour le grand départ. Oui, pour le moment, la plupart d'entre vous devront subir le processus de la mort, mais quelques-uns ouvriront la voie pour la transfiguration future et l'ascension des masses dans leur forme physique.

Avec chaque résurgence d'énergie cosmique, des patterns

de fréquences plus élevés, plus raffinés sont mis à votre disposition – incluant la substance dont sont faits les miracles. On vous offre une occasion en or : délaisser tout ce qui n'est pas en harmonie avec ces fréquences. Ceci est indispensable en vue de recevoir et d'utiliser ce don.

Vous réfléchissez, vous demandant à quoi vous ressemblerez lorsque vous franchirez ce portail et pénétrerez la beauté et les merveilles des dimensions supérieures ? Imaginez que vous n'avez aucune imperfection ; percevez-vous doués du corps le plus magnifique, le plus rayonnant que l'on puisse se figurer, car ce sera votre choix, votre œuvre. Vos proches vous reconnaîtront-ils ? Peut-être pas d'après votre apparence, mais par votre rayonnement et les patterns vibratoires complexes que vous émettrez et qui se composeront de lumières, de sons et de couleurs. Nous avons souligné ce fait encore et encore : la Lumière, le son et les couleurs sont des modalités de la Création et vous êtes tout à fait capables d'employer ces dons, mais vous avez tout simplement oublié.

Le temps est venu de prendre une décision, amis estimés. Même si nous vous avons expliqué à maintes reprises en quoi consiste le processus, je vais tenter de le clarifier encore un peu. Veuillez graver le terme FORME-PENSÉE dans votre mental tant conscient que subconscient. Il est impératif pour vous de comprendre à quel point vos formes-pensées sont puissantes, et ce, à chaque instant de chaque jour et de chaque nuit, parce que, ce faisant, vous acquérez une expertise dans l'art de concrétiser à l'aide des lois universelles et grâce à la substance vitale primaire. Si vous vous endormez en colère, en proie au doute, avec un sentiment de culpabilité ou de dévalorisation, ces émotions seront amplifiées du fait d'être projetées sur le plan astral et parce qu'elles s'allient à des énergies de même nature. Plus la pensée est intense, ou plus grande est la quantité d'énergie émotionnelle investie dans cette pensée, plus elle devient puissante et teinte votre perception et votre réalité. Les énergies de la pensée influent d'abord sur votre champ aurique ; soit elles l'obscurcissent et le déforment, soit elles l'alimentent et l'illuminent. Ces énergies pénètrent ensuite vos corps émotionnel et mental, et les imprègnent. Chaque sentiment produit un effet : une pensée positive et aimante ajoute des couleurs chatoyantes et vibrantes à votre champ aurique, alors qu'une émotion négative le déforme et l'assombrit, ou le colore de teintes fades et de patterns flétris.

Chacun d'entre vous vit et opère dans un contexte spatio-temporel ; il est aussi nimbé d'un champ d'énergie auto-généré. Vous êtes entourés d'un magma de formes-pensées que vous avez engendrées par l'entremise de vos patterns de pensée conscients et inconscients. Et vous percevez la réalité au travers du filtre de patterns de fréquences vibratoires façonnés par vos formes-pensées. Si celles-ci sont obscurcies et distordues, alors votre perception du monde est véritablement faussée.

La résonance vibratoire de vos pensées détermine les couleurs de l'énergie qui émane de vous, alors que la nature de la pensée fixe sa forme. Si une personne émet des pensées d'avidité égocentrique ou de convoitise, une couleur vert brunâtre se dégagera d'elle (d'où l'expression « vert d'envie »). La colère ou la rage produit des nuées sombres d'énergie rouge boueuse semblable à des dagues ou à des filaments effilés d'énergie en forme de projectile. En revanche, si vous émettez des sentiments d'amour pur et désintéressé vers une personne spécifique, cet amour l'atteint instantanément et l'enveloppe d'une aura de protection. La dévotion et la contemplation irradient vers l'extérieur et s'élèvent en un pattern sublime de lumières et de couleurs qui comporte l'ensemble du spectre des rayons cosmiques ainsi que toutes leurs qualités divines. Nous, des domaines supérieurs, voyons, ressentons et absorbons ces dons bénis que vous nous offrez, très chers. Sachez-le bien et n'oubliez pas : nulle pensée aimante, nulle prière ne passe inaperçue et n'est jamais envoyée en pure perte.

Permettez-moi de vous offrir un exercice qui vous aidera à être plus conscients des énergies que vous émettez. Il est non seulement important de surveiller vos pensées, mais également d'observer d'où, dans votre corps, partent ces énergies, outre le cerveau. Grâce à l'observation et à l'intention, vous pouvez surveiller vos patterns de pensée, et avec un peu de détermination et le concours de votre Soi supérieur, vous aurez bientôt fait de ne projeter que des couleurs rayonnantes et claires de paix, d'amour, de compassion, d'abondance et de joie. Comme le savent déjà la plupart d'entre vous, les chakras sont des vortex d'énergie de forme conique situés en des points stratégiques du corps humain. Chacun de ces centres d'énergie est doté d'une couleur spécifique, des couleurs qui se transformeront à mesure que vous modifierez vos fréquences. Cependant, aux fins du présent exercice, puisque ces couleurs sont encore celles qui apparaissent chez la plupart des êtres humains, nous emploierons les couleurs de base qui s'accordent aux sept rayons de l'expression de votre système solaire.

Focalisez votre attention sur le chakra racine : ici sont conservées les énergies pertinentes à la survie et à la pénurie. Si ces énergies sont équilibrées, elles procurent un sentiment d'abondance et de plénitude, de sécurité et celui d'être connecté à la Terre. Ce chakra est situé dans la région génitale du corps, d'où son nom : chakra racine. Il est de couleur rouge ; imaginez un rouge brillant et vigoureux reflétant puissance et force, et entonnez ou scandez les mots JE VIS. Prolongez ce son aussi longtemps que possible, puis prenez une inspiration

profonde tout en déplaçant votre main et votre centre
d'attention vers le second chakra, situé au nombril ou au
bas-ventre. C'est le siège du désir, du plaisir, de l'amour
sexuel/passionné ; visez à harmoniser vos désirs avec l'Esprit,
en vue de votre bien suprême et pour le bien de tous. Faites en
sorte que votre passion et votre amour pour l'autre s'allient,
par l'union physique, à la compassion et à une fusion des
âmes. Éprouver de la tolérance et de la compassion envers
tous vous aidera grandement à équilibrer ce chakra pour qu'il
vibre en toute pureté et en harmonie. Visualisez que son
énergie est orangée, inspirez profondément et entonnez les
mots JE SENS.

Portez ensuite votre attention sur le plexus solaire, la
région où siège le pouvoir personnel ou la maîtrise de soi et
des émotions. Autrefois, c'était en cette zone de votre corps
que vous permettiez aux autres de pomper votre source
d'énergie à l'aide de protubérances semblables à des filaments
noirs. C'est également à cet endroit que vous perciez l'énergie
d'autrui. Puisque vous êtes nantis d'un pouvoir plus grand, ce
n'est désormais plus possible. Vous émettez, depuis le plexus
solaire et la région du cœur, le don de Lumière christique que
vous puisez des domaines d'existence supérieurs. L'une de
vos missions premières en cette vie consiste à partager ce don
avec la planète entière et l'humanité. Voyez ce champ énergétique vibrer de la couleur jaune, inspirez profondément et
entonnez JE VEUX.

Placez ensuite votre main sur le chakra du cœur et con-
centrez-y votre attention. Ici reposent votre force vitale, votre
centre de puissance solaire, le siège de votre Soi supérieur, de
votre essence et de l'amour divin. Si vous filtrez tous les
sentiments émanant des trois chakras inférieurs et leurs
énergies à travers cette source de pouvoir, des miracles sur-
viendront, bien-aimés. Percevez un vert vibrant, étincelant qui

jaillit du centre au cœur en entonnant J'AIME.

Le chakra suivant se situe à la gorge et joue un rôle de premier plan à l'heure actuelle. Plusieurs d'entre vous éprouvent une tension ou présentent des symptômes douloureux dans la région de la gorge, le centre énergétique de la parole, de la communication, du discernement, de la discrétion et de l'expression de soi. La raison ? Ils ont trop longtemps permis aux autres de déterminer ce qui constituerait leur vérité, dans la crainte de l'énoncer eux-mêmes. Le temps est venu, bien-aimés, de récupérer votre pouvoir et de parler avec dignité, intégrité, compassion et sagesse. Prenez une inspiration profonde tout en visualisant un bleu étincelant et entonnez les mots JE PARLE.

Le chakra suivant se situe au troisième œil ou dans la région frontale, entre les deux sourcils. Puisque le voile de l'oubli se lève et que vous recouvrez les dons de l'Esprit, vous retrouverez une vision intérieure claire, votre intuition sera guidée par l'Esprit, par la clairvoyance et par une perception qui transcendera les limites de la dualité. Voyez cette région miroiter d'une jolie couleur violette et entonnez les mots JE VOIS. Pour finir, placez votre conscience au niveau du chakra de la couronne. Le merveilleux lotus de l'Esprit se déploie en ce lieu pour permettre au rayonnement du Créateur d'affluer une fois de plus en vous et à travers vous. Ici réside la sagesse divine ou la volonté spirituelle – là où vous pouvez puiser à même la sagesse de votre Soi supérieur et de votre divine présence JE SUIS, et où vous êtes, une fois encore, en union avec la Création entière et l'infini. Visualisez que cette région irradie une blancheur lumineuse et entonnez les mots JE SUIS à trois reprises.

Plus vous évoluerez dans l'état de maître, chères âmes, plus vous percevrez avec les yeux de l'amour et entendrez par des oreilles tempérées par la compassion. Vous projetterez un champ énergétique qui vous enveloppera et aura un rayonnement de plus en plus vaste ; ce champ engendrera par le fait même la paix, l'amour, la joie et l'abondance. Votre exemple sera source d'enseignements pour les autres, et au sein de ce champ magnétique, vous construirez un vortex que vous transcenderez un jour. Vous serez dès lors affranchis des épreuves et des difficultés qu'impose le plan terrestre. Le temps est venu de vous souvenir que la mort n'existe pas, que seule existe la transcendance de l'Esprit. La matière, ou la substance qui forme votre corps physique, peut se transformer ou se corrompre, mais l'Esprit – l'essence de ce que vous êtes – ne fait que devenir plus lumineux. Cette essence se consolide sans cesse, car elle s'assemble avec un nombre croissant de fragments d'elle-même sur la spirale s'élevant vers l'unicité avec notre Dieu père/mère.

Bien-aimés et braves guerriers, nous avons sonné l'appel du clairon auparavant, mais nous vous demandons d'écouter et de faire attention, parce qu'ici le facteur temps s'avère crucial. Nous entrons dans cette phase critique de la chorégraphie évolutive pour votre Terre, votre système solaire et votre galaxie. *Nous vous demandons de vous unir, bien-aimés. Il est temps, encore une fois, de rassembler vos forces, de vous préparer à la majestueuse marche au travers des cieux en vue de rétablir la souveraineté et l'hégémonie des légions de Lumière, les forces de Dieu !*

Nous vous voyons dans toute votre splendeur et toute votre perfection. Nous vous incitons à concevoir cette perfection et à revendiquer votre droit de naissance : « Vous êtes créés à l'image de Dieu. » En réalité, vous êtes la pure luminosité de l'Esprit manifestée. Je vous entoure et vous enceins d'un champ aurique d'amour et de protection. Je suis avec vous à jamais. JE SUIS l'archange Michaël.

22. SUR LA PASSERELLE D'ARC-EN-CIEL

Maîtres bien-aimés, vos tentatives pour accéder aux domaines supérieurs commencent à porter des fruits. Vous exercez une influence sur terre, dans la terre et au sein de la population de la planète. Vous intégrez la Lumière divine et en devenez les porteurs, et ainsi servez de poteaux indicateurs, de points focaux et de phares d'amour qui répandent des fréquences harmonisantes que les autres suivront et tenteront de prendre pour émules. Ces énergies raffinées sont désormais suffisamment puissantes et dynamiques ; elles sont encodées dans les battements du cœur et dans la mémoire de l'humanité et de la Terre, en vue de résonner dans le système solaire, dans la galaxie, et même dans l'univers tout entier. En vérité, l'époque en est une d'immenses transformations pour toutes les formes et les expressions de la vie.

Laissez-moi vous donner un autre aperçu de ce qui se produit lorsque vous recouvrez de vastes parties de vous-mêmes, parties qu'il vous a fallu laisser derrière dans les sphères supérieures lors de votre descente dans la conscience de dualité et dans l'expression physique. Nous vous l'avons répété à maintes reprises, mais beaucoup éprouvent encore de la difficulté à accepter le fait d'être des maîtres, une partie d'un être grandiose, magnifique. Au cours de cette descente qui traversait les différentes dimensions, il vous a fallu laisser derrière certaines parties de vous-mêmes ; vu sous un autre angle, on peut dire qu'il vous a fallu vous fragmenter ou vous diviser en parcelles de plus en plus petites. Au fil des âges, vous avez fait l'expérience de plusieurs strates de votre « condition d'être », dont l'une est votre merveilleux Soi christique. Un autre de ces plans de l'être est ce que nous appelons le Soi supérieur, l'état où vous vous souveniez encore de vos origines et du propos de votre voyage. Vous avez opéré sur le plan mental de la conscience, vous y avez exprimé votre caractère unique et avez goûté les plans astraux supérieurs (l'aspect émotionnel de votre identité multidimensionnelle), pour en arriver progressivement à ce que votre Soi âme compresse votre magnificence en une forme adéquate au présent réceptacle physique.

Les points positifs et les miracles sont évidents ; vous êtes en train d'inverser le processus. *L'inhalation* de la Création, ou votre voyage de retour à la maison, est amorcée. Un nombre croissant d'entre vous rayonne d'amour et émet des énergies équilibrées et harmonieuses vers les éthers, et par le fait même s'ouvre et s'érige la passerelle d'arc-en-ciel. Cette passerelle constitue le passage de la Lumière. Elle émet les énergies des douze rayons de cette galaxie, toutes imprégnées des vertus, des aspects et des attributs du Créateur. Il s'agit d'un arc de Lumière et d'une convention entre vous, nous et notre Dieu père/mère. Les arcs-en-ciel que vous observez dans l'azur se modifient ; plusieurs faisceaux lumineux et des couleurs s'y ajoutent au fur et à mesure que vous accédez aux énergies du Très-Haut et les amenez sur terre. Ces dernières sont le fruit d'une promesse qui se réalise : « *Nous vous laisserons un chemin visible qui vous ramènera chez vous, parmi les étoiles.* »

Ce que vous vivez présentement, qu'il s'agisse du malaise qui tenaille votre forme corporelle, du lâcher-prise sur nombre d'aspects de votre vie que vous aviez crus importants, stables et nécessaires, de l'effondrement d'anciens systèmes de valeurs ou du sentiment de perdre le contrôle de votre destin, tout cela relève du processus de transformation qui se déroule en accéléré à l'heure actuelle. Les couches de matière éthérique qui ne vous servent plus quittent votre champ aurique, car elles n'ont pas leur place là où vous allez. En intégrant votre Soi âme, vous avez affaibli le pouvoir et la mainmise que votre Soi ego exerçait sur vous. Dorénavant, votre Soi supérieur assume de plus en plus le rôle de gardien de votre énergie et de votre destinée. Voilà pourquoi votre âme passe à l'arrière-plan ou, pour dire les choses plus clairement, elle est assimilée au champ magnétique/énergétique de votre Soi supérieur.

Plusieurs d'entre vous sont en plein cœur du processus qui consiste à intégrer leur Soi christique. C'est là la seconde venue, bien-aimés. Puisque vous êtes capables d'accéder aux fréquences supérieures, vous adhérerez à une part croissante de la merveille que vous êtes véritablement et l'intégrerez. Il est dès lors possible que votre Soi christique reprenne sa souveraineté et assume le rôle de gardien de votre véhicule physique. En outre, vous ouvrirez ainsi la voie aux maîtres et aux êtres de Lumière bénis afin qu'ils puissent vous éclairer en abondance et vous imprégner d'un éclat encore plus vaste doué des dons et de la sagesse de l'Esprit qu'il vous a fallu laisser derrière. Si vous consentez à l'émergence de votre Soi christique et à la prédominance de cette énergie subtile dans votre vie, alors s'ouvrira à vous le processus qui consiste à avoir accès aux patterns de fréquences raréfiées de votre Soi divin. Il s'agit des dons appartenant aux différentes parties de votre être, ces fragments passés dans la densité mais qui sont prêts aujourd'hui à partager avec vous leur sagesse et leurs aventures. C'est la raison pour laquelle il n'est pas nécessaire que vous ayez toutes les réponses et que vous goûtiez à chacun des visages de l'existence terrestre. Vos âmes sœurs divines ont accompli cela pour vous, tout comme vous avez des expériences et une sagesse unique à partager avec elles. Nous vous guiderons jusque-là et pas plus loin dans le processus de réintégration. Sachez toutefois ceci, bien-aimés : ce n'est que le début du miracle qui ramène à l'unité avec l'Esprit.

Plusieurs merveilleuses âmes ont accepté de faire partie des scénarios auxquels participent tous les habitants de la Terre, d'une manière ou d'une autre. Elles ont consenti, sur le plan de l'âme, à attirer l'attention de l'humanité entière sur les déséquilibres et les injustices devant être abordés et corrigés. Inutile de décrire encore ici ces traits négatifs ; vous les connaissez tous. Plusieurs personnes sont promptes à porter un jugement et à faire preuve d'une indignation hypocrite. Nous vous assurons que personne n'est exempt de faute. Vous vous êtes tous prêtés au même jeu et avez joué un rôle identique jusqu'à un certain point, ou vous avez participé à un scénario similaire à un moment ou à un autre, que vous vous en souveniez ou pas. Ainsi, il est clair que vous ne faites que vous juger vous-mêmes.

Sur la route de la réunification, et comme nous nous efforçons d'amener à votre conscience les multiples facettes de votre identité véritable, nous aimerions aussi aborder le sujet des aspects masculin et féminin du Créateur. Jadis, il fut un temps où les aspects de la Mère créatrice constituaient l'énergie dominante et l'objet de toute ferveur religieuse. Puis, pendant plusieurs millénaires, le monde fut dominé par le principe patriarcal et le Créateur fut conçu et admis exclusivement dans l'aspect masculin de sa grandeur. Vous rassemblez aujourd'hui les parties éparses composant l'ensemble de votre être. De même, le moment est venu de reconnaître votre intégralité et de la restaurer, ainsi que les maintes expressions du Créateur. À l'heure actuelle, l'aspect de la déesse, la Mère Dieu, ou l'énergie féminine du Créateur, diffuse un nombre croissant de ses attributs. Celle-ci inten-sifie son énergie partout dans l'univers, par les attributs de l'amour divin, de la compassion, de l'illumination, de la tendresse, de la gratitude, de la foi, de la créativité, du regard intérieur et de la conscience de l'Esprit. Ces énergies sacrées amélioreront, raffineront et compléteront les aspects masculins du Créateur, la volonté divine de créer, la sagesse, la vérité, la vaillance, la résolution et le pouvoir.

Avant que nombre d'entre vous n'en viennent à cette vie, vous avez consenti à être détenteurs de l'énergie douce et conciliante de la déesse. Effectivement, plusieurs personnes nanties d'un corps masculin, ainsi que d'autres habitant un corps féminin, ont accepté de permettre à l'énergie de la déesse de les suréclairer pour qu'ainsi ils servent de modèles visibles aux autres, modèles que ces derniers suivront, il faut l'espérer. C'est pourquoi il n'est plus choquant qu'au sein d'une famille l'homme choisisse d'être celui qui prenne soin et se charge des tout-petits. Plusieurs hommes courageux consentent à dévoiler leur douceur ; ils se mettent donc à exprimer leurs sentiments et acceptent leurs émotions. Les psychés masculine et féminine se synchronisent parce que les hommes comme les femmes assimilent les qualités masculines et féminines du soi. En revanche, plusieurs personnes qui ont pris naissance dans un corps féminin avaient déjà consenti, sur le plan de l'âme, à l'expression de leur côté masculin et à sa prédominance. De ce fait, elles ont pris une part plus active dans le domaine gouvernemental ou celui des affaires. Bien qu'elles jouent leur rôle féminin, elles s'imposent avec assurance dans d'autres domaines d'activité jusqu'ici exclusivement du ressort de la population masculine. Voilà l'un des principes de l'intégration qui a cours sur plusieurs plans. Vous connaissez les rayons, les énergies que ces gens émettent, et vous vous familiarisez maintenant avec les êtres de Lumière et les archanges qui représentent et transportent les aspects solaires du Créateur par l'entremise des rayons. C'est le moment de redécouvrir les aspects féminins des archanges ou *archaï* – comme ils sont parfois désignés. Ce sont les contreparties divines de ces magnifiques êtres de Lumière solaires. Veuillez en outre commencer à faire appel aux nombreuses Lady maîtres qui se sont dévouées avec tant de désintéressement au fil des millénaires. Cherchez leurs noms et déterminez lesquelles de leurs qualités vous seconderont sur la voie vers l'illumination. Celles qui sont douées d'un corps féminin sont en tête du processus de l'éveil ; ainsi, elles font fi du contrôle rigide que la population masculine a exercé depuis si longtemps. Il ne s'agit pas ici de bien ou de mal, aucun jugement n'est porté. Nous parlons plutôt du fait de ramener l'équilibre et l'harmonie.

Ma très chère **Lady Foi** est en tout temps disposée à répondre promptement à votre appel et à vous aider à faire surgir et à intégrer les énergies du premier rayon de volonté divine. Elle vous aidera à affirmer votre foi en vous-mêmes et vous épaulera afin que vous accédiez à votre vérité supérieure et l'intégriez, tout en vous insufflant le courage indispensable pour accomplir les entreprises qui introduiront le Nouvel Âge de la Création.

La très belle **Lady Constance**, qui à certaines époques se nommait Christine, est la contrepartie divine de **l'archange Jophiel**, *l'ange de l'illumination* et du second rayon. Elle peut vous être utile pour exprimer et intégrer les qualités divines de la sagesse, de la perception et de la compréhension. Quelle merveille ce serait si ceux d'entre vous qui sont enseignants et responsables des enfants faisaient appel à cet ange sage et bienveillant ! Elle vous aidera à comprendre les lois universelles de cause à effet, le karma, et à réaliser l'illumination nécessaire pour transformer la connaissance en sagesse.

La bien-aimée **Charité** est le complément divin de **Chamuel**, également connu sous le nom de Kamiel. Les noms peuvent différer légèrement selon l'époque ou la culture, mais sachez que les êtres de Lumière sacrés restent toujours les mêmes. La confusion règne souvent à ce sujet, de même qu'à propos des couleurs et des énergies des rayons. Nous vous avons déjà expliqué cela en détail jadis, nous n'aborderons donc pas de nouveau le sujet ici. Simplement, un petit conseil : n'acceptez que l'information qui possède une consonance de vérité dans le centre de votre cœur, que ce soit un nom ou un concept inédit et radical. Chamuel rayonne des énergies du troisième rayon : l'amour divin, la contemplation, le pouvoir de la parole et l'intellect abstrait. La bien-aimée Charité peut étendre votre tolérance, votre tact et votre patience.

L'archange Gabriel, *l'ange de la résurrection* et le détenteur du quatrième rayon, a été la puissance prédominante au cours des deux mille ans de l'ère des Poissons. Il a apporté le concept immaculé de l'Espoir – et quel nom opportun pour le complément divin de Gabriel ! **Lady Espoir** insuffle l'espérance à ceux qui cherchent à réaliser leurs visions créatrices. Elle met en relief la pureté, la clarté d'action et l'humilité.

Le cinquième rayon se trouve sous l'influence et la direction de deux de vos figures historiques les mieux connues : **l'archange Raphaël**, qui brille des attributs scientifiques soumis aux lois de la création et commande la concentration et les vocations d'écoute, et **Marie**, *l'ange de la consécration*, qui a mandé ici une parcelle de son être vouée à devenir la bienheureuse mère du seigneur Jésus et tient lieu de sentinelle auprès de ceux qui s'adonnent aux arts de la guérison. Cette dame merveilleuse vous guidera au fil du processus qui consiste à vous en remettre à votre bien suprême, aux rétributions du service désintéressé et aux questions du cœur.

Le sixième rayon, celui de la dévotion, de la clémence et de l'idéalisme, est soumis à la brillance de **l'archange Uriel** et de sa bien-aimée **Lady Grâce**, parfois dénommée Aurore. Cette dame enchanteresse vous aidera à atteindre à la paix et à la sérénité, et à harmoniser votre nature émotionnelle avec l'Esprit.

Nous en venons, en terminant, au rayon qui, pour l'ère actuelle, s'avère prépondérant : le septième rayon, celui de la liberté, de la rédemption et de la transformation. **L'archange Zadkiel** et sa douce **Lady Améthyste**, porteurs de la Flamme violette, exhausseront vos invocations et amplifieront la flamme de purification et de clémence lorsque vous tenterez de délaisser tout ce qui n'est pas en harmonie avec l'Esprit et votre bien suprême.

Bien-aimés, cherchez à comprendre et à intégrer toutes les facettes de la Création désormais à votre disposition. Ne rejetez aucune partie de vous-mêmes car, ce faisant, vous rejetteriez une facette de Dieu qui cherche à vous aider à retrouver votre complétude, ou sainteté. Vous saurez, sans l'ombre d'un doute, que vous reprenez en main votre destin, car le fonctionnement de l'univers et la perfection de la Création de Dieu vous paraîtront plus familiers. Tous les outils, toute la magie, tous les miracles sont à portée de la main. Ainsi donc, tournez-vous vers l'intérieur et réclamez votre héritage divin. Nous vous attendons dans la *quiétude intérieure*. JE SUIS l'archange Michaël et je vous offre ces vérités.

23. Sept étapes vers l'état de maître

Maîtres bien-aimés, plusieurs d'entre vous estiment régresser au lieu d'aller de l'avant dans leurs efforts pour progresser sur la voie vers l'illumination. Je vous assure pourtant qu'il n'en est pas ainsi. Des fréquences plus élevées et plus subtiles bombardent sans relâche la Terre et ses habitants. Par le fait même, étant donné le dégagement de certaines énergies, vous vous retrouvez plongés dans une intensité émotionnelle et êtes soumis aux distorsions du plan astral, ou quatrième dimension, qu'il vous faut traverser en route vers la cinquième dimension, là où règnent équilibre, paix et harmonie. Pour un grand nombre d'entre vous, il s'agit d'une évacuation des patterns d'énergie résiduels et fondamentaux qu'il faut délaisser afin de faire place aux vibrations supérieures. Même alors, le processus peut s'avérer extrêmement intense, voire douloureux parce que vous êtes de nouveau face à des situations et à des réactions qui suscitent en vous des réponses émotionnelles incontrôlables. Sachez cependant ceci, bien-aimés : il s'agit pour vous d'une occasion inespérée de vous libérer de ces énergies incrustées que vous avez portées, comme un excès de bagages, pendant des millénaires. Affrontez-les, traitez-les et voyez-les se transmuter en pure substance lumineuse ; au cours de cette transformation, vous vous sentirez aussi beaucoup plus légers et plus lumineux *parce qu'il en sera ainsi.*

Un nombre croissant d'âmes valeureuses se sont récemment engagées dans la voie de la conscience parce qu'elles suivent les instigations de leur âme. Leur démarche résulte souvent d'une expérience intense appelée nuit obscure de l'âme : elles font face aux distorsions de la conscience qu'elles ont suscitées et doivent subir la pleine mesure de leur karma, ou loi de cause à effet. Il n'est pas question ici de châtiment, bien que tel semble être le cas au tout début. Il s'agit plutôt d'une occasion de faire bravement face à vous-mêmes et à ce que vous avez engendré. Toutes les forces de l'univers sont à votre disposition afin que vous retrouviez votre perfection et puissiez vous réaligner avec les multiples aspects de votre être. Grâce aux âmes valeureuses que l'on nomme les éclaireurs, ou l'avant-garde des légions d'artisans de la Lumière, la voie dorée est désormais bien définie et toute l'information dont vous aurez besoin pour progresser rapidement est également à votre portée. Très bientôt, on vous demandera de présenter et de partager la sagesse spéciale que vous avez glanée au cours de votre longue expérience sur terre, ainsi que les trésors de connaissance qui sont conservés dans votre structure cérébrale et que vous avez emportés depuis les confins de l'univers.

Il existe une pléthore d'informations rendues disponibles sur tous les aspects de la conscience et de l'évolution spirituelles au fur et à mesure que les intrépides qui vous précèdent ont accès aux niveaux avancés et plus subtils de la conscience causale supérieure et aux grands êtres de Lumière. Cette information est essentiellement utile et bien intention-née, mais certains points se révèlent déroutants et déformés. C'est pourquoi nous vous prions de faire appel à votre discernement quant à ce que vous devez accepter comme étant votre vérité. Une partie de cette information dépasse les limites de l'imagination, et vous vous demandez comment il est possible de parachever les nombreux niveaux qu'elle décrit. La tâche paraît presque insurmontable. Reprenons donc les bases. Après avoir été coupés de votre source pendant si longtemps, vous êtes désireux et même anxieux de connaître tout ce qu'il y a à savoir, souhaitant atteindre les sommets de l'illumination aussi rapidement que possible. Et pourtant, mes chers amis, il vous faudra parcourir le trajet un pas à la fois et assimiler parfaitement chaque leçon tout en évacuant ce dont vous n'avez plus besoin, de façon à franchir la porte subséquente menant à l'incandescence, à l'accord et à l'intégration.

Vous souvenez-vous des lois universelles de la manifestation que nous avons élucidées pour votre bénéfice ? Vous devez avoir une idée clairement définie de ce que vous souhaitez pour votre monde futur. Il vous faut préserver une clarté de pensée et de vision en définissant votre objectif et en l'alignant avec votre plan directeur divin pour le bien suprême de tous. Vous devez rédiger vos pensées avec le plus de détails possibles tout en demandant à vos guides de suppléer à votre manque de connaissances, et formuler vos plans et les mesures à prendre pour accomplir votre projet. Sans toutefois en limiter le chemin de manifestation. Soyez prêts à agir si jamais l'Esprit vous pousse dans la bonne direction, même s'il vous extirpe de votre confort douillet pour vous jeter en territoire inconnu. Demeurez toujours focalisés sur l'instant présent ; considérez que ce présent est parfait et opportun. Préservez une attitude joyeuse et reconnaissante ouvrant par le fait même la voie à des dons encore plus importants et prodigieux.

Permettez-nous de le souligner encore une fois, les années qui viennent dans votre temps terrestre constituent une passerelle menant à un avenir reluisant pour l'humanité et la Terre, ainsi que pour votre système solaire et votre galaxie. Le degré de difficulté du voyage ne dépend que de chacun d'entre vous ; gardez cependant ceci à l'esprit, bien-aimés : la réussite est assurée. Souvenez-vous également que la durée du processus relève de votre décision.

Je vous demande d'étudier les sept étapes vers l'état de maître présentées ci-dessous et de méditer sur leur caractère jusqu'à ce qu'elles soient fermement gravées en votre esprit. En vous familiarisant avec le processus, vous comprendrez sur quelles régions vous vous centrez en ce moment. Ne portez aucun jugement, contentez-vous d'observer simplement. Vous êtes probablement plus avancés que vous ne le croyez, et peut-être travaillez-vous simultanément sur plusieurs étapes du processus. Tout comme pour les dimensions d'existence, la démarcation n'est pas fixe. Par conséquent, il est possible que vous fassiez simultanément l'expérience de plusieurs niveaux.

PREMIÈRE ÉTAPE SUR LA VOIE – Vous éprouvez le désir de vous tourner vers l'intérieur afin de découvrir l'origine de vos réactions émotionnelles et de votre souffrance. Vous êtes disposés à examiner tous les aspects du Soi ego, ou personnalités subconscientes. Vous avez ainsi l'occasion de scruter étroitement vos convictions psychologiques et de mieux comprendre comment vos émotions vous dominent et vous régissent à travers les désirs et les besoins de l'ego. Vous vous abandonnez plus facilement à la sagesse de votre Soi supérieur, car vous progressez dans la guérison de vos blessures émotives et dans le processus d'alignement de vos désirs sur l'empreinte de votre âme et votre mission divine.

DEUXIÈME ÉTAPE SUR LA VOIE – Vous entamez la procédure qui consiste à reprogrammer vos convictions subconscientes en délaissant les vieilles émotions autodéfaitistes et en leur substituant des pensées qui seront sources de pouvoir personnel. Parce que vous établissez une connexion, un rapport intime avec vos guides, vos maîtres et les assistants angéliques, vous commencez à comprendre qu'il y a une étincelle divine dans votre forme physique, et vous vous efforcez d'intégrer une part plus importante de ce sentiment radieux d'amour dans votre vie. Vous prenez conscience que vos émotions influent sur vos actes et que vos actions influent similairement sur l'équilibre de votre monde physique et de vos expériences quotidiennes.

TROISIÈME ÉTAPE SUR LA VOIE – Vous faites un effort conscient pour aligner votre volonté avec celle de votre Soi supérieur. Le corps émotionnel se met à vibrer à l'intérieur d'un pattern de fréquence plus harmonieux et équilibré. Les désirs de l'ego sont progressivement remplacés par les désirs du Soi supérieur. Vous recherchez à l'intérieur les soins, l'amour, la valorisation et la validation, plutôt que de les quérir dans une source extérieure à vous-mêmes. Vous entamez le processus qui consiste à vous détacher émotionnellement des événements et des circonstances extérieures, car vous consentez à ce que l'Esprit vous guide vers l'issue la meilleure pour tous. Vous devenez des observateurs plutôt que d'instiguer les choses ou d'y réagir. Vous savez qu'il existe un motif plus vaste à tout ce qui se produit, que chacun se trouve exactement à l'endroit le plus favorable à sa croissance et que l'on ne vous juge pas ni ne vous châtie, mais que l'on vous accorde tout simplement la chance d'atteindre l'équilibre et l'harmonie grâce aux situations qui surviennent au jour le jour. Vous passez du « je », ou d'un point de vue séparé, à un « nous », ou conscience d'unité.

QUATRIÈME ÉTAPE SUR LA VOIE – Vous tournez votre attention vers le corps mental et sondez vos processus de pensée linéaire et analytique, ou votre mental conscient, conditionné. Avec l'aide de votre mental supérieur, vous vous penchez sur d'anciennes convictions, des superstitions et des dogmes qui sont restrictifs, rigides et contrôlants. Vous consentez à examiner, à étudier des concepts inédits, englobants et qui sont source de pouvoir, parce que vous avez réévalué ce que vous admettiez comme votre vérité, ce qui sous-tendait vos attitudes et vos jugements. Vous acquérez la foi, la conviction d'une puissance plus vaste que vous, et c'est pourquoi vous êtes disposés à renoncer au contrôle et à laisser l'Esprit vous guider grâce à votre intuition, ou savoir intérieur. Vous recouvrez votre pouvoir spirituel en élargissant votre vision, en déclarant votre vérité et en vivant en toute intégrité, et vous permettez aux autres de faire de même.

CINQUIÈME ÉTAPE SUR LA VOIE – Vous commencez à comprendre et à employer les lois universelles de la manifestation. Vous décrivez avec force détails le monde futur que vous envisagez, puis vous laissez les rênes à votre Soi supérieur pour ce qui est de l'issue, sachant que vos créations se réaliseront au moment opportun et d'une manière idéale pour vous et tous ceux qui sont concernés. Vous apprenez à vivre dans l'instant présent, dans la paix, la joie et l'harmonie intérieurement et avec ceux qui vous entourent. De ce fait, vous êtes conscients de façonner une réalité future à chaque instant par vos pensées, vos paroles et vos actes. Vous cessez de tenter d'être aux commandes de votre destinée, parce que vous passez d'une perception intellectuelle à une conscience spirituelle et vous vous coulez dans le flot de votre destin divin. Vous ne tentez plus de changer ou de régir la vie des autres et vous vous concentrez sur leurs qualités positives plutôt que sur leurs défauts, puisque vous reconnaissez l'étincelle du divin en chaque personne.

SIXIÈME ÉTAPE SUR LA VOIE – Vous en venez à prendre conscience que vous êtes bien davantage qu'un corps physique nanti d'une âme. Vous comprenez que vous êtes en fait des êtres majestueux et magnifique qui vivent l'expérience de l'incarnation physique, un aspect rayonnant de notre Dieu père/mère. Vous savez également, sans l'ombre d'un doute, que la Terre n'est pas votre chez-vous : vous n'êtes que des visiteurs chargés d'une mission d'envergure à la demande expresse du Créateur de notre univers. Vous transcendez l'illusion de la conscience collective et vivez au sein d'une réalité d'une dimension plus élevée que vous avez créée tout en restant ancrés sur terre et en opérant efficacement dans le quotidien. *Vous êtes dans le monde, sans toutefois en être.*

SEPTIÈME ÉTAPE SUR LA VOIE – Vous progressez désormais rapidement au fil de la voie de l'ascension. Votre ego se fait le serviteur de l'âme, et votre âme s'assimile à votre Soi supérieur. Vous avez dégagé le chemin qui mène à votre présence JE SUIS, de sorte que vous pouvez désormais recevoir la Lumière et la sagesse directement de votre source. Si vous le souhaitez, et s'il s'agit d'un élément de votre mission divine, vous serez progressivement *adombrés* par le maître ascensionné ou par la présence angélique que vous êtes censés représenter, ou de la lignée à laquelle vous appartenez. Le centre en votre cœur rayonne du pur Amour/Lumière émanant du Créateur et votre champ aurique scintille du spectre iridescent des douze rayons. Vous ne tentez plus de « devenir » quelque chose et passez plutôt à un « ÉTAT D'ÊTRE ».

Amis bien-aimés, jusqu'à ce que nous nous retrouvions, j'aimerais vous demander de vous concentrer sur votre chakra racine : une énergie rouge (la couleur exotérique du premier rayon sur le plan matériel). Quels attributs négatifs de cette énergie rouge se manifestent en vous ? Sentez-vous que votre énergie vitale est déficiente ? Êtes-vous dépressifs ou tourmentés par un sentiment d'impuissance, ou encore éprouvez-vous de la haine, de l'intolérance ou du ressentiment envers qui que ce soit ou quoi que ce soit dans votre entourage ? Ressentez-vous un sentiment d'insécurité ? Avez-vous des problèmes concernant la survie ou la pénurie ? Sentez-vous le besoin de vous ancrer à la Terre Mère ?

Transmuez donc ces états d'âme en faisant appel aux attributs positifs de l'énergie rouge. Grâce à elle, vous pouvez engendrer la force ; développer un dynamisme sur le plan de la pensée, de l'action et des comportements ; réclamer et réaliser l'abondance ; faire naître en vous le courage ; faire appel à votre volonté pour exprimer votre vérité et demeurer intègres ; vous pousser à l'action pour réaliser tous vos désirs et épanouir votre potentiel le plus élevé.

Je suggère que, pour les mois à venir, vous portiez du rouge et que vous notiez vos pensées à l'encre ou au crayon rouge, et retraciez vos progrès. Passez en revue chaque journée et revoyez comment vous avez employé l'énergie rouge – les sensations qu'elle a suscitées et ses effets. Nous passerons à travers le spectre des couleurs de chaque chakra jusqu'à ce que vous possédiez une bonne compréhension des énergies en jeu et que vous soyez aptes à déterminer rapidement quelles énergies vous touchent et comment celles-ci teintent votre perception de la réalité. À mesure que vous développerez un rapport opérationnel plus étroit avec votre forme physique et vos compléments spirituels, vous deviendrez aptes à définir et à rectifier toute énergie discordante aussitôt qu'elle se manifestera, et ainsi vous vous ajusterez au courant de l'équilibre et de l'harmonie.

Cette information vous est accordée dans l'espoir qu'elle vous aidera à franchir rapidement les multiples niveaux de l'initiation pour atteindre l'état de maître, votre condition d'existence naturelle. Soyez vaillants et courageux, guerriers de la Lumière, car vous n'avez rien à perdre sinon vos imperfections. Je vous entoure et vous étreins d'une aura d'amour et de protection. JE SUIS l'archange Michaël.

24. Êtes-vous prêts à revêtir votre manteau de Lumière ?

Maîtres bien-aimés, même lorsque vous aurez acquis la faculté d'être des observateurs conscients et que vous percevrez tout ce qui se produit depuis le point de vue d'un maître, il sera parfois difficile pour vous de saisir ce que peut être l'ensemble de la situation de ce monde et la signification véritable de ce que l'humanité considère comme une grande tragédie. Laissez-nous vous expliquer et, espérons-le, vous rassurer quant aux événements inusités et sans précédent qui se multiplient en cette époque de grands bouleversements.

En premier lieu, vous êtes soumis à une importante imprégnation d'énergie christique en provenance du noyau de la galaxie et cette infusion exerce d'une manière ou d'une autre une influence sur chaque habitant de la Terre. Plusieurs d'entre vous ont fourni de grands efforts pour arriver à dégager les anciens patterns énergétiques de leurs corps physique, éthérique, mental et émotionnel, et à extirper les énergies incrustées dans leur système de chakras en vue d'être des réceptacles propices à cet influx divin. Les chakras sont des centres où se concentre l'énergie ; ils sont localisés en des points spécifiques du corps. Les chakras recèlent les souvenirs du passé, positifs ou négatifs, et de concert avec votre subconscient, ils servent à générer votre perception de la réalité. Visualisez que vos chakras se mettent à tourner de plus en plus rapidement en parfaite harmonie jusqu'à ce qu'ils atteignent leur vitesse maximale. Soudainement, une explosion de Lumière gicle du noyau de chaque chakra et lui donne une couleur et une résonance autres. Ce phénomène, lorsqu'il survient, signifie qu'un sceau sacré s'est ouvert dans votre corps et que vous recevez une infusion de Lumière christique et des énergies raffinées des cinq rayons galactiques supérieurs. Nous expliquerons davantage ce point à un moment ultérieur, mais il est important que vous compreniez ce qui se passe à l'heure actuelle.

Des ouvertures sont pratiquées dans le système de chakras de la Terre – des sceaux se brisent et s'ouvrent, comme pour votre corps physique. Plusieurs d'entre vous ont ouvert les sixième et septième sceaux (les chakras du troisième œil et du sommet de la tête), et quelques-uns ont même percé le huitième chakra, et encore au-delà. Ne vous laissez pas leurrer par les nombres et ne vous laissez pas non plus piéger au jeu de chercher à savoir à quel niveau vous en êtes. Et ne vous comparez à personne d'autre. Sachez qu'en ce qui a trait à votre évolution et à votre illumination, vous vous trouvez à l'endroit approprié : vous êtes votre propre voie, une voie unique, comme celle de chaque âme sur terre.

Nous avons également mentionné la *seconde venue* : vous êtes aussi en plein cœur de ce processus. La quantité optimale d'énergie christique que votre réceptacle physique peut absorber est actuellement à la disposition de tous. Du coup, ici encore, quelques-uns bénéficient de petites infusions, tandis que ceux d'entre vous qui ont travaillé durement à équilibrer et à harmoniser leur réceptacle physique vivent une miraculeuse fusion avec le Soi christique. En route vers la cinquième dimension, vous franchissez rapidement les degrés multiples de l'initiation et les plans inférieurs et supérieurs de la conscience.

D'importantes configurations astrologiques surviennent également à l'heure actuelle – des événements célestes d'une envergure considérable. Le 11 août 1999, selon votre calendrier terrestre, il y a eu une éclipse totale du soleil, ce qui en soi n'est pas un phénomène si inhabituel. Cependant, simultanément se produisait une puissante formation en grande croix à l'intérieur de ce que l'on nomme « les portes du pouvoir », soit les signes fixes du zodiaque : le Taureau, le Lion, le Verseau et le Scorpion. On a donné sur cette formation bon nombre d'interprétations, de prédictions et d'explications, mais laissez-moi vous en fournir encore une. Avant de pouvoir être harmonisés à votre nouvelle réalité spirituelle-humaine, celle du corps de Lumière, il vous faudra évacuer tous les concepts rigides et arrêtés, toutes les formes-pensées linéaires et analytiques qui vous gardent captifs dans les confins d'une réalité tridimensionnelle. Êtes-vous prêts à renoncer à votre armure coriace de limitation, à votre concept sclérosé de ce qu'est la vie et de qui vous êtes ? Oui, il s'agit d'un portail, d'une voie d'entrée vers une conscience supérieure, d'une occasion pour vous de donner naissance à une conscience nouvelle et d'aider la Terre à revenir à son statut légitime de planète de Lumière, étincelante et sacrée.

Les époques de grands bouleversements que connaissent en ce moment la Terre et l'humanité recèlent potentiellement des événements cataclysmiques. Il ne s'agit pas d'un châtiment, mais d'un processus naturel qui survient lorsque des fréquences lumineuses supérieures atteignent les énergies rigides du déséquilibre ou de l'obscurité. Vous êtes devenus beaucoup plus puissants que vous ne le soupçonnez parce que vous vous assemblez en un nombre de plus en plus grand dans le but de vous focaliser sur le bien suprême de tous, mus par une intention bienveillante et unifiée.

Sachez que l'âme sage et accomplie que l'on nommait John Kennedy Jr. et ceux qui l'entouraient ne furent pas les victimes impuissantes d'une tragédie. Il s'agissait d'un contrat accompli suivant un ordre provenant de très haut. Imaginez que s'ouvrent des millions de cœurs dans un grand déferlement d'amour qui fut intensifié par le sentiment d'avoir perdu « un être d'une grande envergure ». Voyez cette aura d'amour unifié entourer la Terre et servir de filtre à l'influx d'énergie que l'on déverse actuellement sur la Terre. Elle tempère, atténue, se mêle doucement et harmonieusement tout en transformant les énergies rigides de la peur, de la colère, de l'avidité et de l'ignorance.

Sachez que vous avez parfois opté pour des existences où vous étiez destinés à vivre jusqu'à un âge avancé, à goûter les fruits du succès ou de l'échec et à subir les défaillances de la chair. Je vous prie de ne pas oublier que vous avez également choisi de vivre une vie d'étoile scintillante, d'être des soleils rayonnants capables de toucher la vie de tous ceux avec qui vous entriez en contact tout en retournant vers votre foyer spirituel au sommet de la gloire. Vous n'êtes pas venus ici dans le but d'y demeurer ; vous n'êtes que brièvement de passage afin de faire don au monde de votre bienveillance rayonnante. Voilà ce qu'était la mission de celui qu'on appelait John Kennedy Jr. Souvenez-vous de lui et rendez-lui grâce pour ce don.

Bien-aimés, sachez que je serai à vos côtés en ces temps de transformation marquants et au cours du processus d'initiation que vous traversez présentement. Vous pouvez également compter sur vos assistants angéliques, les maîtres qui vous guident et vous orientent, ainsi que sur la multitude des grands êtres de Lumière qui participent à ce processus miraculeux de l'ascension.

Cette initiation marque extérieurement la reconnaissance et la confirmation du processus de transformation interne qui se tramait en vous depuis un certain temps. Elle symbolise votre expérience personnelle de cette *seconde venue du Christ* : l'absorption, ou intégration, de votre conscience christique. Parmi les bienfaits résultant de ce don divin, on compte une interaction directe avec les êtres de Lumière et la compréhension, claire et indubitable, que vous êtes guidés et protégés par ces êtres radieux. Vous êtes désormais libres d'échanger d'une foule de manières avec les plans et les fréquences des dimensions supérieures.

Vos requêtes et vos décisions ont été entendues et dûment enregistrées. En fait, toute prière l'est. En Esprit, pendant votre sommeil, vous avez été amenés devant le conseil hiérarchique de Lumière et l'on vous a jugés dignes d'être enrôlés dans les rangs des disciples de la Lumière, des nobles porteurs de la flamme christique. Voilà ce qui explique la raison pour laquelle vous avez dû subir de si grands tourments et vivre quelques tragédies au cours des dernières années. Pour atteindre ce statut, il vous a fallu affronter, traiter et dégager la plus grande partie de ces patterns karmiques résiduels contenus dans votre champ énergétique. Nous n'affirmons pas qu'à l'avenir vous n'aurez aucunement à affronter de difficultés et d'événements stressants, puisque vous êtes encore sous l'influence de l'environnement dualiste et polarisé tridimensionnel, même si vous résonnez avec les fréquences de la quatrième dimension ou des fréquences plus élevées. La seule différence : vous aurez désormais tous les outils et toutes les ressources dont vous aurez besoin, ainsi que l'immense énergie des dimensions supérieures où vous pourrez puiser. De ce fait, vous n'aurez plus jamais à vous battre en solitaires.

Pour vous laisser savoir que nous sommes tout près de vous et disposés à vous aider et à vous guider, les maîtres ascensionnés, les archanges et la déesse sous ses maintes formes vous prient de les invoquer pour instiller en vous leurs vertus, leurs attributs, leur pouvoir et leurs bénédictions. Choisissez celui par qui vous souhaitez être guidés, celui que vous souhaitez comme source d'inspiration. Vos besoins pourraient changer et, de ce fait, n'hésitez pas à invoquer n'importe lequel d'entre nous, à votre convenance. Nous répondrons toujours. Si la liste ci-dessous ne contient pas l'être de Lumière que vous désirez invoquer, invoquez-le et un mantra inspiré de lui vous parviendra.

Les prières qui suivent sont présentées sous forme de mantras capables d'invoquer ce dont vous avez besoin pour remplir votre mission ; elles rayonneront l'amour et la protection vers vous également.

J'invoque le bien-aimé seigneur Jésus/Sananda pour qu'il soit mon mentor et mon guide. Je demande que celui qui est l'incarnation parfaite de la conscience christique m'emplisse de sa sagesse, de sa compassion, de son intention résolue et de sa détermination. Chaque minute, je tenterai d'être un modèle reluisant de l'Esprit qui s'exprime dans l'action. Je poursuis ma route avec la conviction que la voie la plus élevée sera toujours dégagée pour moi et que j'accomplirai aisément et avec gratitude chaque tâche qui se présentera à moi.

J'invoque la bienheureuse Marie avec qui je ressens une grande affinité. Qu'elle me guide et me soutienne dans ma quête de la vérité et du pouvoir créateur. Je réclame tous les dons gravés en mon âme et au sein de ma structure cérébrale, et je les exprime sous leur forme suprême pour le bien de tous. Je me sens continuellement inspiré à donner naissance à des choses d'une grande beauté pour réjouir le cœur d'autrui et l'inciter à faire de même. Je fais appel aux lois de la Création et je consacre ma vie au service de l'humanité.

J'invoque Saint Germain pour qu'il soit mon inspiration. Je réclame le don de la flamme violette de transmutation – l'énergie alchimique divine de la transmutation et de la transformation. Je relèverai le défi qui consiste à personnifier les énergies féminine et masculine perfectionnées, et j'ensei-

gnerai à tous ce qu'est cheminer sur la voie avec pouvoir et force sans se départir de l'amour et de la compassion. Je réclame et j'affirme mon état de maître dès maintenant !

J'invoque Kuan Yin pour qu'elle m'imprègne de l'énergie de guérison, de l'amour et de la compassion de sa nature enchantée. Permettez-moi d'être un soignant et un guérisseur auprès de tous ceux qui cherchent le réconfort, l'espoir et l'inspiration. Consentez à ce que je devienne l'instrument par lequel ils atteindront la plénitude du corps, du mental et de l'Esprit. Puissent tous ceux que je rencontre et que je sers être inondés d'équilibre, de paix et d'harmonie.

J'invoque Kuthumi, maître universel et porteur de la vérité et de la sagesse, pour qu'il soit mon inspiration. Puissé-je découvrir des vérités secrètes et la sagesse éternelle des maîtres, de façon qu'elles soient comprises par tous ceux qui cherchent à comprendre. Soyez mon guide lumineux et mon inspiration, enseignez-moi le discernement et à être source de conseils judicieux pour ceux que la vie mène à moi. J'espère simplement être un canal limpide. Je sais que plus je donnerai, plus je recevrai.

J'invoque l'archange Gabriel pour qu'il m'envoie dans un éclair glorieux, la déclaration de mon affranchissement triomphal des restrictions du domaine physique. Je suis prêt et disposé à endosser pleinement le manteau de mon pouvoir et de mon autorité. Je me déclare le serviteur de l'énergie christique et serai un exemple édifiant et une inspiration pour autrui.

J'invoque l'archange Raphaël, qui a été mon maître, mon gardien et mon protecteur depuis des temps immémoriaux. Je réclame la paix et l'harmonie pour moi-même et je transmets la splendeur de ma nature aimante à tous ceux que je rencontre. Je poursuis ma route en sachant que je suis un être dont le rôle est primordial et que chaque jour amène avec lui *l'occasion d'employer et de manifester la perfection de l'Esprit.*

J'invoque l'archange Uriel pour qu'il m'emploie comme le héraut de la vérité et de la sagesse nouvelles qui déferlent sur la Terre et l'humanité. Je me consacre à être la voix de l'avenir et un conduit pour l'énergie curative provenant de la source universelle. Tout ce que je serai et ferai à partir de maintenant contribuera à la création d'un nouveau paradis sur terre. Je serai l'émissaire de la colombe, symbole de la paix.

J'invoque l'archange Michaël et demande à être son ambassadeur sur terre ainsi qu'un messager de ses majestueuses légions de Lumière. Je consacrerai ma vie, mon énergie et tout ce que je possède à la réalisation de la promesse que j'ai faite avant d'adopter la forme physique. Mon plus grand désir est de remplir ma mission divine sur la planète Terre. Je serai porteur du glaive de la vérité, de l'honneur et de la vaillance. Je demeurerai sans fléchir jusqu'à ce que le rêve d'un Âge d'or se réalise.

J'invoque l'archange Zadkiel, qui a été l'inspiration et une sentinelle divine au fil de plusieurs de mes incarnations. Avec son concours, j'arborerai vaillamment la bannière de la flamme violette de rédemption. Je m'efforcerai toujours d'être un modèle d'action juste et d'équité. Je n'hésiterai point à me mettre de l'avant, que ce soit pour servir ou pour donner l'exemple de la perfection que je cherche à incarner.

J'invoque la merveilleuse Lady Foi, pour qu'elle me guide de par les maintes vallées de l'inconnu. Je poursuis mon chemin pleinement conscient et confiant que l'Esprit guide mes pas. Je serai un modèle illustre pour tous. Je démontrerai à tous que l'impossible devient possible grâce à la foi et au courage ; qu'en renonçant à la sécurité et au confort, je trouve le réconfort et suis béni par des trésors ineffables. Je ferai savoir à ceux qui manquent de courage qu'il est possible de se jeter d'une falaise et de prendre son envol parmi les étoiles.

J'invoque Lady Espoir remplie de compassion. Par mon attitude, mes paroles et mes actions, je personnifierai l'espoir et l'inspiration. Je porterai gracieusement secours là où une aide sera requise. Là où régnera le désespoir, j'inspirerai et encouragerai les autres en douceur ; j'énoncerai des mots d'espoir que tous entendront. Par ma seule présence, j'apporterai le réconfort et laisserai derrière moi un sillage de paix et de beauté.

J'invoque Lady Constance, archange de la justice. Moi qui ai connu l'ignorance, qui me suis livré à l'injustice, je serai un modèle édifiant d'amour inconditionnel et d'intention pure. Je m'efforcerai toujours de me montrer compréhensif et magnanime. Je réclame la pureté de mon Soi divin ; qu'il s'exprime brillamment afin que tous le voient et soient baignés de sa chaleur. Je personnifierai les qualités de compréhension, d'acuité et de sagesse divines.

J'invoque la déesse de la Liberté pour qu'elle m'affranchisse de toute limitation m'empêchant d'atteindre à ma plus haute destinée. J'endosse le manteau de l'état de maître et je poursuis mon chemin, assuré de ma réussite. Je sais que je dois enseigner la sagesse et la vérité émergentes. Puissé-je ne jamais hésiter à affirmer ma vérité et à partager ma sagesse si l'Esprit m'incite à le faire. J'accepte le rôle d'un guide affable pour tous ceux qui sont conduits à moi.

J'invoque la déesse de la Vérité pour qu'elle m'emplisse du désir de découvrir et de goûter la sagesse secrète des âges. En acquérant un savoir et une sagesse authentiques, et en les exprimant dans ma vie, puissé-je devenir un exemple et un propagateur de la vérité supérieure et la partager avec tous ceux qui sont en quête de la Lumière. Je réconforterai les désespérés et inspirerai ceux qui subissent la défaite. Je serai un valeureux modèle pour les timorés et apporterai mon secours bienveillant à ceux qui ne se sentent pas dignes d'amour. Je respecterai et écouterai les incitations de mon Esprit, et parcourrai la voie de l'amour.

J'invoque la radieuse déesse de la Lumière et de l'Esprit saint afin qu'elle m'emplisse et m'imprègne de son glorieux rayonnement. Faites de moi un phare pour que tous sachent qui je sers, car j'emploierai la Lumière de l'Esprit pour guérir, réconforter et m'inspirer. Je me dorerai aux feux de sa brillance et produirai une aura d'amour si étincelante que tous ceux que je rencontrerai seront bénis et que des graines de transformation seront semées et fleuriront au moment opportun. Mon Esprit exulte du fait que mon influence lumineuse et aimante se diffuse au loin.

J'invoque les déesses bienveillantes des royaumes des Devas et des Élémentaux, leur demandant d'inonder la Terre d'une énergie d'amour rayonnant afin d'apaiser les forces de la nature. Je les implore d'allier leurs efforts aux nôtres en vue de guérir les blessures de notre Terre Mère. Je leur demande d'œuvrer de concert avec nous, une fois de plus, en vue de recouvrer la beauté et la perfection de la planète. Puissions-nous ne jamais oublier que nous sommes les intendants de la Terre et que l'on a remis à nos bons soins les royaumes animal, végétal et minéral. PUISSIONS-NOUS ÉVOLUER DANS LA PAIX ET L'HARMONIE, ET RESPECTER TOUTES LES CRÉATURES ET LES CRÉATIONS DE DIEU, DEPUIS LA PLUS INFIME JUSQU'À LA PLUS ÉLEVÉE.

Déclarez ceci : *J'endosse ainsi mon étincelante armure spirituelle et j'accepte les dons et les responsabilités qui accompagnent le statut de maître divin de la cocréation. Je voue mon existence et tout mon être à la gloire du Dieu/ Déesse/Tout ce qui est et à la réalisation du paradis sur terre. Ainsi en est-il !*

Que la brillance de la Lumière divine vous inonde. Sachez que vous êtes aimés au-delà de toute mesure. JE SUIS l'archange Michaël et je vous offre de bonne grâce ces vérités.

25. Les semences d'étoiles

Maîtres bien-aimés, je vous transmets les salutations du Très-Haut, notre Dieu père/mère. Faites une petite pause pour permettre à notre essence aimante d'imprégner votre être, de vous inonder, de vous rafraîchir et de vous dynamiser. L'humanité, au cours de son histoire, n'a jamais eu d'occasion si prodigieuse d'avancer sur la voie de l'évolution spirituelle.

Chaque échelon que vous gravissez sur l'échelle de l'ascension apporte ses ouvertures, sa propre sagesse, ses révélations et son aide supplémentaire de la part de vos contreparties spirituelles. Tout comme vous, nous évoluons et nous nous épanouissons grâce à cette expérience aux maintes facettes. Ensemble, nous pénétrons des territoires inconnus, et d'autres chemins s'échafaudent dans les cieux, nous traçons des voies nouvelles et ajoutons une expérience fertile à la conscience collective de Dieu.

Permettez-nous de semer une pensée qui germera en votre esprit, afin de voir si vous ne seriez pas prêts à la laisser s'enraciner et grandir. Le temps est venu d'élargir le concept de la conscience d'unité. Le temps est venu pour toutes les races, toutes les religions et toutes les cultures de tenter de faire front commun. Il vous faut tout d'abord comprendre que le Créateur se manifeste sous une myriade de formes différentes depuis le plus vaste jusqu'au plus infime ; tout vient de Dieu et tout participe de Dieu. Cela étant, comment donc pourriez-vous révérer ou aimer le mauvais Dieu ?

Nous employons souvent l'expression *semences d'étoiles*, mais celle-ci prête quelquefois à confusion. Plusieurs personnes ont également posé la question : « Qui sont les *saints Innocents* ? » Il est agréable de constater que vous n'acceptez plus aveuglément, sans questionner ce qu'on vous dit. N'oubliez pas ! Nous vous avons déjà rappelé que la foi aveugle n'est pas une qualité désirable pour un maître spirituel. En retrouvant l'état de maître, vous n'admettez plus ce que racontent les autres sans valider leurs propos grâce à vos facultés mentales et sans les confirmer par votre mécanisme de contrôle. La vérité possède quantité de visages et plusieurs facettes, et des vérités plus subtiles font sans cesse surface à mesure que vous devenez spirituellement plus conscients. Vos origines, votre héritage et le plan maître de l'univers vous sont désormais accessibles, puisque vous avez désormais étendu votre conscience au-delà de la Terre, du système solaire et de la galaxie.

L'expression *semences d'étoiles* signifie que nombre de personnes sur terre proviennent d'autres constellations, de galaxies lointaines et même d'autres univers. Lorsque la conscience-Dieu a diffusé son énergie rayonnante sous forme d'un grand Soleil central, on a désigné deux êtres miraculeux pour prendre l'aspect Dieu père/mère dans ce nouvel univers. Un certain nombre d'entre vous qui êtes venus à la conscience en d'autres univers il y a plusieurs éons ont manifesté le désir de participer à la naissance d'une nouvelle création universelle. Sachez-le, bien-aimés, on vous a donné une conscience individuelle pour que vous soyez des cocréateurs, pour réaliser une diversité croissante de mondes, de réalités et d'expressions afin d'enrichir la conscience de Dieu. Au moment où ce nouvel univers commença à prendre forme, Dieu observa avec bienveillance nos efforts joyeux en vue de remplir la mission qui nous avait été assignée, et lorsque chaque facette du plan devint une réalité manifeste, un glorieux alléluia monta de nos gorges et chacun de nous clama : « JE SUIS CE QUE JE SUIS. » À cet instant précis, notre univers vit le jour et toute l'énergie cosmique qui lui avait été allouée des débuts à la fin explosa (de ce point de vue, la théorie du big bang est valide). Tous ceux d'entre vous qui avaient déjà acquis une conscience individuelle se manifestèrent une fois de plus imprégnés des nouvelles énergies des parents divins de cet univers, ainsi que du plan directeur et de leur mission divine particulière. On a également émis un gigantesque œuf cosmique empli d'âmes toutes fraîches (ce n'est là qu'une image), tel un incubateur. Ces âmes qui n'avaient jamais encore pris naissance douées d'une conscience individuelle étaient les saints Innocents. Lorsque le moment fut venu d'implanter la race humaine sur la planète Terre, ces êtres furent marqués à leur tour de l'ADN, des attributs, des traits et caractéristiques de chacune des nouvelles races souches ou sous-races souches. Rappelez-vous ! Nous vous avons déjà expliqué que l'un des facteurs qui contribuent à l'envergure de la Terre est que la vaste diversité de la création a été amenée sur cette petite planète pour former un grand pot-pourri. Aussi, il restait à voir comment vous arriveriez à reconnaître et à recevoir les dons que chaque représentant de cette diversité avait à offrir avant de retourner à la conscience d'unité. Un aspect fondamental de cette expérience fut qu'on a accordé le libre arbitre à toutes les âmes qui se sont incarnées sur terre pour qu'ainsi elles créent et évoluent à leur gré.

C'est pourquoi, aujourd'hui sur terre, il y a ceux d'entre vous qui proviennent des confins de l'omnivers et les autres, qui furent amenés tout spécialement pour faire partie de l'expérience sur la planète Terre. Cela en rend-il certains meilleurs ou plus valables que d'autres ? Assurément pas. Tout comme vos familles comportent des aînés et des jeunes, tous sont respectés et considérés comme faisant partie intégrante du tout. Et nous vous assurons, chères âmes, que nombre des saints Innocents ont fait de plus grands progrès en ce qui concerne la conscience et l'évolution de l'âme que ceux qui sont venus comme semences d'étoiles pour surveiller la réalisation du plan sur terre. Plusieurs de ces merveilleux êtres intrépides ont fait des progrès incroyables et ont évolué sur le plan spirituel au cours de leurs premières incarnations. Plusieurs sont à l'avant-garde et servent d'éclaireurs pour d'autres qui sont venus à la conscience avant eux, mais qui furent pris de découragement ou qui ont bifurqué en cours de route. Le groupe des saints Innocents prendra la tête. Cette affirmation a des répercussions plus vastes que beaucoup ne l'imaginent.

Tous les êtres bénéficient de la même opportunité de revenir à un état de conscience spirituelle lucide. N'oubliez pas ! Je vous ai également dit que votre présence JE SUIS attend de pouvoir déferler sur vous la quantité de substance lumineuse divine que vous êtes en mesure de contenir et d'employer. Et cela signifie sur chacun de vous. C'était là la promesse dorée qui vous fut faite avant votre incarnation en cette vie.

Maintenant, laissez-moi vous donner un autre exemple de la manière dont chacun de vous peut puiser la sagesse et la substance vitale cosmique qui se diffusent et sont accessibles à tous en cette époque de grands bouleversements. Mais celles-ci ne s'offrent à vous que sur le plan que vous êtes prêts à comprendre et à intégrer. Le phénomène pourra réveiller des souvenirs du passé, étant donné que plusieurs d'entre vous étaient présents à l'époque glorieuse de l'exemple que nous décrirons ici. Au cours de l'âge intermédiaire de l'Atlantide, il y avait un grand temple de sagesse. Les prêtres et prêtresses qui enseignaient aux novices et aux autres élèves utilisaient de puissants bâtons de cristal afin d'inscrire les enseignements de sagesse sur de fines feuilles de cristal translucides. Puisqu'ils écrivaient dans la langue de Lumière (non pas de gauche à droite, mais de droite à gauche), ils projetaient dans les cristaux, par leur mental, les enseignements de sagesse et les lois universelles qui étaient transmises depuis le mental causal supérieur (dans lequel ils communiquaient clairement et sans cesse). L'information et leurs fréquences énergétiques correspondantes furent infusées dans les feuilles de cristal qui devaient par la suite être lues par les élèves qui, eux, se servaient de bâtons de cristal plus petits. Nous souhaitons que vous compreniez bien ceci : chaque élève recevait un niveau différent d'information des tablettes de cristal, en fonction des fréquences qui rayonnaient de son aura, de son cœur ou de son esprit.

Il en va de même pour vous, bien-aimés. Chacun de vous obtient un niveau de compréhension différent par les messages et les enseignements de sagesse qui lui sont présentés, selon le développement de sa conscience et les fréquences vibratoires qu'il est à même d'atteindre. En devenant mieux accordés à votre Soi Esprit, vous éveillez des portions de votre cerveau auxquelles vous n'aviez pas précédemment accès, et votre mental s'épanouit. De nouvelles avenues de compréhension et de perception s'ouvrent alors à vous. Une information nouvelle vous parvient, et le plus souvent elle ravive des souvenirs profondément enfouis pour qu'ainsi vous sachiez, sans l'ombre d'un doute, ce qui est vérité et ce qui ne l'est pas. Donc, chères âmes, ne vous attendez pas à ce que les autres apprécient ou s'enthousiasment au sujet de quelque chose que vous avez lu ou entendu, et qui est plein de sens pour vous. Tout comme vous êtes en quête de votre vérité suprême, il faut accorder aux autres le même droit. Tous les chemins mènent tôt ou tard au même endroit, à l'illumination et à un retour vers l'état lumineux qui était vôtre, celui de maîtres de la cocréation.

Vous créez un vortex énergétique de Lumière là où vous vivez. Parce que, voyez-vous, si vous engendrez l'environnement propice, l'Esprit dans toute sa splendeur régnera en souverain. *Élaborez votre propre colonne lumineuse pour l'ascension, et il viendra.*

J'étais avec vous lorsque vous avez foulé la Terre pour la

première fois, il y a de cela tant d'éons, et je demeurerai pour vous guider, vous inspirer et vous soutenir jusqu'à ce que vous soyez prêts à revenir à votre état véritable dans le royaume glorieux de notre Dieu père/mère. JE SUIS à jamais votre ami, votre gardien et votre compagnon dans l'Esprit. JE SUIS l'archange Michaël.

26. TISSONS UNE NOUVELLE GALAXIE D'OR

Maîtres bien-aimés, ressentez-vous l'excitation qui flotte dans l'air et les éthers ? Les changements dont vous avez rêvé, que vous aviez espérés se concrétisent rapidement. Vos visions, vos mantras et vos méditations portent leurs fruits parce que les patterns de Lumière raffinés sont amenés des domaines supérieurs et prennent racine dans l'univers matériel. Votre conscience étendue influe sur ceux qui vous entourent et le champ magnétique unifié que forme votre famille spirituelle se consolide de jour en jour. Vous avez un accès accru à une plus grande quantité de Lumière du Créateur – le don de vie par l'entremise des grands rayons d'expression de Dieu.

Vous tournez vos pensées vers l'intérieur et vers l'au-delà, et vous vous souvenez de vos origines et de votre foyer dans les étoiles. Vous souhaitez conclure votre mission dans le monde physique en sorte de pouvoir revenir à votre état véritable d'êtres de Lumière. Plusieurs d'entre vous croient qu'ils reprendront le chemin par lequel ils sont descendus, cette lente descente à travers les dimensions qui les amena à compresser leur légèreté en la densité. Ce n'est plus désormais possible, amis très chers, puisque l'univers tel qu'il existait alors n'est plus. Le chez-soi dans les étoiles que vous aperceviez a changé ; chaque partie du présent univers et d'autres a évolué, s'est transformée radicalement et dans la plupart des cas pour le mieux, mais pas toujours. L'expansion de la conscience-Dieu consiste simplement en cela : permettre à ses étincelles de conscience de cocréer, d'évoluer, de vivre, d'apprendre et de remplir une part à jamais grandissante du grand vide avec la brillance et la Lumière de la conscience-Dieu.

Même si vous jugez qu'il y a eu plus d'échecs que de réussites, la beauté du plan réside en ceci : on vous a mandés aux confins de l'univers afin de faire l'expérience, de cocréer et d'apprendre, puis on vous a convoqués à une réunion pour apporter vos talents, accordés par Dieu, à la planète Terre. Vous êtes tous en mesure de constater ce que la diversification et la séparation de conscience ont engendré sur terre. Cependant, nous vous le répétons une fois de plus, l'expérience ne se solde pas par un échec. Le processus de réunification progresse à un rythme qui s'accélère parce que vous, les semences d'étoiles et les saints Innocents, éveillez et arborez la bannière de la Lumière.

Nous vous avons souligné que la Terre, votre système solaire et votre galaxie sont peu à peu attirés vers le haut, qu'ils se raffinent. Pour expliquer cela autrement afin de favoriser une meilleure compréhension, disons que l'étape subséquente du grand plan pour cet univers consiste à glaner les expériences, ou patterns énergétiques, positives à partir du négatif ; il s'agit en fait d'équilibrer, de transmuer et de transformer les patterns d'énergie négatifs pour qu'ils redeviennent de la substance lumineuse cosmique neutre – tout comme s'ils n'avaient jamais existé –, à mesure que tout progresse vers la prochaine boucle sur la spirale cosmique.

La Terre doit retrouver son état parachevé et, petit à petit élever et dissiper les patterns de densité par le don alchimique divin de la flamme violette de transmutation. En outre, les formes-pensées créatives qui détiennent l'histoire fertile du séjour de l'humanité sur terre, les expériences prodigieuses et la sagesse accumulée, les succès moins les échecs, sont toutes amassées et conservées dans les domaines supérieurs. Vos astronomes font état d'étranges explosions de Lumière et de phénomènes inexpliqués dans les cieux. S'ils savaient réellement ce qui se passe… Mes précieux guerriers, une galaxie nouvelle est en formation, une galaxie qui doit ensemencer le prochain univers. On l'appellera la galaxie d'or parce qu'elle rayonnera de la Lumière dorée du Créateur primordial.

Laissez-nous vous en donner un aperçu, une avant-première pour ainsi dire. Ce qui se façonne en ce moment, c'est le futur Soleil central rattaché à cette nouvelle galaxie. À l'heure actuelle, les grands êtres de Lumière qui seront imprégnés du plan directeur de Dieu et du thème de cette nouvelle création apparaissent. Plusieurs des grands personnages en provenance d'univers éloignés sont venus pour observer les miracles de transformation opérant sur la planète Terre. Ils ont exprimé le désir de faire partie de cette entreprise grandiose. Votre quadrant de la création manifestée jouit d'une grande popularité, mes amis. C'est ici que tout se passe.

Cette toute nouvelle galaxie brillera d'une aura dorée, et tous les mondes manifestes de cette galaxie se doteront également de divers tons de doré, d'argent et de cuivré. Il va sans dire que les rues ne seront pas pavées d'or, comme l'affirment quelques-uns de vos mythes populaires au sujet du ciel. Il s'agit encore d'une fausse interprétation des enseignements de sagesse que les grands maîtres ont dispensés par ceux qui devaient, pour comprendre le ciel, le rendre tout à fait pareil à la Terre. Puisque l'or est l'une de vos substances les plus précieuses, que peut-on vouloir de mieux que des rues en or ? Les couleurs chatoyantes des domaines supérieurs vont au-delà de l'imagination de la plupart des gens. Quelques-uns parmi vous ont pu accéder aux fréquences des dimensions supérieures au cours de leurs méditations. Ils y auront alors perçu des couleurs invraisemblables et y auront goûté la félicité de la communion avec l'Esprit saint de Dieu. Une fois que quiconque a fait l'expérience de cette bénédiction, il est à jamais transformé et tentera toujours de retrouver cette sensation. Il s'agit de la félicité que vous ressentirez tous en vous incarnant en ce monde de Lumière.

Puisque nous y sommes, laissez-moi vous dire qu'il en va de même en ce qui concerne l'affirmation selon laquelle vous êtes à l'image de Dieu. La force Dieu est un grand être de

Lumière resplendissant, et c'est ce que vous étiez lorsque vous avez été projetés depuis le cœur du Créateur. Cette essence omnisciente, omnipénétrante que l'on nomme Dieu ne peut être confinée à aucune forme, à aucun concept, parce que rien n'existe à l'extérieur de Dieu. Vous êtes ici à cause de Dieu et vous ne pouvez vous échapper ni vous dissimuler parce que votre âme et votre ADN sont encodés de la conscience-Dieu qui est l'amour divin, l'intelligence divine et le désir de créer suivant votre manière unique.

Voici un panorama de ce que sera ce monde tout neuf : vous aurez une taille supérieure à votre taille actuelle (tout comme celle des débuts de l'humanité sur terre), la personne moyenne mesurera de trois à quatre mètres ; vous serez doués d'une forme qui ne sera pas aussi solide que votre forme actuelle ; vous serez capables, dans une certaine mesure, de façonner cette forme comme bon vous semblera, et d'adopter des caractéristiques masculines ou féminines, de manière à jouir de la dualité et du vaste spectre de l'expression sexuelle. Voilà pourquoi il n'existera pas de confusion quant aux attributs féminins ou masculins, ni de restrictions ou de barrières dues au sexe. Votre peau reluira d'un éclat doré et vos yeux seront dans des tons allant du doré clair à une couleur d'un cuivre foncé ; on y lira votre âme. Vous parlerez une langue aux consonances plus musicales, et la communication relèvera davantage de l'expression créatrice parce que vous aurez le plein usage de vos perceptions sensorielles : communication à distance ou télépathie, clairvoyance ou vision claire. Vous serez effectivement capables de communiquer avec nous parce que nous serons tous là ensemble, comme nous l'étions initialement.

Votre tête et votre corps seront exempts de pilosité, mais de votre tête émaneront de merveilleux flots de Lumière. La couleur prédominante sera celle de votre rayon principal, et les autres rayons tresseront un mandala de couleurs en rapport avec vos caractéristiques et votre plan directeur divin. Puisque vous serez animés du désir de posséder un caractère unique, vous serez capables d'organiser ces faisceaux de Lumière avec art et vous revêtirez des habits de tissus chatoyants à l'image de vos pensées et de vos états d'âme du moment.

Vous apporterez avec vous tous les attributs positifs que vous aurez acquis au cours de votre odyssée au fil du temps et de par l'espace, et vous aurez incorporé, dans diverses mesures, le vaste spectre des douze rayons de la conscience-Dieu. Vous ne vous souviendrez pas de la négativité ni des expériences douloureuses propres à vos incarnations physiques, mais vous vous rappellerez ce que c'était que d'œuvrer en harmonie avec les éléments et les forces créatrices de la nature. On vous assignera des missions et on vous formera, de sorte que vous serez fin prêts lorsque viendra le temps de participer activement à des entreprises passionnantes et inédites. Vous servirez aux côtés des Élohim, ces grands constructeurs de la forme, auprès des royaumes des Devas et des Élémentaux, et aussi en notre compagnie, les forces angéliques, pour réaliser le plan du Créateur en vue de l'expansion du cosmos.

Lorsque vous avez consenti à participer à l'expérience sur la planète Terre, on vous a promis qu'une fois votre mission achevée, si tel était toujours votre désir, vous auriez l'occasion de devenir des cocréateurs et des joueurs actifs au cours du stade subséquent de l'évolution cosmique, celui de la formation d'une nouvelle galaxie. La Terre aura été votre école, bien-aimés, et vous y avez appris beaucoup. Par tâtonnements et par la douleur et la souffrance, vous devenez peu à peu des maîtres de la cocréation. Il faut bien apprendre vos leçons, voyez-vous, si vous devez aider à produire le prochain éden.

Tous sont des candidats qualifiés pour cette aventure céleste passionnante, bien-aimés. Il faut simplement vous placer en état de neutralité, devenir inoffensifs, puis contribuer par votre Lumière christique unique ou ajouter vos patterns vibratoires positifs au Tout, puisque ensemble nous aidons votre Terre à naître sous la forme d'une étoile de Lumière. Je vous ai maintenant présenté un tableau de ce qui est à venir. Voici quelques directives visant à vous seconder au fil des années critiques de votre temps terrestre : *Êtes-vous prêts à vivre dans le pilier de Lumière plutôt que sur la croix de la matière ; verticalement plutôt qu'à l'horizontale ?*

Cette attitude vous fera accéder à tous les attributs divins de la Création : l'amour, la sagesse, l'inspiration, la compassion, la créativité, la joie, une santé radieuse et l'abondance. Ce faisant, vous franchirez le gouffre de la cause à l'effet et passerez à un état de grâce ; vous vivrez dans un monde subtil de votre choix tout en encourageant et en aidant les autres à trouver leur vision et à se joindre à vous dans cette quête.

Que souhaitez-vous le plus ? Qu'est-ce qui ferait chanter votre âme ? Êtes-vous prêts ou disposés à tenter votre chance… à vous lancer dans l'inconnu… à entreprendre la mission de votre Terre et à la remplir ? Êtes-vous déterminés à présenter, à examiner, à guérir et à résoudre les questions les plus fondamentales ? Cela exigera de faire face à votre ego, de le mettre au défi, de même que votre système de valeurs, et de vous extirper de votre situation « confortable ». Cela signifiera peut-être que les gens de votre entourage vous mettront au défi et que vos rapports se modifieront. Êtes-vous disposés à renoncer à tout et à tout le monde dans votre vie pour leur bien suprême ? Consentez-vous à permettre à votre famille spirituelle de partager vos plus intimes secrets, vos douleurs, vos échecs (réels ou perçus) et à être vulnérables ? Et à partager de même ses souffrances lorsqu'elle dévoilera son âme, et cela, sans jugement de votre part, sans tentative de réparation, simplement pour être présents et lui offrir amour et soutien ? Êtes-vous disposés à dire votre vérité, telle que vous la connaissez, sans la modifier ni la nuancer au profit des autres ? Êtes-vous consentants à commettre des erreurs en cours de chemin pour arriver à retrouver l'état de maître ? (Seul l'ego exige la perfection.) Lorsque vos vérités nouvelles émergeront, serez-vous capables d'être intègres même si, par le fait même, vous décevrez les autres ? Êtes-vous prêts à exercer l'amour envers vous-mêmes jusqu'à ce que vous soyez remplis de la Lumière de Dieu qui déborde dans le monde et vers les autres ? Êtes-vous résolus à suivre l'Esprit sans hésitation, à écouter le chant de votre âme et à emprunter votre propre voie sacrée ? Vous efforcerez-vous de demeurer dans le présent, de vous concentrer sur la tâche ou sur l'occasion qui se présentera, une pensée à la fois, un pas à la fois, jusqu'à l'état de maître ? Chercherez-vous à percevoir ce qui est bien chez les gens autour de vous plutôt que ce qui cloche ? Vous exercerez-vous à saisir les occasions, à voir la justice et la beauté, et non les difficultés, les épreuves, la négativité ? Êtes-vous disposés à vous voir reflétés dans les yeux des autres, à accepter le jugement et la critique de la même manière que vous accueillez l'amour et l'approbation ? Êtes-vous prêts à faire ce qu'il faut pour votre bien suprême, pour celui de votre compagne/compagnon, pour le bien de vos enfants, de vos amis et de vos collègues, pour le bien suprême du monde ? Êtes-vous préparés à accepter comme vérité l'idée que vous méritez tout l'amour et toute la joie, la beauté et l'abondance de la Création comme votre droit de naissance ? Êtes-vous mûrs pour accepter la vérité selon laquelle tout ce que vous demandez est déjà vôtre dans les dimensions supérieures et tout ce que vous avez à faire est de croire et de le réclamer ? Êtes-vous prêts à être des dirigeants, à offrir des solutions pour aider au raffinement de l'humanité et de la Terre, au lieu de protester et de suivre la voie de moindre résistance ? Au moment opportun, serez-vous disposés à vivre dans la solitude, à être seuls avec vous-mêmes, à vous habituer à vous tourner vers l'intérieur, de façon que l'Esprit puisse vous parler et parler à travers vous ? Acceptez-vous le fait d'être des étincelles divines de Dieu et de vous trouver sur terre en tant qu'émissaires de Dieu ?

Bien-aimés, le temps est venu de quitter la croix de la matière, de cesser de tirer l'énergie dont vous avez besoin de ceux qui vous entourent. De faire cesser la danse désuète, l'attraction/répulsion de la polarité dans le monde de la cause à effet. En pénétrant le rayonnement du courant vertical de l'Esprit, votre vie se transformera radicalement. Tournez-vous vers l'intérieur pour y puiser la force et la sagesse et ne permettez pas à ceux qui vous entourent de vous dire qui ou ce que vous êtes, et validez vos vérités par vous-mêmes en vous en remettant à votre Soi divin. Puis, vivez ces vérités au meilleur de vos capacités. Votre connexion à votre présence JE SUIS s'épanouira de jour en jour et vous commencerez à sentir l'unité et l'harmonie avec tous les êtres et toutes les choses. Voilà votre but, votre destinée. Choisirez-vous maintenant ou plus tard ? Pourquoi pas maintenant, loyaux amis ?

Je vous entoure de la brillance de l'amour du Créateur. Je suis toujours votre ami et gardien. JE SUIS l'archange Michaël.

27. VOUS ÊTES L'INHALATION DE DIEU

Maîtres bien-aimés, grâce à la dynamique qui s'ensuit de devenir des cocréateurs conscients et harmonisés à Dieu, votre présence JE SUIS et votre mental superconscient vous aideront à atteindre les vérités élevées du plan divin en les intégrant progressivement jusqu'à pouvoir les contenir et les assimiler à votre nouvelle réalité. Voilà pourquoi nous vous donnons, en apparence, des concepts sur lesquels réfléchir et, par le fait même, l'occasion de voir comment ils s'imbriquent dans votre système de valeurs et dans votre vérité. À plusieurs reprises, nous vous avons affirmé que certains des enseignements de sagesse qui se diffusent depuis le plan causal supérieur pourraient s'avérer difficiles à admettre étant donné qu'ils diffèrent énormément de ce que vous avez jusqu'ici accepté comme étant votre vérité. Cependant, ce qui vous est dit n'est pas forcément la vérité, et le seul fait de ne pouvoir percevoir une chose ou l'attester ne signifie pas qu'elle est fausse. Dans le doute, demandez que toute nouvelle information soit validée, et elle le sera d'une manière ou d'une autre. En recherchant votre vérité personnelle étendue, faites toujours appel à votre faculté de discernement. Voilà une des premières règles qui permet de devenir un maître spirituel.

Toutes les formes de création manifestées sur terre se transforment rapidement, qu'elles aient ou non conscience du processus. Plusieurs espèces animales choisissent de quitter le plan terrestre – le cycle de leur existence physique sur terre tire à sa fin. Vous pouvez regretter leur départ, mais si vous tentez de vous accrocher à elles, vous n'arriverez à rien. Elles aussi ont rendez-vous avec la destinée. Et un plan infaillible est en place qui garantit leur évolution vers des existences supérieures, tout comme il y en a un pour vous.

Afin d'affiner votre compréhension, continuons donc nos leçons sur la conscience cosmique. Toute chose – tout ce qui a jamais été créé et tout ce qui sera jamais créé – existe en tant que potentiel immanent au sein du rayonnement du Créateur primordial. Une fois que Tout-ce-qui-est a émis la gigantesque expulsion ou expiration de substance d'amour/vie primaire requise pour produire un nouvel univers, il devient observateur du processus et non pas participant. L'ordre était : « Allez et créez des expressions de vie nouvelles et diversifiées en mon nom. » Depuis la plus infime jusqu'à la plus grandiose expression de la nature de Dieu, nous avons tous été libres de créer, de régresser, d'évoluer, de changer et de faire l'expérience d'une manière qui nous est unique. Vous ne pouvez comprendre quel don merveilleux c'était ni l'ampleur de la responsabilité. On nous a tous accordé l'opportunité de « jouer à Dieu ».

Voilà ce qui s'est passé dans cet univers et sur terre jusqu'à ce jour. Il devient opportun maintenant d'introduire un concept élargi de ce qui a lieu à l'heure actuelle et de ce que vous réserve l'avenir. Lors d'enseignements antérieurs, nous avons présenté la notion selon laquelle nous vivons en ce moment l'inhalation de Dieu. Celle-ci ayant été définie comme étant le retour de toute création manifestée dans le cœur de Dieu. Permettez-moi de vous brosser un tableau plus approfondi de ce qui se produit véritablement. Les fréquences ou harmoniques des expressions de dimensions inférieures sont attirées vers le haut ou raffinées. Autrement dit, les dimensions se raffinent graduellement et on les élève vers les patterns de fréquences plus équilibrés et harmonieux – par exemple la troisième dimension qui atteint peu à peu une résonance quadridimensionnelle, puis la quatrième dimension qui évolue vers la cinquième, et ainsi de suite. Il s'agit d'un aspect de la spirale évolutive sans fin – l'inverse de la spirale de régression, le processus de la création manifesté se dirigeant alors vers le bas d'un stade à l'autre, en s'enfonçant de plus en plus dans la densité. Il ne faut pas considérer cela comme un échec, bien-aimés ; il n'y a rien à craindre, rien à se reprocher. Il s'agit simplement du vaste plan de la Création.

Le temps est maintenant venu pour Dieu de participer activement au grand schème de la Création. N'oubliez pas que nous parlons du Créateur primordial – vous avez toujours bénéficié de l'attention aimante et de l'aide bienveillante du Dieu père/mère de cet univers, ainsi que des grands êtres de Lumière et de la multitude des forces angéliques. Nous soulignons ici la notion de « Créateur primordial », car elle est importante pour votre compréhension. La phase subséquente dans le processus consiste à ce que le Créateur fasse l'expérience de ce que nous avons créé au cours de ces derniers éons. Les fluides raréfiés de Lumière divine émanant du centre de la conscience/cœur Dieu ont été décrits de maintes manières, mais peu importe leur description, vous ne pouvez avoir de vision globale de l'ampleur et de la gloire de ce qui se produit sur votre Terre, dans votre système solaire et dans l'omnivers. Ces flots de Lumière dorée et iridescente atteignent les limites extérieures les plus éloignées de la création manifestée et les pénètrent graduellement. Cependant, il doit y avoir un récepteur, ou transformateur, pour que cette énergie puisse se connecter, entrer et se réfléchir depuis l'intérieur. Vous, bien-aimés guerriers de la Lumière, êtes ces réceptacles – vous êtes l'inhalation de Dieu. Dieu inspirera l'essence parachevée de l'humanité et de la Terre à mesure qu'il étend aussi sa conscience afin d'incorporer toute la beauté de la création manifestée – jusqu'à l'orée du grand vide. Une fois le processus achevé, il recommencera : la conscience de Dieu est en expansion éternelle, en évolution perpétuelle, sans fin.

À mesure que les leçons que nous vous présentons évoluent et deviennent plus avancées, certains d'entre vous éprouvent de la crainte et doutent du grand Soi. Nous vous assurons, chères âmes, que vous êtes tous en marche vers l'illumination. Peu importe les circonstances qui marquent votre existence physique, peu importe votre degré de conscience, vous êtes tous des participants actifs dans la grande marche de l'évolution. Sachez que vous êtes aimés et chéris tels que vous êtes. Sachez que vous êtes dignes d'être aidés par vos guides, vos maîtres et vos assistants angéliques. Sachez qu'il vous est possible d'évoluer ou de progresser au rythme que vous souhaitez – la décision vous revient. Mais en aucun cas vous ne serez laissés derrière. Chacun de vous est une partie intégrante du tout et vous recelez tous une étincelle de Dieu ne pouvant être démentie. Que vous décidiez de lambiner en cours de route et de faire encore un peu l'expérience de la densité des troisième et quatrième dimensions, ou que vous optiez pour le chemin de la facilité et de la grâce sous l'égide de votre Soi supérieur, le choix est vôtre.

On a posé la question : « Pourquoi la forme pyramidale a-t-elle cette importance ? » Il s'agit là d'une question valable et capitale, et il nous fait plaisir de vous fournir une réponse qui vous éclairera. D'abord, cette forme est symbolique : la pointe de la pyramide représente le Créateur et sa large base représente ses créations réfractées en expansion infinie. Ensuite, chaque univers et chaque galaxie possède une insigne géométrique par laquelle on l'identifie, et la forme pyramidale est le pattern géométrique ou l'insigne de votre galaxie. Cette forme a été utilisée, réfléchie et reproduite de par votre galaxie, encore et encore. Les visiteurs d'autres galaxies et d'autres univers la reconnaissent.

Maintenant, nous allons vous offrir une autre visualisation basée sur la forme pyramidale. *Imaginez une pyramide de Lumière qui vous englobe complètement. La pointe se situe juste au-dessus de votre tête et se relie à votre huitième chakra, ou chakra spirituel/stellaire qui s'active alors d'une belle lumière. Visualisez sous forme de petites particules sombres toutes les énergies ou substances que vous avez créées et qui ne servent plus votre bien suprême. Maintenant, imaginez les particules se mettre en marche une à une vers les pourtours de votre pyramide et, une fois la lumière atteinte, se transmuer en une substance lumineuse. Demandez que cela se produise exactement de la manière opportune, au bon moment et pour votre bien le plus élevé. Il est maintenant temps de remplir votre pyramide de Lumière de créations nouvelles : que voulez-vous pour le monde de demain ? Évoquez les lois universelles de la manifestation, soyez spécifiques lorsque vous vous concentrez sur les détails de votre nouvelle réalité et demandez que ce soit pour le bien suprême de tous. Vous avez fidèlement construit et consolidé votre colonne de Lumière depuis votre divine présence* JE SUIS, *et désormais vous étendez votre sphère d'influence.*

La seconde partie de cette expérience consiste à visualiser une autre pyramide, cette fois inversée et formée au-dessus de votre tête. La base est tournée vers l'atmosphère et les domaines supérieurs, et la pointe de Lumière touche votre chakra de la couronne au sommet de la tête ainsi que la pointe de l'autre pyramide. Cette pyramide recevra le flot des fluides dorés de la perception de Dieu et de votre coffre aux trésors de dons – toutes les glorieuses facettes de vous-mêmes provenant de partout dans l'univers. Vous êtes en train de retourner à l'unité du Soi, en préparation à une réunion de l'unité avec Tout-ce-qui-est. N'est-ce pas là une occasion prodigieuse ?

À la question posée par une autre âme bien-aimée :

« Pourquoi n'abordez-vous jamais l'Afrique ou toute autre nation en difficulté ? » nous répondons ceci. Plusieurs intrépides guerriers de la Lumière ont choisi de s'incarner dans chaque pays et chaque région du monde, peu importe l'oppression et le désespoir qui y sévissent. Le fait de ne faire que rarement mention de ces endroits ne signifie pas que nous ne rayonnons pas notre Amour/Lumière vers eux et que nous ne leur accordons pas notre aide. Nous sommes disposés à œuvrer en compagnie de quiconque nous autorisera à le faire. Ici encore, nous avons besoin de réceptacles pour ancrer la Lumière, la sagesse et l'information en provenance des domaines supérieurs. De nombreuses âmes merveilleuses ont consenti à le faire et rendent un grand service à leur pays et à ses habitants. Plusieurs n'ont pas obtenu la reconnaissance publique, mais ils y sont et travaillent durement et efficacement dans les coulisses.

La conscience sur le plan mondial est en expansion, et ce qui a des répercussions sur une région du globe influe également sur l'ensemble de la planète. Du coup, si nous prenons comme exemple une région, sachez que ce que nous disons s'applique également, dans une certaine mesure, à la Terre entière. Il existe des sites sacrés partout sur terre, et la Lumière du Créateur éclaire chaque parcelle et chaque face de la planète. Nous sommes présents et accessibles pour vous, peu importe les circonstances où vous vous trouvez ou l'endroit où vous vivez. Et il est fort possible que certains d'entre vous qui lisent ce message consentiront à être la voix pour leur région du monde – ils n'ont qu'à faire appel à nous, et nous répondrons. Nous souhaitons toujours ardemment augmenter les rangs de nos messagers de Lumière.

À mesure que s'accroissent la pression et la magnitude de la Lumière divine, un nombre plus grand d'êtres humains en ressentent les effets. Puisque votre technologie évolue et que les produits se multiplient et se diversifient, le stress et la tension sur la psyché augmentent. Toutes les tragédies ayant cours sur terre à l'heure actuelle découlent du fait que l'humanité s'est concentrée uniquement sur les aspects extérieurs de l'existence au lieu de se focaliser sur la vie intérieure qui reconnecte à l'Esprit. L'acquisition de richesses et de biens matériels ne procure ni paix, ni bonheur, ni satisfaction. Recherchez plutôt l'harmonie et l'unité avec votre Soi Esprit, et tout le reste s'ensuivra. Bien-aimés, accepterez-vous d'être un réceptacle et les porteurs du don qu'est la Lumière de Dieu qui afflue aujourd'hui sur la Terre ? Oui, vous en êtes dignes et n'avez qu'à y consentir. Ce don merveilleux atteindra l'étincelle éternelle qui repose au centre de votre cœur. Ainsi, vous serez l'exemple du vrai bonheur et de la joie, et créerez votre version du paradis sur terre. Le temps est venu. Venez, nous vous indiquerons la voie. JE SUIS l'archange Michaël et je vous offre ces vérités.

28. Vivre chaque jour en tant que maître

Maîtres bien-aimés, au cours des derniers messages, nous nous sommes concentrés sur les vérités galactiques et universelles afin de vous donner un aperçu simplifié de la Création et du fonctionnement du cosmos. Nous sentons que plusieurs d'entre vous considèrent que les frontières de votre réalité s'étendent trop loin, alors que d'autres se sentent accablés par la vastitude et la complexité du processus évolutif que vous traversez tous à cette époque.

L'information nouvelle qui se diffuse – étendant votre conscience et dissipant les superstitions, les démarcations et les demi-vérités – a tout d'abord tendance à vous faire sentir non à la hauteur et vulnérables. Bien-aimés, c'est toujours ainsi quand vous abordez l'inconnu et qu'il vous faut affronter le chaos du changement afin de créer quelque chose d'inédit et de meilleur.

Nous nous efforçons, effectivement, de vous offrir une vision grandiose du futur, un aperçu de votre identité véritable et de vos origines cosmiques. Nous souhaitons aussi vous donner un aperçu de ce qui vient. Néanmoins, nous sommes conscients qu'il vous faut vivre dans votre monde terrestre actuel souvent affligé par le conflit, le doute, la peur et la douleur, voire l'ennui. Autrefois, nous vous avons donné un grand nombre d'outils, de méditations et de lignes de conduite ; il faut espérer que vous en avez assimilé au moins quelques-uns dans votre routine quotidienne. Nous vous offrons ici une série d'instructions très simples qui vous aideront à traverser le processus de transformation en toute grâce et avec aisance. Si vous les appliquez, bien entendu, car naturellement la décision vous revient, chères âmes. Personne ne peut le faire à votre place. Je vous assure que si vous mettiez en pratique les outils et l'information que nous vous accordons, votre monde et votre réalité se transformeraient radicalement en très peu de temps.

Vos perceptions et vos croyances sont responsables de vos expériences de vie. Il suffit de les transformer pour altérer votre réalité. Vous percevez et faites l'expérience de la vie suivant les fréquences de pensée que vous projetez chaque minute de votre existence. Il vous faut constamment revoir vos idées et vos convictions au sujet de votre valeur personnelle, de votre abondance, et sur la santé, la joie et le monde qui vous entoure, parce que tout cela crée ce que vous vivez chaque jour.

Peut-être préférerez-vous ne pas admettre ce fait, mais c'est pourtant là la vérité. Vous avez déjà pris l'ultime déci-sion sur tout, en commençant par les circonstances de votre naissance, votre corps physique avec ses faiblesses et ses forces ; et depuis, vous continuez de choisir. La maîtrise de soi signifie exactement cela : maîtriser vos désirs, vos pen-sées, vos émotions, vos sentiments, et changer les habitudes qui ne mènent pas à votre bien suprême. Nous vous assurons, chères âmes, que le chemin apparemment le plus facile est en réalité un détour escarpé ou la route la plus longue, car c'est l'ego qui vous aiguillonne vers des excès toujours plus grands, la gratification des sens et des actes narcissiques.

Nous vous accordons notre aide sans ambages, ainsi qu'une direction et la sagesse. Mais au bout du compte, il n'en tient qu'à vous d'opter pour l'épanouissement intérieur de votre cœur et de votre esprit, ce qui permettra à votre Soi supérieur de réorienter votre vie ou de poursuivre en *ré-action* face aux circonstances et au monde extérieur que vos idées et vos schémas de pensée actuels ont engendrés. Nous vous l'avons souvent dit : « Vous pouvez mesurer vos progrès par le fait que votre existence se déroule en douceur et par les gens que vous attirez à vous. »

Votre Terre et toutes les créatures vivantes qui la peuplent traversent la période de bouleversements la plus tumultueuse depuis que la planète a commencé à être habitée, il y a plusieurs éons de cela. Chacun doit prendre une décision : répondre à l'appel intérieur de l'Esprit qui mène à la liberté et à un futur resplendissant ou demeurer dans la condition primaire, sous l'empire de dirigeants qui vous garderont tous captifs des anciens paradigmes de l'impuissance, de la limitation et de la souffrance. Vous n'avez qu'à suivre les incitations de votre âme/cœur. Faites d'abord les premiers pas, puis nous vous seconderons à chaque étape subséquente du chemin qui vous ramènera à votre destinée véritable.

Il y a quelque temps, nous avons donné les directives qui suivent à notre messagère, et elle les a assimilées aux séminaires et au texte se rapportant à l'état de maître JE SUIS. Nous vous offrons maintenant ces rituels simples, comme un cadeau. Si vous les appliquez quotidiennement, nous vous garantissons que votre vie se transformera pour le mieux en un temps très bref.

LE MATIN

Dès le réveil, alors que vous êtes toujours en ondes alpha, prenez quelques minutes pour revoir votre nuit. Voyez si vous pouvez recapturer vos rêves et en saisir le sens. Vos guides et vos Soi supérieurs communiquent avec vous entre autres par l'intermédiaire des rêves. Demandez-leur de vous aider à vous les rappeler. Vous pouvez écrire vos rêves dans un journal si vous le souhaitez, ou encore, prendre l'habitude de vous souvenir de tout endroit que vous avez visité ou de tout événement important ayant eu lieu lors de vos voyages astraux nocturnes. (Vous rêvez et voyagez tous dans votre corps astral, que vous vous en souveniez ou pas.)

Visualisez un pilier cristallin de Lumière blanc doré qui rayonne depuis votre divine présence JE SUIS. Cette lumière vous entoure puis va s'ancrer dans le noyau cristallin de la Terre. Percevez un rayon laser descendant en spirale à partir du chakra de la couronne, pénétrant chaque chakra au fil de sa descente le long de votre colonne vertébrale, l'embrasant comme un tube fluorescent. Puis, il quitte le chakra racine pour atteindre le noyau de la Terre. Formulez une affirmation de votre cru ou quelque chose comme ce qui suit :

« *Je fais appel à ma divine présence* JE SUIS *et à mes aides angéliques pour qu'ils m'entourent, me guident et me protègent en ce jour, pour mon bien suprême et le bien suprême de tous.* » Vous pouvez aussi faire appel à l'archange Sandalphon pour qu'il vous assiste à demeurer bien ancré à la Terre au cours de votre entreprise visant à devenir un être multidimensionnel.

Vous êtes tous doués du libre arbitre et, dès lors, vous devez accorder aux êtres de Lumière et à votre Soi divin l'autorisation de vous guider et de vous aider. (Cet exercice ne prendra qu'une minute ou deux une fois la visualisation établie et la motivation fixée.)

Prenez quelques minutes pour pratiquer la respiration profonde, vous adonner au *toning* ou boire un verre ou deux d'eau pure. Si vous n'êtes pas seul ou si vous vous sentez gêné de vous exposer à la maison, vous pouvez faire votre *toning* dans la voiture. Certains choisissent de s'y livrer (en ne prononçant que les voyelles) dans la douche, ou encore, ils invitent les membres de leur famille à se joindre à eux. Vous seul êtes en mesure de décider de l'usage que vous ferez de ces outils qui vous sont offerts. Mais soyez assuré que si vous ne les employez pas, vous ne pourrez produire les changements souhaités aussi facilement ou rapidement. Comme toujours, la décision vous revient.

Pendant la journée

En débutant la journée, visualisez l'Esprit perché sur votre épaule, comme un observateur divin. Vous pouvez lui donner l'apparence qui vous convient et voir un ange splendide niché à cet endroit, un guide ou un maître ascensionné, selon votre gré. Donnez-lui une existence palpable, parce que sa réalité en dépend. Encore une fois, l'intention est la clé. L'image deviendra plus réelle avec le temps et vous commencerez à sentir la félicité de l'Esprit et la compagnie des anges, vos constants compagnons, tout autour de vous. Au fil des situations ou de vos échanges avec les gens (notamment dans les situations stressantes ou celles qui requièrent votre entière attention), demeurez un observateur de ces faits : Quelles leçons recèle la situation ? Qu'est-ce que la personne vous renvoie afin que vous appreniez ? Comment votre témoin sacré agirait-il ou réagirait-il dans ces circonstances ou face à cette personne ? Après un certain temps, cette attitude dominera votre fonctionnement normal au cours de la journée. *Vous vivez, observez, analysez, agissez et intégrez la sagesse de l'événement.* De la sorte, vous passez au-delà du domaine de la cause à l'effet, dans une situation de grâce.

Prenez l'habitude d'observer le monde environnant tout au long de la journée. Qu'est-ce qui vous donne matière à vous réjouir ? Exercez-vous à être reconnaissant pour la beauté et l'opulence dans votre vie, préservez une attitude de gratitude. Voilà qui permet de conditionner le subconscient et qui vous aide également à dissiper la peur et les vibrations négatives. Si vous êtes joyeux, aimant et reconnaissant, il n'y a pas de place pour le doute, la peur ou la négativité. Attardez-vous à ce qui est bien chez les gens qui vous entourent. Vous renforcerez ainsi leurs traits positifs. Et si l'occasion s'y prête, dites-leur ce que vous ressentez. *De petits compliments sincères, quelques mots élogieux diffusent des vibrations d'amour à votre entourage.*

Si vous travaillez en milieu clos ou passez beaucoup de temps assis derrière un bureau, prenez quelques minutes, plusieurs fois par jour (même si vous devez vous réfugier dans les toilettes pour trouver un peu d'intimité), et respirez profondément ou faites une pause-*toning*. Quelques minutes de respiration profonde valent bien mieux qu'une tasse de café ou une boisson caféinée. Étirez-vous et rendez hommage à votre réceptacle physique. Assurez-vous aussi de faire de l'exercice quotidiennement.

LE SOIR

Tentez de prendre l'habitude de lire un texte édifiant et inspirant, même si ce n'est que pendant quelques minutes. Votre état d'esprit détermine la qualité de votre repos et le plan dimensionnel vers lequel vous allez voyager pendant votre sommeil. Une fois au lit, juste avant de vous endormir, prenez quelques minutes pour passer en revue votre journée. Ne portez aucun jugement, ne vous reprochez rien, ne faites qu'observer. Qu'avez-vous fait aujourd'hui qui n'a pas été d'une énergie vibratoire supérieure ? Auriez-vous pu agir ou réagir différemment ? Avez-vous dit quelque chose qui aurait pu être exprimé d'une manière plus aimante ou compatissante ? Qu'avez-vous passé sous silence qui aurait dû être exprimé, votre vérité par exemple ? Avez-vous projeté de la colère ou du ressentiment ? Avez-vous permis aux autres de donner une nuance négative à votre réalité par leurs croyances (leurs cordes énergétiques) ? Vos interactions ont-elles été plus aimantes que négatives ? (N'oubliez pas ! Vous pouvez mesurer vos progrès d'après les expériences et les personnes que vous attirez à vous.)

Une fois terminée cette revue de votre journée, dites ce qui suit : « *Je fais appel à la puissante loi du pardon (ou l'ange du pardon) pour qu'elle transmue, équilibre et harmonise toute énergie discordante que j'ai projetée aujourd'hui et qui n'était pas de l'Amour/Lumière.* »

Elle sera transformée instantanément en une substance lumineuse neutre et perdra ainsi toute influence sur votre champ aurique ou réalité. IL DOIT EN ÊTRE AINSI. Ce faisant, vous passez à un état inoffensif dans lequel vous n'engendrez plus d'énergie négative, ou karma. Imaginez que tout le monde sur terre devienne inoffensif et rayonne même seulement un pour cent d'énergie Amour/Lumière positive ! L'humanité et la Terre seraient alors instantanément métamorphosées. Voyez la Flamme violette de transmutation s'embraser depuis vos pieds et vous entourer. Cela assurera que l'alchimie de la flamme violette opérera sa magie sur votre réceptacle physique pendant que vous vous reposerez tout en évacuant les énergies négatives et les questions centrales qui se sont manifestées ce jour-là. Si vous le souhaitez, demandez à votre Soi supérieur, à vos guides ou aux anges de vous emmener (dans votre corps astral) vers un lieu spécial. Exprimez vos préférences ou demandez simplement l'endroit qui sera le plus favorable à votre bien suprême. Priez votre Soi supérieur de vous aider à vous souvenir de vos excursions et de vos rêves au moment de votre réveil. De ce fait, vos voyages astraux et vos leçons s'intégreront à votre monde « réel ». Par la suite, reposez-vous bien, chères âmes, sachant que les bras des anges vous bercent. Après quelque temps, tout ceci deviendra tout à fait habituel et fera tout naturellement partie de votre routine journalière et nocturne. Vous serez dès lors tout près de devenir les maîtres de votre propre monde une fois de plus. Un monde rempli de merveilles, de beauté, d'abondance et de joie, et qui vous revient de naissance, bien-aimés. Pourquoi ne pas le revendiquer ?

La voie menant à la conscience du cœur/âme s'ouvre

devant vous, chers amis, de même que tous les miracles, la joie et l'amour que vous êtes capables d'absorber. Tout cela est à votre portée, mais il faut tendre la main et les reprendre. Tâchez de vous souvenir que chacun de vous est une facette unique de Dieu et que vous êtes tous aimés au-delà de toute mesure. JE SUIS l'archange Michaël.

29. VOUS ÊTES LES GARDIENS DES ANNALES DU FUTUR

Maîtres bien-aimés, venez vivre avec nous un moment tout spécial. Plusieurs d'entre vous disent attendre chaque mois, avec impatience, le prochain message. Oui, nous transmettons à nos messagers une information qui ne vous est pas directement accessible. Et pourtant, vous avez accès à notre dimension en tout temps et de plusieurs manières. Le voile qui sépare les dimensions s'amenuise, et votre perception extrasensorielle subit une mise au point et une réactivation. Surveillez les signes dans les cieux, nous y sommes. *Écoutez* les murmures de votre voix intérieure, car nous communiquons avec vous. Soyez vigilants et anticipez les nombreux petits miracles que nous organisons chaque jour à votre adresse ; ils signifient que nous sommes tout près. Soyez à l'écoute des subtilités des éléments, car nous les employons pour attirer votre attention : une douce brise caressant votre joue, l'effluve d'un parfum grisant, le souvenir soudain d'un passé lointain alors que vous visitez un site sacré, la flamme d'une bougie ou une pierre merveilleuse ouvrant le passage de votre conscience vers une autre dimension. Nous recourons à tous ces moyens et à bien d'autres encore pour que vous preniez conscience de notre présence.

Tout comme nous faisons connaître notre présence parmi vous, vous vous révélez aux familles de l'âme. Des groupes partageant une visée commune s'assemblent de par le monde, et les connexions s'affermissent de jour en jour. Ces groupes venus ensemble des mondes supérieurs partagent le souvenir commun des commencements de notre planète, la Terre. Vous vivez au cœur de régions porteuses de souvenirs séculaires de l'âme, ou bien vous sentez le besoin d'y retourner. Chacun d'entre vous recèle également des fréquences clés donnant accès à une portion du schème divin censé se réactiver dans votre région à l'heure actuelle.

Plusieurs portails et portes stellaires menant aux dimensions supérieures ont été ouverts, et plusieurs sentinelles cristallines à l'intérieur de la Terre ont été réactivées et rééquilibrées. Voici le temps de faire rejaillir l'histoire de la Terre et de l'ensemble des races de l'humanité depuis le début des âges. Souvenez-vous ! Nous vous avons rappelé que là où vous allez, la douleur, la souffrance, l'échec, tout sera oublié. Vos actes de ténacité, de bravoure seront recueillis et notés dans les Annales cosmiques, ainsi que votre aptitude à vous mouvoir au tréfonds de la troisième dimension et à en sortir vainqueurs. La Terre traverse également un processus où elle libère le souvenir des injustices et des violences subies dans un passé lointain, car elle s'efforce de revenir à une harmonie à la fois intérieure et extérieure. Elle est aujourd'hui prête à livrer nombre des secrets qu'elle détient en son sein. Des secrets qui vous aideront à revendiquer et à comprendre vos origines, et qui clarifieront maintes fausses conceptions et inexactitudes au sujet du passé. Vous étiez irrémédiablement, inexorablement liés à la Terre au fil de sa descente en la densité de la troisième dimension ; ensemble, vous accomplirez maintenant l'odyssée vers la merveilleuse sphère des dimensions supérieures.

Tous vous êtes sous l'influence directe de la psyché de la Terre et des circonstances qui prévalent sur la planète. La Terre est aussi affectée par les fréquences que chacun d'entre vous lui communique. Voilà pourquoi nous vous enjoignons de toujours faire rayonner les lumières que vous puisez dans les dimensions supérieures vers le noyau de la Terre. Par la suite, absorbez en vos trois chakras inférieurs la richesse de la Terre afin de vous ancrer et de vous stabiliser au fil de votre essor vers les étoiles. Tous bénéficient de cette interaction.

Nous avons parlé de votre esprit, de vos subconscient,

conscient et supraconscient, et vous avons poussés à comprendre que chaque chakra est également doué de conscience. Nous parlons fréquemment de votre Soi individué, du Soi supérieur, de votre Présence Je Suis divine. Le phénomène unique qui prend place aujourd'hui est celui-ci : *chaque facette de cette condition d'être tente de s'unir de nouveau à vous.* On vous a demandé d'intégrer et d'équilibrer les attributs masculins et féminins en vous, de même que votre nature mentale et émotionnelle. Plusieurs d'entre vous ont accompli des progrès remarquables. Nous souhaitons maintenant vous informer que vous traversez aussi le processus consistant à réunir les hémisphères gauche et droit de votre cerveau – celui-ci reprend en vérité la forme de sa conception originelle. Une fois cette jonction achevée, des prodiges commenceront à survenir : votre créativité s'épanouira, votre agilité mentale aussi, tout comme les ressources à votre disposition permettant de concrétiser vos visions créatrices. Vous accédez ainsi à des plans du cerveau qui résonnent en accord avec les fréquences des dimensions supérieures, et vous puisez à l'intérieur même des faisceaux lumineux de sagesse et d'information qui y sont conservés. Les glandes maîtresses dans le cerveau sont activées, et vous vous reliez avec ces aspects de vous-mêmes restés somnolents depuis des millénaires.

Tous ces phénomènes préparent la voie à la prochaine étape du processus : ils visent à vous aider à recueillir la multitude de données qui seront encodées en votre essence et qui s'intégreront à vos Annales cosmiques. Vous êtes destinés à devenir les gardiens des annales, ceux qui emporteront les archives historiques de la Terre et de l'humanité lorsque vous vous élèverez au degré suivant d'expression. Encodée au sein de votre banque de mémoire se trouve l'histoire des deux premiers Âges d'or, ainsi que celle de l'Atlantide et de la Lémurie. Vous ajouterez désormais aux Chroniques l'histoire complète de la Terre.

Permettez-nous de vous suggérer un exercice permettant de faciliter ce processus de réunification. *Centrez votre conscience au niveau du cœur et prenez quelques respirations profondes. Visualisez-vous (peu importe votre manière de le faire) entourés d'une bulle de lumière d'or depuis le plexus solaire jusqu'à environ trente centimètres au-dessus de votre tête, et s'étendant à environ cinquante centimètres de chaque côté de vos épaules. Focalisez votre esprit sur le canal rachidien, une aire du cerveau où la moelle épinière rejoint la partie inférieure du cerveau. Par l'entremise des centres nerveux situés à cet endroit, le cerveau transmet des impulsions servant à contrôler maintes fonctions de l'organisme physique. Usant de votre volonté, percevez une sphère d'or prenant forme à cet endroit du cerveau et imaginez votre esprit subconscient pénétrant cette sphère ; puis imaginez ensuite votre esprit conscient l'y rejoignant. Concentrez-vous maintenant sur le chakra-racine et incitez la conscience de ce chakra à se mouvoir jusqu'à la sphère dorée dans votre cerveau. Puis, concentrez-vous sur les second, troisième, quatrième, cinquième, sixième et septième chakras, et observez-les à mesure qu'ils s'unissent en votre « sphère de lumière d'or contenant la conscience cœur/esprit ». (Si vous souhaitez rendre l'exercice plus réel, attribuez une forme ou une couleur à chaque partie de votre être.) Prenez quelques profondes respirations et remarquez que non seulement vous sentez l'énergie en votre cerveau, mais qu'elle semble irradier vers les régions du troisième œil, du chakra du cœur et du plexus solaire. Lorsque vous êtes prêts, demandez à votre esprit émotionnel de vous rejoindre dans la sphère d'or, puis à votre intellect. Soyez sans inquiétude, ils vous obéiront puisque c'est ce à quoi ils tendent. Prenez encore quelques inspirations et priez votre Soi supérieur de venir aussi en la sphère d'or. Surveillez ou sentez le changement se produire. Il vous semblera que la région depuis votre plexus solaire jusqu'au-dessus de votre tête est devenue un champ de force incandescent, unifié. Prenez quelques instants pour vous habituer à cette sensation. Puis, si vous vous sentez prêts, invitez votre conscience christique et votre Présence Je Suis à vous retrouver dans la sphère. Permettez à votre savoir intérieur de vous dire jusqu'où aller dans le processus ou, encore, s'il est préférable d'attendre un peu avant l'intégration des plans supérieurs de la conscience. Ne vous en faites pas, bien-aimés, vous ne pouvez pas vous tromper si le désir de votre cœur est de se réunifier aux multiples facettes de votre être.*

Centrez votre conscience à l'intérieur de la sphère de Lumière d'or et passez doucement d'un aspect de vous-mêmes à l'autre, en scrutant chacune des facettes de votre être. Notez comment une sensation se déclenche au chakra-racine lorsque vous focalisez sur cette aire de votre cerveau. Surveillez de même chaque chakra et chaque facette du Soi. Lorsque vous observez et faites l'expérience de la manière dite, il semble que votre conscience se fragmente encore davantage – alors qu'au contraire, vous vous unifiez. Chaque fois que vous répétez le processus, vous amenez les énergies transformatrices de la conscience de Lumière à chaque région du vaisseau physique. Voilà une autre façon d'accélérer le processus d'élaboration de votre merveilleux corps de Lumière.

Après vous être focalisés sur une région spécifique, dites-vous mentalement « reviens au centre ». Sentez votre conscience revenir à la sphère d'or – qui semble désormais rayonner en votre cœur autant qu'en votre esprit. Si votre esprit se disperse, ou si s'élèvent des pensées déstructurées ou du bavardage mental, prenez l'habitude d'employer l'ordre « reviens au centre ». Si vous méditez, ou avez besoin d'éclairer une situation, placez-vous au centre de la sphère d'or et dites : « La prochaine pensée m'éclairera. »

Demeurez en votre centre avec un sentiment d'expec-
tative et voyez ce qui survient. Peut-être obtiendrez-vous les
lumières que vous cherchez dès les premières tentatives. Ou
peut-être que non, mais sachez bien ceci : vous aurez tout de
même puisé à l'énergie de la conscience divine, et votre
faculté à faire appel à votre Présence Je Suis progressera à
pas de géant. Exercez-vous et voyez pendant combien de
temps vous êtes capables de maintenir cet « espace sacré »,
car cette pratique contribue à unifier les multiples facettes de
votre être plus rapidement. Vous devenez les maîtres que vous
êtes véritablement destinés à devenir.

Lorsque vous opérez dans le monde terrestre et que vous
êtes soumis à des énergies qui relèvent de fréquences inférieures, exemptes d'amour, ne jugez point, ne participez pas.
Dites-vous « reviens au centre » et percevez l'énergie qui a été
projetée vers vous comme nimbée d'une bulle rose d'Amour/
Lumière ou de la Flamme violette, et répétez « reviens au
centre ». Si vous ne portez en vous aucune fréquence similaire, ces énergies inférieures ne peuvent vous affecter et vous
les réfracterez avec amour vers ceux qui en sont la source.
Cette énergie leur appartient, non pas à vous. Il leur faudra
s'en charger à leur façon, en la transformant ou en la dirigeant
vers quelqu'un d'autre susceptible de se livrer au jeu « de
cause à effet » avec eux. Vous verrez ces gens changer petit
à petit ou sortir de votre vie.

Voici venue l'ère des miracles, mes courageux émissaires
de Lumière, et je suis porteur d'heureuses nouvelles. L'écran
cosmique de l'existence mue rapidement. Un lacis divin
prend forme, en lequel une fois de plus vous êtes cocréateurs
en harmonie avec le schème directeur de cet univers.
Supprimez les blocages de votre cerveau et les œillères de vos
yeux, et vous verrez un nouveau paysage de rêve. L'espoir, la
joie, l'inspiration abonderont comme aux commencements.
Vous remodelez votre réalité/domicile/monde. Elle est encore

en construction, et de ce fait, le chaos règne. Mais n'oubliez pas que du chaos jaillira une création neuve.

Sachez, amis bien-aimés, que nous sommes conscients de chacun d'entre vous, peu importe où il se trouve dans le monde ; que des événements d'envergure se produisent et que des sites sacrés d'un peu partout s'apprêtent à être activés et attendent d'être connus. Unissez-vous ; écoutez votre guide intérieur ; suivez votre intuition, vous serez conduits vers nombre de lieux merveilleux, où on requerra que vous participiez aux miracles de transformation dans votre région/ ville/pays. La Terre est une fois de plus une planète sacrée, et vous êtes les émissaires sacrés de notre Créateur. Croyez en vous-mêmes comme nous croyons en vous, et ensemble vous accomplirez des prodiges au nom de notre Dieu père/mère. Vous êtes aimés, infiniment. JE SUIS l'archange Michaël.

30. L'OUVERTURE DES SEPT SCEAUX

Maîtres bien-aimés, lorsque, en ces temps immémoriaux, vous avez commencé à tisser un manteau de chair pour couvrir votre Soi resplendissant, il vous a fallu acquérir la faculté de percevoir les stimuli par des détecteurs corporels. Vous aviez déjà plusieurs appareils de perception sensorielle raffinés que vous avez employés très habilement dans les sphères d'existence supérieures. Il était cependant impératif que vous acquériez et utilisiez les détecteurs du corps physique afin d'opérer dans le monde matériel avec efficacité. Vous avez effectivement eu à apprendre à voir avec vos yeux, à identifier et à comprendre ce que vous perceviez ; à entendre et à interpréter les nombreux sons de la Terre et des autres humains. Vos facultés télépathiques s'affaiblirent et, de ce fait, il vous a fallu assimiler comment émettre des sons, prononcer des mots et déchiffrer le sens des paroles des autres. Vous avez dû aussi apprendre à recourir à vos sens olfactif et gustatif pour sentir et goûter lorsque vous avez commencé à vous nourrir des fruits de la terre et avez marqué des préférences individuelles. Il vous a fallu employer vos mains et les terminaisons nerveuses sensitives de votre corps pour acquérir le sens du toucher et jouir des sensations physiques de la chair et de votre nouveau monde.

L'expérience était exaltante, remplie d'une foule de sensations nouvelles et d'aventures enivrantes. Tel un petit enfant au pays des merveilles, vous pouviez créer tout ce que vous imaginiez et obtenir tout ce que désirait votre cœur en puisant simplement à même l'afflux universel de substance de vie primaire. Vous étiez innocents et purs, et en parfaite harmonie avec le Créateur et le plan divin pour la Terre. Néanmoins, au fil des éons, l'émerveillement s'est dissipé, vos facultés sensorielles se sont affaiblies et vos aptitudes créatrices magiques se sont atrophiées pour finalement disparaître.

Aujourd'hui, nous nous concentrerons sur une autre facette de votre passé ancien, de façon que vous puissiez vous souvenir de ce qu'étaient les débuts et retrouver pleinement vos facultés sensorielles physiques et vos aptitudes spirituelles. Il vous faut redéfinir et apprendre à employer correctement les sens physiques, bien-aimés, afin d'acquérir les facultés sensorielles supérieures qui se sont endormies il y a si longtemps : la clairvoyance ou vision claire, la clair-audience ou l'ouïe claire, ou encore les facultés télépathiques et la perception extrasensorielle (celle d'une personne empathique douée d'une perception intérieure étendue). Toutes ces facultés évoluées vous reviennent de droit et attendent uniquement que vous les réclamiez.

Nous avons expliqué en détail les sept chakras majeurs appartenant au réceptacle physique et avons abordé les fonctions et attributs positifs et négatifs associés à chacun de ces centres. Cependant, amis chers, savez-vous que chaque chakra et chaque organe du corps possède une conscience propre qu'on leur a insufflée et qui fut imprégnée des énergies de toutes vos expériences et formes-pensées passées ? Vos croyances et la fréquence vibratoire de vos pensées ne sont pas seulement responsables de votre réalité extérieure, car elles engendrent aussi votre univers intérieur. Votre corps communique avec vous de plusieurs manières, mais savez-vous écouter et interpréter ce qu'il vous raconte ? J'ai déjà expliqué cela auparavant, mais il vaut mieux le rappeler. Plusieurs d'entre vous ont accepté le fait que vous pouvez tous communiquer et échanger avec les royaumes angéliques et les êtres de Lumière. Mais vous n'êtes toujours pas convaincus de pouvoir communiquer avec les multiples aspects de votre forme physique.

Laissez-moi vous proposer ici un autre exercice simplifié

qui vous aidera à accéder à la sagesse intérieure de votre réceptacle physique. Je vous donnerai un mot clé pour chaque chakra. Étudiez les attributs de chaque chakra et, lorsque les circonstances de votre quotidien s'y prêteront, chantez ou prononcez le mot associé à chaque chakra. (Ces mots pourront être entonnés, et le son sera tenu aussi longtemps que le permettra votre souffle.) Comme lorsque vous entamez les sons vocaliques, commencez avec la note la plus basse puis montez vers les aiguës en chantant le mot relié à chaque chakra. Observez ce qui vous vient à l'esprit lorsque vous vocalisez le mot clé et que vous vous concentrez sur le chakra. Par exemple, comment « vivez-vous » les énergies du chakra racine, comment « aimez-vous » les énergies du cœur ?

CHAKRA RACINE – JE VIS

Ce chakra ancre votre identité physique à la force vitale de la Terre et procure de la stabilité. Voilà un fait qui prend une importance primordiale puisque vous devez respecter et préserver ce corps physique tout en vous élançant vers les étoiles. Lorsque ce chakra fonctionne bien et qu'il est en équilibre, vous avez une vitalité plus grande, plus de courage et davantage de confiance en vous. Il vous aidera à résoudre de vieilles questions liées à la survie et à la pénurie et vous mènera à votre coffre d'abondance.

CHAKRA DU NOMBRIL – JE SENS

Voici le siège de l'être physique/émotionnel. Lorsque ce chakra est équilibré, vous n'êtes plus tourmentés par le doute, les dépendances ou les problèmes sexuels. Vous vous accordez à la sagesse de votre mental spirituel plutôt qu'à votre mental égotique et, graduellement, tous les schémas de pensée limitatifs du subconscient sont remplacés par la confiance en soi et la stabilité émotive. Vous reprenez votre pouvoir personnel et apprenez à faire naître la joie, la paix et la prospérité au lieu de générer la crainte et la limitation.

CHAKRA DU PLEXUS SOLAIRE – JE VEUX

Ici siège l'identité physique/mentale. Si ce chakra tourne avec harmonie et contient peu d'énergies discordantes, votre estime personnelle se rétablit, le savoir devient sagesse et clarté de pensée, vous retrouvez votre maîtrise et dominez vos désirs. Vous apprenez aussi à fixer des limites et à respecter celles d'autrui, et vous appelez l'énergie depuis la source universelle de substance vitale et de votre présence JE SUIS plutôt que dans les énergies de ceux qui vous entourent. L'activation de votre centre de pouvoir solaire commence à cet endroit (au plexus solaire, au cœur et au thymus).

CHAKRA DU CŒUR – J'AIME

Ce chakra est la voie d'entrée vers les chakras supérieurs vous reliant à votre âme et à votre Soi Esprit. Quand il est déséquilibré, ou plus ou moins fermé, vous opérez essentiellement à la base de l'instinct, gouverné par les trois chakras inférieurs du corps physique. En équilibrant les énergies des émotions et du mental au cœur – le centre énergétique abritant la force vitale et d'amour dans le corps –, vous vous abreuvez à la force d'amour inconditionnel de l'Esprit Dieu. Ainsi, vous évacuez rapidement toutes les énergies et les schémas de pensée qui se manifestent sous forme de jalousie, d'envie, d'égoïsme, de culpabilité ou de sentiment de dévalorisation. En embrasant la triple flamme du cœur, la flamme de la volonté, de la sagesse et de l'amour divins, vous acquérez une nature compatissante et le sentiment d'unité avec toute vie et toute chose.

CHAKRA DE LA GORGE – JE PARLE

Ce chakra est relié au plan de l'astral/émotionnel ou au plan mental/causal, selon les fréquences vibratoires des pensées et des paroles que vous exprimez. Par contre, cela semblera peut-être déroutant, puisque vous produisez votre propre réalité par les patterns de fréquences que vous irradiez, mais la loi de l'attraction/affinité assure que les fréquences inférieures que vous émettez attireront les énergies du plan astral et que les fréquences supérieures atteindront les plans mentaux de la conscience. La communication – le pouvoir de la parole dite – est l'un des outils les plus importants du plan physique. Lorsque vous vous mettez à employer le langage de l'Amour/Lumière et le discours de l'âme, vous exprimerez toujours votre vérité suprême, vos paroles seront éloquentes et créatrices, et vous deviendrez habiles dans l'art de réaliser votre vision.

CHAKRA DU TROISIÈME ŒIL – JE VOIS

Ce chakra du troisième œil ouvre la voie aux facultés sensorielles intérieures. Il vous relie d'abord à votre Soi inconscient (le subconscient) et, peu à peu, à votre Soi supérieur lorsque la pure substance lumineuse cosmique du mental-Dieu (nommée rayons) peut entrer et activer votre conscience-Dieu (ou essence intime). Vous évoluez alors au fil des murmures de l'intuition et vous savez que vous êtes guidés et inspirés par l'Esprit. Une connaissance inédite, des idées novatrices et l'inspiration des plans mentaux et intuitifs supérieurs vous seront accessibles dès que vous aurez dissipé les distorsions. Ne craignez pas les énergies ou formes-pensées apparemment sombres qui émergent en votre conscience et devant vos yeux au cours d'une méditation, bien-aimés, car il s'agit de vos propres créations qui font surface afin d'être guéries et transmuées en Lumière. N'oubliez pas de faire également usage de la Flamme violette de transmutation.

CHAKRA DE LA COURONNE – JE SUIS

Si le chakra de la couronne est activé, la voie vers votre Soi spirituel s'ouvre et la sagesse, les dons et les trésors qui y résident en compagnie de votre divine présence JE SUIS vous seront accordés. Lorsque vous faites la preuve que vous êtes capables de vivre et de rayonner l'Amour/Lumière/Vérité de la Création, alors déferleront sur vous un flot croissant d'attributs et des vertus des douze rayons de la conscience de Dieu.

Le processus qui consiste à dégager, à harmoniser et à équilibrer les sept chakras majeurs du corps physique déclenche lui-même un important processus d'initiation que l'on nomme « *l'ouverture des sept sceaux de la conscience de Dieu* ». Lorsque chaque chakra est harmonisé en lui-même, un processus s'enclenche par lequel un vortex énergétique s'ouvre. Dès lors, les qualités et l'énergie parachevées de chaque chakra montent dans le chakra subséquent, ce qui permet l'avènement d'un phénomène exceptionnel : le système des chakras se met à tournoyer à une vitesse si incroyable qu'il transforme la colonne vertébrale en une colonne radieuse de Lumière permettant alors aux cinq rayons galactiques du Créateur d'affluer dans la colonne de Lumière et d'imprégner tous vos chakras de la luminescence de votre divine présence JE SUIS.

C'est ce processus que plusieurs d'entre vous traversent depuis quelques années, et du fait d'être sur une voie accélérée d'initiation/transformation, des malaises, des distorsions se sont manifestés dans leur réceptacle physique. Bien-aimés, vous aviez, et avez encore, beaucoup à épurer, à rectifier et à équilibrer. Ce qui s'est créé sur des millénaires est désormais transmué sur une période de quelques petites années. Partant, soyez donc particulièrement tolérants à votre égard et sachez que vous êtes en train d'incorporer et de transformer votre état humain en un Soi radieux et plein de l'Esprit.

Pour vous aider à puiser dans vos coffres aux trésors cosmiques, qui furent entreposés dans les dimensions supérieures en attente du moment où vous entreprendriez votre voyage de retour vers les dimensions supérieures, nous vous offrons cet exercice :

Focalisez votre conscience au centre de votre cœur et prenez quelques respirations profondes. Visualisez que votre essence s'élève vers le chakra de la couronne et qu'elle est ainsi projetée à l'extérieur. Vous vous déplacez rapidement le long de votre colonne de Lumière en vous reliant au niveau subséquent se rapportant à vos capacités. Vous possédez des coffres aux trésors de sagesse, d'expériences, de dons et de pure substance cosmique lumineuse conservés tout au long du chemin à plusieurs niveaux de conscience et dans diverses dimensions. Ainsi, soyez assuré que vous êtes prêt à accéder à ces trésors. En élevant votre conscience, vos ondes cérébrales habituelles ralentissent et vous vous reliez à la triade spirituelle de la volonté, de l'intuition et du mental supérieur. Comme il s'agit de votre mental créatif à l'œuvre, imaginez donc l'apparence de votre coffre aux trésors (ou coffre-fort). Entrez dans celui-ci et regardez autour de vous tout en vous concentrant sur ce que vous souhaitez réaliser – il est préférable de vous concentrer sur une chose à la fois jusqu'à ce que vous puissiez employer cette merveilleuse réserve d'énergie avec expertise. Pour l'instant, sachez que tout, que ce soit une œuvre insignifiante ou d'envergure, peut être accompli si vous apprenez à recourir à ce processus et à lui faire confiance. Évoquez le problème ou la situation que vous souhaitez résoudre et envisagez la solution idéale. (Si vous désirez changer une situation qui implique une autre personne, vous devez ajouter « pour le bien suprême de tous ».) Puis voyez la solution se déposer dans une bulle de Lumière blanche et iridescente comportant le spectre entier des couleurs/attributs des douze rayons. Visualisez maintenant une bulle d'énergie flottant le long de votre colonne lumineuse et vous entourant tout en pénétrant les profondeurs de votre être, jusqu'à votre ADN, pour finalement atteindre le noyau de la Terre. Demeurez dans le silence un petit moment et goûtez les sensations de l'énergie. Vous redevenez ainsi sensible et accordé aux vibrations supérieures de votre Soi Esprit. Lorsque vous vous sentez entier, dites : « Ainsi soit-il, ainsi en est-il. Tout est accompli. Je suis reconnaissant et rempli de gratitude pour ce don. »

Intrépides guerriers, vous êtes prêts à arborer la Lumière de la Création et à employer les outils d'un maître une fois encore. Vous n'avez qu'à croire en vous-mêmes et à réclamer vos coffres aux trésors cosmiques. Nous sommes toujours à vos côtés pour vous aider et vous inspirer au fil de cette aventure menant aux royaumes supérieurs, là où tout est possible. JE SUIS l'archange Michaël.

31. LA CRÉATION DE VOTRE PYRAMIDE DE POUVOIR DANS LA CINQUIÈME DIMENSION

Maîtres bien-aimés, il est temps de cesser de croire que votre monde est immuable et qu'il ne change pas avec chacune de vos pensées. Il est temps de cesser de nier l'avènement du Nouvel Âge et de démentir qu'avec chaque pensée et chaque geste vous vous orientez ou non vers la Lumière. Ne projetez pas vos pensées vers l'avenir et laissez le passé se rectifier de lui-même. Parce que ce sera chose instantanée dès que vous vous élèverez dans la quatrième dimension et que toutes les formes-pensées négatives de l'histoire de la planète s'équilibreront.

Permettez-nous de vous éclairer davantage sur la manière dont vos pensées et votre intention consciente influent sur le futur. L'avenir réserve à la Terre plusieurs futurs parallèles, ou probables, qui sont le produit des croyances collectives de l'humanité. Et sur le plan individuel, vous disposez également de plusieurs futurs parallèles, ou possibles, certains forts, d'autres faibles ; règle générale, un seul de ces futurs présente une probabilité plus grande que les autres de se manifester étant donné que vous lui avez insufflé plus d'énergie. Le devin qui fait ses prédictions perçoit habituellement le futur vraisemblable, celui qui possède l'énergie la plus dynamique. Vous possédez le libre arbitre, et c'est pourquoi le futur est malléable et peut être modifié en un instant.

Nous avons également expliqué comment nous moissonnons annuellement l'énergie de la conscience collective de l'humanité. Après un examen détaillé de la « condition terrestre », nous déterminons sur lequel des futurs parallèles nous allons nous concentrer. La Terre demeure une planète où règne le libre arbitre, mais une dispense spéciale a été accordée pour que nous puissions vous assister au cours du processus d'évolution et d'ascension. Lorsque vous alignez votre intention sur le principe de « Que votre volonté soit faite », ou en priant pour le bien suprême de tous, vous nous autorisez à ajouter notre énergie bienveillante à celle de l'ensemble. Celle-ci est ainsi amplifiée de façon exponentielle. Ce qui implique également que quantité de futurs probables de moindre énergie perdent encore de leur élan ou s'annulent carrément puisqu'ils ne sont plus alimentés. Comprenez-vous maintenant pourquoi vous et la Terre faites des progrès si remarquables et évoluez si rapidement en conscience ?

Plusieurs d'entre vous commencent à se rendre compte qu'ils créent en effet leur réalité, et ils arrivent à bien concrétiser leurs désirs. Néanmoins, ils ne réussissent pas toujours, puisqu'ils en sont à affûter leurs aptitudes en tant que maîtres. Les énergies de la troisième dimension limitent encore vos tentatives d'accéder aux fréquences supérieures de la quatrième dimension et, à l'occasion, à celles de la cinquième. Laissez-nous vous donner un exemple de la manière dont la plupart d'entre vous accèdent aux divers niveaux vibratoires et créent à l'aide des énergies à leur disposition.

Imaginez que vous êtes dans un ascenseur qui vous mène à ce que nous appellerons « le centre commercial cosmique ». L'ascenseur s'arrête à l'étage du milieu de la troisième dimension. Vous descendez. Visualisez une immense pièce remplie de tout ce que l'on peut imaginer, mais où règne un chaos, un grand désordre. La plupart des objets sont défectueux ou incomplets, et il vous faut fouiller dans plusieurs pièces et compartiments afin de trouver quelque chose qui vous plaît ou qui est en bon état. La cacophonie, la discorde et la confusion sévissent ; tous les gens sur cet étage recherchent frénétiquement ce qu'ils souhaitent réclamer comme leur appartenant. Dans cette cohue règne un sentiment de frustration et de futilité, les gens se précipitent d'un lieu à l'autre, et la pièce est baignée d'une atmosphère d'anxiété, d'impatience et de peur.

Vous reprenez l'ascenseur, et il vous amène cette fois au milieu de l'étage de la quatrième dimension. Vous descendez et remarquez que tout est beaucoup mieux organisé à cet endroit. Une certaine confusion règne, mais il est plus aisé de traverser ces zones où les trésors que vous cherchez sont conservés. À certains endroits, les objets sont incomplets ou « de seconde main », dans vos mots à vous. Par contre, lorsque vous apprenez à vous focaliser sur ce que vous désirez, on vous conduit rapidement à un lieu où vous le trouverez. Ainsi, il vous est possible de récupérer votre trésor. Il semble y avoir plusieurs étages différents à cet endroit, et en obtenant les clés de la conscience, vous arrivez à déverrouiller des portes qui cachent des trésors encore plus précieux. Vous obtenez graduellement plusieurs des choses auxquelles vous rêviez ou aspiriez. Pour autant que votre intention soit pure et que votre vision soit inébranlable, vous pouvez retrouver l'objet de vos rêves et le rapporter dans la dimension physique avec vous. Après un certain temps, on vous permet de réintégrer l'ascenseur qui monte jusqu'au premier étage de la cinquième dimension. En sortant de l'ascenseur, vous êtes sidéré. Vous vous régalez de la merveilleuse scène qui s'offre à vous, et votre cœur s'emballe. Toutes les beautés imaginables se trouvent là, et cette splendeur assaille vos sens. Vous savez que c'est en ce lieu que vous souhaitez demeurer. Vous êtes cependant conscient que vous ne le pouvez pas, car vous n'y êtes que pour remplir votre coffre aux trésors de rêves et le rapporter sur terre avec vous. Tout ce que votre cœur désire se manifeste instantanément sous vos yeux. Sur cet étage, tout est exquis de perfection – pas d'erreurs ou de « moins bien » ici. Vous découvrez que vos désirs se transforment rapidement ; vous ne souhaitez pas tant obtenir des objets qu'acquérir des qualités, des vertus et des attributs. Maintenant que vous comprenez que vous possédez tout ce que votre cœur désire, la création et l'acqui-sition de « choses » prennent un sens tout à fait différent.

Ce que nous venons de décrire ressemble-t-il à un conte de fées ? Nous vous affirmons que ce n'en est pas un. Il s'agit exactement de la manière dont vous manifestez et créez les choses dans votre monde d'expression. Vous accédez parfois un peu aux patterns énergétiques des dimensions supérieures, et lorsque vos désirs se réalisent, vous croyez qu'il s'agit d'un miracle. Et vous vous demandez pourquoi le principe semble parfois marcher et parfois défaillir ! Nous vous offrons main-tenant une méthode infaillible pour accéder à la cinquième dimension et à ses trésors chaque fois que vous le souhaiterez.

Nous avons souvent parlé de la pyramide et de sa puis-sance. Nous vous avons aidés à construire une pyramide dans la cinquième dimension, où vous retrouverez votre famille spirituelle ainsi que d'autres voyageurs stellaires. Il faut espé-rer que vous vous y rendrez souvent pour vous réunir avec une intention bienveillante – émettre de l'Amour/Lumière et de l'énergie guérisseuse à la Terre et à l'humanité entière. Maintenant, nous vous aiderons à construire votre pyramide de pouvoir où vous irez passer des moments tranquilles et dormir pour y bénéficier de la guérison, de tendresse, ou pour créer ce que vous désirez et chercher une solution divine à toute situation ou difficulté que vous aurez rencontrée.

Visualisez une pyramide de Lumière et déclarez qu'elle sera manifestée, grâce à votre intention, dans la cinquième dimension. Une pierre magnifique couronne votre pyramide ; elle contient une spirale de Lumière arc-en-ciel qui comporte toutes les couleurs, les vertus et tous les attributs de notre Dieu père/mère. En pénétrant à l'intérieur de la pyramide, regardez autour de vous : les murs et le sol rayonnent d'une Lumière intérieure, et douze chaises de cristal forment un cercle (libre à vous d'en ajouter de temps à autre). Une table de cristal occupe le centre et lorsque vous vous allongez sur elle, elle s'ajuste parfaitement à votre corps. Un magnifique cristal de quartz est suspendu au-dessus du centre de la table. Ce cristal est plat aux deux extrémités, et sa portion supérieure pénètre la cime de la pyramide. Voilà la structure de base de votre pyramide. Cependant, nous vous suggérons d'y ajouter votre touche personnelle lorsque vous visitez votre temple et le faites vôtre.

Voici quelques-uns des moyens efficaces d'employer votre pyramide. Prenons par exemple le cas où vous êtes en conflit avec une personne. Dans un état méditatif, rendez-vous alors dans votre pyramide sacrée ; installez-vous dans l'une des chaises de cristal et visualisez la personne en question assise de l'autre côté de la table de cristal face à vous. Demandez au Soi supérieur de celle-ci de se joindre à vous, et peut-être souhaiterez-vous discuter avec cette personne mais, je vous en prie, si vous le faites, mettez votre ego en mode passif et parlez-lui avec votre cœur, sous la direction de l'âme. Exposez objectivement votre problème, puis posez cette situation sur la table de cristal et demandez une solution divine et la meilleure issue pour vous deux. Visualisez la Flamme violette de transmutation qui s'élève depuis sous la table. Elle enveloppe la situation, harmonise et équilibre les énergies appartenant à cette forme-pensée/situation. Maintenant, voyez le grand cristal suspendu au-dessus de la table se mettre à scintiller. Des coulées de Lumière dorée émanent de celui-ci ; elles ressemblent un peu aux éclairs qui strient le ciel au cours d'un orage. D'abord, ces coulées « d'éclairs » seront dirigées vers la table de cristal et la problématique, puis elles se diffuseront vers vous deux pour remplir par la suite la pièce. Vous aurez puisé à même l'énergie de la source divine, et vous-même, l'autre personne et la situation serez chargés de la force vitale cosmique de la Création. Pour finir, remettez-vous-en, quant à l'issue, à la sagesse de l'Esprit.

Vous devez déclencher le pilote automatique, pour ainsi dire. Vous ne savez pas où tout cela vous mènera ni ce qu'en sera l'aboutissement, mais vous êtes certain que cela sera d'ordre divin ou suprême.

Si vous souhaitez vous concentrer sur votre réceptacle physique, sur une maladie ou un déséquilibre, allongez-vous sur la table de cristal. Exposez ce que vous souhaitez obtenir, que ce soit spécifique ou un simple « réglage » général. Demandez à votre Soi supérieur ou à votre présence JE SUIS d'être votre facilitateur cosmique et de surveiller le processus lorsque la Flamme violette s'embrasera et vous enveloppera et que les rayons de Lumière seront activés. Cela intensifiera et accélérera le processus qui consiste à évacuer toute énergie négative incrustée dans la structure physique et à élaborer votre corps de Lumière. Vous découvrirez que vous ne pourrez placer personne d'autre sur la table de cristal sans leur permission, ou dans les cas spéciaux, avec la permission de leur Soi supérieur.

Passez du temps dans votre pyramide de pouvoir lorsque vous avez une décision à prendre, et pour consolider et dynamiser vos visions et vos aspirations. Ici, il est possible d'employer les lois universelles de la manifestation dans leur forme la plus dynamique à mesure que vous devenez habile dans l'art de la cocréation. Passez-y du temps à clarifier votre vision de l'avenir sur les plans spirituel, mental, émotionnel et physique. Nous vous avons déjà donné des indications permettant de manifester vos désirs, et aujourd'hui, nous vous demandons de les appliquer dans votre pyramide de pouvoir et de constater les miracles qui surviennent.

Si un problème se pose au sein d'un groupe, dans la famille ou au travail par exemple, visualisez toutes les personnes concernées assises dans les chaises de cristal et placez la situation au centre. Demandez au Soi supérieur de chaque personne de se tenir derrière elle pour surveiller la procédure. Encore une fois, placez la situation sur la table de cristal, visualisez et demandez l'issue la meilleure pour tous. Faites la requête d'une solution divine, puis passez tout le temps nécessaire à vous concentrer sur l'énergie de la situation. Visualisez que la Flamme violette la neutralise comme par magie et que les foudres de l'Esprit la transforment dans sa forme suprême.

À certains moments, vous souhaiterez être seuls dans votre pyramide de pouvoir, et à d'autres, elle prendra des proportions permettant d'abriter un grand nombre de personnes et de situations, petites et grandes, requérant une transmutation dans la forme la plus élevée de l'expression. En accédant à votre pyramide de pouvoir dans la cinquième dimension, vous outrepassez les énergies négatives et déformées de la troisième dimension, et les énergies conflictuelles, ambiguës de la quatrième dimension. Il est temps pour vous de retrouver la capacité d'opérer dans les sphères raréfiées de la Lumière, là où la seule possibilité est la perfection.

Amis bien-aimés, vous êtes en train de vous métamorphoser en des êtres de Lumière multidimensionnels parce que vous intégrez votre âme et devenez peu à peu transpersonnels. Plusieurs d'entre vous ont intégré leur Soi solaire, leur Soi galactique et sont en voie d'atteindre leur Soi source. Voilà ce que signifie l'ascension, bien-aimés : réclamer les maintes facettes merveilleuses de votre Être, celles que vous avez laissées au fil de votre descente au pays onirique qu'est la Terre. Nous connaissons votre magnificence et votre prodigieux potentiel. Entrez dans notre monde, chères âmes ; nous vous accueillerons à bras ouverts. JE SUIS l'archange Michaël.

32. UN APPEL DE DÉTRESSE
A ÉTÉ LANCÉ LE 11 SEPTEMBRE 2001
Message reçu le jour même de l'événement.

Maîtres bien-aimés, je viens vers vous à ce moment pour vous demander d'être audacieux de cœur dans votre réponse face aux événements dévastateurs de ce jour. Vous, les Guerriers de la Paix, devez vous regrouper présentement. Oui, retirez-vous dans votre Pyramide de Lumière et placez-y le monde entier, pas seulement la ville de New York ou encore seulement les endroits où la violence s'est récemment concentrée : envoyez votre énergie d'amour partout sur le globe. Envoyez votre pur amour aux familles qui souffrent de la perte d'êtres chers et aux âmes mal dirigées qui ont créé ce chaos et cette douleur. Votre autorité de maîtres sera véritablement établie si vous pouvez sincèrement dire dans vos prières : «Pardonnez-leur, Seigneur, car ils ne savent ce qu'ils font.»

Pouvez-vous vous élever au-dessus de la turbulence et de la frénésie des médias et entrer dans votre cœur où votre essence du Soi réside ? À partir de ce centre d'Amour/ Lumière jusque dans l'œil de la paix, rayonnez l'amour épuré du Créateur partout aux États-Unis et dans le monde entier ? En fait, c'est un appel au réveil pour tous les Américains. La haine et le chaos qui ont consumé le Moyen-Orient et les autres parties du monde s'étendent graduellement au monde entier comme un nuage noir : aucun pays n'est ou ne sera à l'abri. Nous vous disons ceci : oui, protégez votre pays et votre liberté, et cherchez à arrêter ceux qui perpétuent la haine et la destruction, mais ne haïssez pas en retour. Un Guerrier de la Paix se défend avec Lumière et Puissance, pas avec haine et désir de vengeance.

La date choisie pour ce lâche attentat, le 9-11 ou 9-1-1,

(septembre 11) est une sorte d'appel de détresse pour obtenir de l'aide. Un appel d'éveil pour ceux qui sont encore dans un demi-sommeil. Un appel à l'action pour rappeler à chacun sur terre qu'il est l'heure de se lever et de prendre position. De quel côté serez-vous ? Du côté du droit et de la Lumière, ou du côté du contentement de soi, de la douleur, de la souffrance et de la noirceur qui prennent place dans le cœur et dans l'âme des humains et non du Créateur ? Où placerez-vous votre attention ? Resterez-vous collés à la frénésie des médias qui envahit les chaînes télévisuelles, ou prendrez-vous le temps de vous retirer dans votre sanctuaire et de vous connecter aux canaux de Lumière ? C'est là où vous pourrez faire une différence en ajoutant vos fréquences de Lumière et de bénédictions à celles de tous ceux autour de la Terre qui envoient un grand message d'amour à leurs frères et sœurs qui souffrent ?

Il est plus facile de s'élever au-dessus d'un désastre ou d'une situation négative lorsque la tragédie se produit à mi-chemin autour du monde. Cela est beaucoup plus difficile quand celle-ci survient dans votre pays, votre entourage ou votre cour arrière. Là se trouve alors le véritable test du maître. Pouvez-vous rester centrés dans l'Amour/Lumière, peu importe ce qui vous arrive ou ce qui se passe autour de vous ? Mes guerriers bien-aimés, ne fermez pas le centre de votre cœur. Ne vous laissez pas submerger par la haine et la crainte. De grands événements se produisent sur la Terre et dans les royaumes supérieurs au-delà de votre compréhension. Rappelez-vous combien souvent nous vous avons dit : « Du chaos jaillit une nouvelle création. » Nous ne vous demandons pas de minimiser la tragédie monumentale qui vient tout juste d'avoir lieu ni la souffrance qui en résultera pendant une longue période de temps. Mais cela ne sert personne si vous vous laissez piéger par la négativité. Ne permettez pas à vos pensées et à votre puissante énergie de se retrouver dans une vibration inférieure par laquelle vous nourrirez la noirceur. Laissez plutôt votre bel Amour/Lumière s'envoler à sa façon dans le milieu du chaos et dans le cœur de ceux qui le répandent, puis voyez avec quelle rapidité la noirceur est remplacée par la Lumière. Nous promettons de vous élever, de vous appuyer dans notre énergie d'amour et de vous assister même dans les temps les plus noirs. La Lumière et l'Amour de la Création prévaudront. JE SUIS l'archange Michaël.

UN NOUVEAU MONDE
UN NOUVEAU VOUS
Message du mois d'octobre 2001

Maîtres bien-aimés, laissez-nous vous aider à comprendre ce qui se passe actuellement sur la Terre. Laissez-nous vous réconforter en ce temps de grande désolation. Laissez-nous vous assister, vous guider et vous inspirer comme nous l'avons promis. C'est un temps de rapprochement. C'est un temps d'unité, et oui, d'espoir, car le Nouvel Âge point. À plusieurs reprises, nous avons répété que tous devaient prendre position ; tous et chacun sur terre doivent choisir de quel côté ils serviront : celui de la Lumière ou celui de l'ombre.

De notre position privilégiée, nous pouvons voir les énergies de transformation tournoyer autour de la Terre et les changements massifs qui, peu à peu, y prennent place. Laissez-nous vous donner un aperçu de ce qui se prépare. Dans l'œil de votre esprit, voyez la Terre entourée d'une grande bande sur le plan astral. Cette bande particulière d'énergie a été formée par un type de pensées conscientes de l'humanité : des vibrations créées par la haine, la crainte, le jugement, l'avidité, le fanatisme, ainsi que le désir de dominer et de contrôler. Voyez une autre bande qui, elle, est composée de Lumière, une bande qui brille et irradie. Cette bande est composée des pensées très conscientes de ceux qui ont projeté vers l'avant des messages d'amour, de compassion, de joie, de paix, de non-jugement et de sagesse. Elle contient également des ondulations de grande énergie à partir de plusieurs prières semblables à celle-ci : « Que votre volonté soit faite. Nous prions pour le plus grand bien de tous. »

Pendant des milliers d'années, la bande d'ombre a été beaucoup plus large et plus puissante que la bande de Lumière. Mais aujourd'hui, mes bien-aimés, la bande de Lumière a pris de l'ampleur et croît de façon incroyable, ce qui a pour résultat de faire rétrécir la bande d'ombre. Les âmes bien-aimées qui se battent dans la crainte se campent une dernière fois dans leur position ; elles sont désespérées parce qu'elles savent, au plus profond d'elles-mêmes, qu'elles sont en train de perdre la bataille. Oui, mes très chers, rappelez-vous qu'elles aussi portent une étincelle divine et sont aimées par le Créateur. Ce sont leurs actions qui sont odieuses. Mais si vous êtes suffisamment sages et aimants pour continuer à prier en prononçant ces mots: « Que votre volonté soit faite. Nous prions pour le bien suprême de tous », vous leur rendrez un immense service. Ce faisant, vous alignez votre volonté avec celle du Créateur, ce qui nous permet d'utiliser toute la merveilleuse énergie d'amour que vous projetez afin de créer des miracles pour le plus grand bien de toute la Terre et de l'humanité entière.

Plus tôt, cette année, nous vous avons enseigné comment bâtir une Pyramide de Puissance/Lumière dans les royaumes supérieurs. Nous vous avons demandé de visualiser le monde et tous ses habitants dans cette pyramide et de vous joindre à nous en ce lieu. Ce que nous vous avons demandé de faire dans cette pyramide était simple : rayonner simplement un amour inconditionnel pour la Terre et l'humanité. Pas de requêtes spécifiques, pas de pétitions spéciales, juste de l'amour pur et innocent projeté à partir des profondeurs de votre âme. Des milliers ont répondu à cet appel et se sont joints à nous dans cette pyramide magique. Sa splendeur et sa dimension ont grandi au-delà de tout ce qu'on peut imaginer, et elle est remplie d'une énergie d'amour mélangée et fondue avec l'Amour/Lumière du Créateur, tout comme une puissante infusion de substance de force de vie primale ou d'un pur potentiel non manifesté.

Réfléchissez à ceci. Les tours jumelles du World Trade Center étaient le symbole de la dualité et de l'unité dans le monde des affaires ; plusieurs races, cultures et pays travaillant côte à côte dans l'harmonie y étaient représentés. Un rassemblement en vue d'un but commun. Ces deux édifices incarnaient également la force et la richesse des États-Unis : elles pointaient vers le ciel, hautes, reluisantes et arrogantes. Des milliers de visiteurs s'y rendaient chaque année pour constater et faire l'expérience de cette merveille de la technologie moderne. Le Pentagone représentait lui aussi la puissance et la force des États-Unis: on le craignait et l'enviait. Les grands avions étincelants expriment également une dualité certaine : on peut les utiliser pour transporter facilement des milliers d'âmes autour du monde ou comme des armes de destruction massive. Peu importe le raisonnement qui se cache derrière le choix de ces sites, nous les voyons comme des symboles qui amèneront la dualité et la polarité de l'humanité vers un point précis. Oui, les auteurs de ces attentats étaient égarés, mais ils croyaient suffisamment en leur cause pour mourir pour ce qu'ils considéraient comme leur ultime mission/sacrifice. Êtes-vous prêts à en faire autant ? Nous vous avons justement demandé dernièrement : « Êtes-vous prêts à embrasser toutes les facettes de la Création ? » Une multitude d'entre vous ont répondu « Oui », mais ils ne savaient pas qu'ils allaient être testés si gravement et si tôt.

Les milliers de merveilleuses âmes qui ont accepté de sacrifier leur vaisseau terrestre afin d'éveiller le monde ont de toute évidence fait preuve de courage. Elles se réjouissent ensemble maintenant dans un climat d'amour et de joie, bien au-delà de votre compréhension. Avec l'aide d'une foule d'anges, elles envoient du réconfort, de l'énergie et de l'amour à ceux qu'elles aiment et qui vivent une si grande peine et une si grande souffrance en raison de leur immense perte.

Non, nous n'orchestrerions jamais une telle tragédie, mais nous emploierons tout ce qui arrive pour aider l'huma-

nité à progresser sur le sentier de l'évolution et de l'illumination. Des millions de gens, sinon des milliards, sont sous le
choc et pleurent la perte insensée de tous ces gens. Dans leur
peine, le centre de leur cœur s'est grand ouvert et nous y
envoyons des vagues d'amour et de réconfort pour dissoudre
la crainte, la haine et la souffrance du passé. Jamais auparavant autant de pays, de races, de cultures et de religions se
sont unis dans une cause commune. Vos chefs s'entretiennent
les uns avec les autres et sollicitent ou offrent une aide qui
bénéficiera, du moins de leur point de vue, tous les gens de la
Terre. Il n'y aura pas de grande guerre si ces lignes de
communication sont gardées ouvertes et si tous cherchent
effectivement ce qui sera pour le plus grand bénéfice de
l'ensemble, c'est-à-dire non pas ce qui servira uniquement à
un petit nombre ou à une race particulière, un pays ou une
religion, mais ce qui sera utile à toute LA Création. Ce principe doit être inculqué à toute l'humanité : en Essence vous
êtes UN, et ce qui affecte une personne ou un pays touche le
monde entier et bien au-delà. Vous ne pouvez nier ce fait, pas
plus que vous ne pouvez y échapper.

Les explosions massives qui ont pris place ont causé un
effet ondulatoire autour du monde. Elles ont fait voler en
éclats la bande d'ombre, qui contient toutes les énergies
résiduelles du temps passé, et retourné une vaste accumulation de pensées et d'énergies négatives dans l'Éther. Voyez/
sentez les nombreuses âmes chères sur terre qui envoient de
l'amour et des prières autour du monde à ceux qui ont subi
des pertes, et plus particulièrement à la ville de New York et
aux Américains. Voyez leur énergie d'amour se rejoindre et
devenir plus forte et plus forte encore, alors qu'elle commence à encercler le globe, ajoutant à la bande de Lumière.
Maintenant, voyez la Pyramide de Puissance/Lumière et le
monde placé à l'intérieur. Voyez-y là des millions de
Guerriers de la Lumière qui irradient l'amour inconditionnel

pour tous. Surveillez alors le puissant vortex qui s'élève et qui amène petit à petit toutes les vibrations négatives, tous les modèles de fréquences dans la Pyramide : par tous nos efforts et la Puissance parfaite du Créateur, elles sont instantanément transmuées en Lumière.

Une occasion extraordinaire est offerte à l'humanité. Vos choix dans un futur immédiat détermineront à quelle vitesse la Terre et l'humanité s'élèveront dans les dimensions parfaitement unifiées de la paix, de la joie et de l'abondance, si cela sera accompli facilement et avec grâce ou dans la lutte et le conflit. Les habitants de la Terre créeront-ils une autre bande d'ombre avec leur haine, leur crainte, leur jugement et leur désir de vengeance, ou prendront-ils l'opportunité qui leur est offerte de renforcer et d'élargir la bande de Lumière, cette grille merveilleuse du Créateur qui illuminera toute la Terre, apportant la paix, la joie et l'abondance ? Ne vous y trompez pas : vos pensées et vos actions peuvent faire, et feront, une différence. Vous devez vous concerter pour mettre de côté vos différences, vos anciennes règles, vos modèles de pensée et vos réponses, qui ne servent plus. Vous joindrez-vous à nous, mes bien-aimés, afin qu'ensemble nous recréions un glorieux nouveau Ciel sur la Terre ? JE SUIS l'archange Michaël.

33. COMMENT EMPLOYEZ-VOUS VOS RESSOURCES COSMIQUES ?

Maîtres bien-aimés, nous souhaitons vous faire savoir à quel point nous anticipons ces moments passés ensemble. Même si vous ne le savez pas, nous sommes conscients de chacun d'entre vous tout en surveillant étroitement ce qui se passe sur terre. Nous percevons votre frustration, votre peur, votre souffrance, et de toutes les manières permises, nous diffusons vers vous l'espoir, l'inspiration, les conseils afin de vous seconder en cette époque de grands changements.

Nous avons autrefois expliqué comment toute l'énergie positive passant de l'humanité aux royaumes éthérés est récoltée chaque année et ajoutée à la part de force vitale cosmique destinée au cycle à venir.

L'époque de la récolte correspond à vos mois d'octobre, novembre et décembre. Pendant les mois que vous nommez janvier, février et mars, nous sommes occupés à évaluer l'état du monde et à dresser l'inventaire, diriez-vous. Il y a d'abord l'énergie de la conscience collective de l'humanité entière. Ensuite, elle est analysée par pays, par régions et, à la fin, pour chaque individu. La source Dieu émet constamment depuis son noyau intérieur des flots de force vitale primordiale. La Terre, comme toute autre planète ou galaxie, ou n'importe quel autre système solaire ou univers, reçoit une part prédéterminée de cette énergie de création qui sustente la vie.

Visualisez-vous face au grand Conseil cosmique chargés des fruits de vos œuvres d'amour de l'année dernière. Que contient votre panier d'abondance, bien-aimés ? Votre compte bancaire cosmique déborde-t-il ou êtes-vous plutôt « dans le rouge », ayant trop retiré de celui-ci ? Ceux d'entre vous qui ont emmagasiné des trésors au ciel tout en vivant leur quotidien retireront de grands bienfaits de leur réserve spirituelle – dons de sagesse, d'inspiration, d'aide et de miracles, petits et grands, qui faciliteront leur route. Plusieurs signes indiquant qu'il est temps de faire les comptes apparaîtront à ceux d'entre vous qui ont presque vidé les leurs. Voilà ce qui se produit de par le monde en ce moment. Vous ne pouvez plus ignorer les signes et les présages évidents.

Retrouvez les plaisirs simples de la nature et concevez des méthodes uniques pour utiliser et dépenser vos ressources cosmiques. Sachez que chaque étincelle d'énergie de force vitale aimante que vous employez positivement ou que vous émettez depuis l'intérieur sera dûment notée et consignée. Elle vous sera rendue au moins mille fois.

À quelques reprises, nous vous avons parlé de votre vie dans les mondes supérieurs lorsque vous étiez un Esprit rayonnant, et nous vous avons raconté plusieurs récits relatant vos premières aventures ici. Plusieurs d'entre vous ont émis le désir d'en savoir davantage à ce sujet. Même si cette histoire doit être résumée ici, nous estimons qu'elle vous permettra de comprendre comment vous avez tous été affectés par ce qui s'est passé en Lémurie il y a de cela plusieurs éons. Et même ceux qui n'ont pas vécu à cette époque ont été touchés en raison de l'effet considérable exercé sur le système de valeurs de la conscience collective.

La Lémurie fut l'un des Âges d'or de la planète. Des âmes sages et expérimentées en provenance de galaxies et d'univers lointains se portèrent volontaires pour participer à cette prodigieuse expérience en compagnie d'âmes naissantes, saintes et innocentes.

La Terre était un jardin d'Éden, un endroit rayonnant et d'une exquise beauté. Tous ceux d'entre vous qui y vivaient au début jouissaient des plaisirs de la création et des merveilles des sensations physiques à mesure qu'ils façonnaient leurs vaisseaux physiques parfaits. Vous viviez dans la joie et dans la spontanéité, avec l'innocence des enfants. Les gardiens sages furent plus tard nommés prêtres et prêtresses. Ils vous guidèrent, vous enseignèrent et vous protégèrent au cours de votre acclimatation à cette nouvelle demeure et à mesure que vous intégriez votre corps physique et émotionnel. La Déesse-mère étendait son influence lumineuse sur la race lémurienne, qui tenait en haute estime l'intuition, la bienveillance et les aspects intérieurs de la nature humaine.

Plusieurs millénaires plus tard, à une époque très similaire à celle-ci, un événement cosmique eut lieu. Il fut alors décrété que le temps était venu pour un autre système solaire dans votre galaxie d'avoir la possibilité d'évoluer vers une fréquence supérieure et plus subtile. Une planète, semblable à la vôtre, avait pris du retard par rapport aux autres planètes dans son système solaire. Les âmes qui l'habitaient formaient une race très agressive, militante, qui s'était éloignée de la voie de la Lumière.

Peu d'options s'offraient à la hiérarchie cosmique et au conseil karmique. Toutefois, ils ne souhaitaient pas voir cette planète détruite, ce qui aurait laissé les âmes qui y étaient assignées dans l'errance, sans lieu précis où continuer leur évolution. On discuta de plusieurs solutions, et la Terre fut désignée comme modèle de perfection parce que les âmes y avaient fait là des progrès remarquables sur le plan de la cocréation et avaient connu de grands succès au cours de trois grands cycles temporels – trois Âges d'or.

On décida enfin que quelques grands maîtres rendraient visite aux gardiens sur terre. On exposerait cette situation dramatique aux dirigeants de la Lémurie et on suggérerait une solution : permettre aux dirigeants de la planète retardataire de venir sur terre afin qu'on leur enseigne la voie de la Lumière dans le but de les réintégrer. Ils bénéficieraient des conseils et de l'aide des mondes supérieurs, et si la réhabilitation et l'intégration de ces quelques âmes s'avéraient réussies, alors un nombre croissant d'âmes dissidentes viendraient sur terre dans de grands vaisseaux lumineux. Éventuellement, on les introduirait dans la race lémurienne par l'entremise du processus de la naissance.

On convoqua une grande assemblée et tous les Lémuriens influents se déplacèrent pour entendre la proposition et voter. Ils se réunirent en un lieu sacré que l'on nomme aujourd'hui Maui, à Hawaï, là où le majestueux cratère Haleakala se dresse comme une des dernières reliques de la Lémurie. Après plusieurs jours de débats ardents et mus par la compassion et l'inquiétude au sujet de leurs frères, ils décidèrent d'admettre ces âmes rebelles sur terre et de déployer tous les efforts possibles pour les ramener sur la voie de la Lumière. Plusieurs siècles durant, les Lémuriens réussirent à servir d'exemples et à enseigner les voies de la paix, de l'harmonie et de la coexistence bienveillante. Toutefois, avec le temps, les êtres insoumis se mirent peu à peu à contaminer les Lémuriens, et un nombre croissant de gens manifestèrent des signes d'impatience et de colère, de l'avidité et le désir de dominer les autres. Les prêtres et les prêtresses de la Lémurie tentèrent tout ce qui était en leur pouvoir, mais en vain. Déconcertés par la tournure des événements sur terre, les Êtres des mondes supérieurs firent appel à tout ce que leur permettaient les Lois universelles de la création en vue d'aider l'humanité à renverser cette situation tragique.

Ces faits eurent cours pendant plusieurs millénaires, et à cette époque, le quatrième Âge d'or de l'Atlantide était à son apogée. Plusieurs Lémuriens se rendirent à Atlantide et fusionnèrent leur nature douce et aimante avec la race atlantéenne, plus cérébrale. L'aspect Dieu/père exerçait une influence prédominante sur la race atlantéenne: celle de créer extérieurement à travers une action dirigée, dynamique et précise.

Comme nous l'avons expliqué récemment, beaucoup d'autres Lémuriens, incités par leur Soi supérieur, quittèrent le continent de Lémurie dans l'océan Pacifique et se dirigèrent vers les régions bordant les côtes de l'Amérique du Nord et de l'Amérique du Sud puis vers l'Australie. Cela fut accompli en vue de s'assurer que les attributs les plus purs et élevés de la race lémurienne ne disparaîtraient pas. Les Êtres des mondes supérieurs s'étaient désormais résignés à ce qui devait se produire. Finalement, ils n'eurent plus d'autre option que de mettre un terme à l'ère de la Lémurie et d'enrayer le fléau de l'influence de ces âmes néfastes qui, elle, avait entraîné la contamination, d'une manière ou d'une autre, de l'ensemble du peuple lémurien.

Ceux d'entre vous qui étaient toujours connectés à ce qui était l'Esprit apprirent ce qui se passait de leur Soi supérieur. Vous avez fait tout en votre pouvoir pour sauver votre cher continent et ses habitants. Et pour finir, lorsque vous avez compris qu'il n'y avait plus d'espoir, vous vous êtes retirés vers les domaines supérieurs ou avez voyagé vers des terres d'asile comme observateurs, contemplant, impuissants, le cataclysme qui s'est abattu : l'engloutissement de ce merveilleux continent emportant avec lui le reste de sa population.

La plupart d'entre vous qui lisent ces lignes y étaient, et nous vous apportons cette information afin de vous aider à guérir et à vous dégager du passé. Bien-aimés, vous avez tous éprouvé un immense chagrin et une culpabilité étouffante à cause de votre sentiment d'échec. Vous vous êtes sentis trahis et abandonnés, et avez porté toutes ces énergies émotives négatives et ces formes-pensées dans votre champ aurique et votre mémoire – de vie en vie depuis cette époque.

Écouterez-vous et tiendrez-vous compte désormais de ce que je vous dis ? VOUS N'AVEZ PAS ÉCHOUÉ ! CE N'ÉTAIT PAS VOTRE FAUTE ! Vous n'avez pas été abandonnés ni trahis ! En tant qu'âmes courageuses et bienveillantes, vous avez consenti à un grand sacrifice en acceptant les âmes déchues parmi vous. Eh oui, même les meilleures stratégies émanant des domaines supérieurs avortent parfois. N'oubliez pas, seul le Créateur primordial est parfait. Voilà pourquoi – en raison de vos gestes aimants et désintéressés – nous ne vous laisserons pas échouer aujourd'hui ; voilà pourquoi tout moyen dans la création de Dieu est mis à contribution afin de vous aider à réussir à reprendre votre place au sein des étoiles sacrées de votre galaxie. À cause de la complexité de l'expérience sur cette planète, et du fait que la Terre détient le schème divin et les formes-pensées historiques pour cet univers en entier, son rôle est crucial dans cette grande marche ou spirale de l'ascension. Pas étonnant que nous soyons présents ici en si grand nombre pour vous prêter main-forte ; pour vous indiquer la voie et nous assurer que vous récupérerez votre acquis divin en tant qu'Êtres de Lumière rayonnants.

Bien-aimés, à mesure que vous intégrez une part croissante de votre nature divine et acquérez une conscience galactique, vous devez commencer à percevoir le monde et ses événements sous un angle plus vaste. À mesure que s'épanouissent votre compassion, votre amour, votre désintéressement, plusieurs d'entre vous tomberont dans le piège de tenter d'assumer le fardeau des autres et du monde. La loi de non-intervention ne nous permet pas de le faire, ni à vous non plus. Votre but est de devenir compatissants et exempts de jugement en toutes circonstances, et de vous élever au-dessus des déséquilibres, du conflit et de la lutte. Votre tâche consiste à créer en votre cœur un centre de paix, d'harmonie, d'amour inébranlable et de rayonner votre essence divine vers tous les êtres. Souvenez-vous de la merveilleuse pyramide de Lumière que vous élaborez dans les dimensions supérieures où vous vous réunissez avec vos familles d'âmes (celles qui sont sur terre et dans les mondes supérieurs).

Visualisez que ceux qui vous préoccupent se joignent à vous là-bas et voyez la situation au sein de la Flamme violette de transmutation qui étincelle depuis le centre. Le secret consiste à lâcher prise par rapport à cette situation et à son dénouement, et à s'en remettre à l'Esprit pour le bien suprême de tous. N'oubliez pas les mots clés que nous vous avons donnés : retournez au centre lorsque vous vous sentez en déséquilibre et retournez à la source lorsque vous sentez une énergie discordante émise vers vous par une autre âme (et enveloppez toujours celle-ci d'amour avant de la diffuser). Désormais ajoutez : JE SUIS EN PAIX, sachant que vous reposez entre les mains de Dieu.

Que toutes vos promesses dorées se voient comblées et que les anges éclairent votre chemin. Vous êtes aimés, tendrement. JE SUIS l'archange Michaël.

34. Qu'est-ce que la Lumière ?

Maîtres bien-aimés, vous êtes-vous déjà demandé ce que pouvait signifier la phrase « Et Dieu dit : Que la lumière soit ! » Il s'agit d'une affirmation sibylline qui a donné lieu à plusieurs interprétations. Il est à espérer que vous en saisissez un peu mieux la profondeur et l'ampleur. Jusqu'à récemment, en tant qu'enfants de Dieu, vous ne pouviez comprendre l'histoire de la Création que dans sa forme la plus simple. Cependant, à mesure que vous vous éveillez, que vous élevez votre conscience et que vous accédez à la vérité cosmique de la Création, il vous est possible de bénéficier de toute la sagesse et de la majesté de vos origines et de votre héritage divins.

À la naissance des temps, il n'y avait que le grand vide où reposait le Créateur primordial, au sein d'un orbe de puissance et de magnificence inconcevables. La conscience-Dieu s'éveilla, et survint le désir de créer et de faire l'expérience d'une partie plus vaste d'elle-même. Les paroles « Que la lumière soit ! » n'ont pas été prononcées ; néanmoins, un faisceau de luminosité colossal jaillit du cœur du Créateur. Ce faisceau de l'essence du Créateur irradia dans le vide, illuminant les cieux. Il engendra ainsi ce qui devait devenir l'univers de Première cause. Cette Lumière comportait tous les éléments de la Création, tout ce qui a jamais été et sera jamais : l'amour pur, la sagesse, le plan directeur divin pour tous les univers futurs, toutes les galaxies, les constellations et les planètes à naître, tous les royaumes minéral, végétal et animal, et pour VOUS, amis très chers.

Le terme « lumière » possède, à notre sens, une signification globale. Au sein de la Lumière se trouve tout l'amour, toute la sagesse et la puissance, de même que les vertus, les attributs et les aspects du Créateur. Et parce que chacun d'entre vous est l'enfant de notre Dieu père/mère, il a été décrété que vous seriez tous cocréateurs. On vous a nantis de toutes les vertus et de tous les attributs de vos parents divins. Vous êtes la Lumière du Créateur. Bien sûr, vous êtes actuellement sous une forme grandement réduite de cette Lumière, mais vous n'en êtes pas moins des êtres de Lumière. La Lumière constitue votre lien de sécurité jusqu'au Créateur. Vous vous abreuvez à la substance vitale primaire afin de donner une forme manifestée à vos créations, qui seront de l'ordre de la joie, de la paix, de l'amour ou de l'abondance, ou qui s'inscriront dans le cadre de la crainte, de la douleur et de la contrainte. N'oubliez pas que vous êtes tous cocréateurs et que vous choisissez ce que vous produisez, et qu'il vous faut faire l'expérience de ce que vous engendrez.

Le moment est venu. Vous êtes descendus dans les multiples dimensions, jusqu'au point le plus extrême que puisse autoriser cette expérience. Vous vivez dans l'opacité des dimensions depuis trop longtemps. Aujourd'hui, l'on vous accorde la chance de revenir à la pleine conscience, au sein de la Lumière du Créateur. La peur, l'ignorance, la pénurie, la douleur et la souffrance sont les conséquences du fait d'être dissociés de la Lumière de Dieu. Cette Lumière qui comprend l'amour de Dieu – ce rayonnement contient tout, ne l'oubliez pas. Tout ce qui « EST » est manifesté par le biais de vibrations lumineuses qui produisent les sons et les pulsations des ondes fréquentielles. Imaginez que vous êtes un diapason, ou un récepteur de résonance accordé à certaines fréquences et vibrations. Si vous raffinez ces fréquences, vous vibrez et vous vous accordez à des vibrations énergétiques de plus en plus élevées et subtiles qui contiennent une part grandissante de la Lumière du Créateur – les composantes de la Création. Nous vous demandons donc : Quel est votre quotient lumineux ? Quelle quantité de la Lumière du Créateur avez-vous intégrée et récupérée, puisqu'elle vous appartient ? Inutile de citer un chiffre, bien-aimés. Nous connaissons déjà la réponse. Votre scintillement et l'amour que vous projetez depuis le centre de votre cœur nous le disent. Les qualités des formes-pensées qui imprègnent votre champ aurique, ainsi que vos actions, importantes ou insignifiantes, nous le révèlent. Puisque vous accédez à une plus grande quantité de Lumière et que vous l'intégrez, vous grandissez en noblesse, vous avez un rôle à jouer et vous exercez une influence sensible sur votre entourage. Vous devenez des meneurs plutôt que des suiveurs parce que vous prenez en main votre propre destinée et que vous vous affranchissez des croyances propres à la conscience collective. Vous vivez ainsi votre vérité et cheminez sur votre voie au lieu d'emprunter celle des autres.

Nous vous l'avons déjà dit, l'univers traverse un mégacycle composé d'impulsions lumineuses qui irradient directement depuis le cœur du Créateur primordial. Les octaves subtiles de la Lumière du Créateur sont accessibles à tous, peu importe à quel niveau le réceptacle de chacun est prêt à les accepter et à les intégrer.

La Lumière ne peut infiltrer la statique et les fréquences en distorsion qui composent le réceptacle physique tridimensionnel sans la permission du propriétaire de ce réceptacle et sans une ouverture de son cœur. Votre Soi âme, votre Soi supérieur et votre Soi divin n'attendent qu'un signal de votre part pour initier le processus consistant à ouvrir la ligne lumineuse de vie éternelle. Votre ADN recèle la Lumière, et chaque atome de votre corps est baigné d'une manière ou d'une autre de cette Lumière. S'il n'en était pas ainsi, vous ne pourriez pas exister. Il est temps de permettre l'afflux de Lumière divine depuis l'intérieur et l'extérieur.

Visualisez que votre corps s'illumine de milliards d'infimes particules lumineuses et que quelques autres milliards

irradient depuis votre présence JE SUIS sous forme d'étince-
lantes pyramides de Lumière adamantine. Percevez-vous
entourés d'une aura dorée de Lumière cosmique et observez
maintenant ce halo d'Amour/Lumière se déployer. Sachez que
vous vous trouvez sur un pied d'égalité avec le Créateur
lorsque vous dites : « Que la lumière soit ! » Voyez main-
tenant le faisceau unifié de la Lumière divine affluer vers
vous ; celle-ci apaise, harmonise, édifie et transforme grâce
aux éléments de son énergie créatrice prodigieuse.

Vous apprenez à passer de la pyramide de Lumière de la
cinquième dimension au halo de Lumière dont vous vous
entourez dans les troisième et quatrième dimensions. Par le
fait même, vous engendrerez un lieu sacré en votre cœur et
dans votre mental, et votre monde reflétera peu à peu vos
désirs suprêmes. Votre sphère d'influence s'élargira, et vous
attirerez à vous ceux qui s'harmonisent avec les fréquences et
les idéaux que vous incarnez. Ensemble, vous tisserez la toile
chatoyante de cette réalité toute neuve qui voit le jour.
Éventuellement, si vous le souhaitez, vous aurez l'autorisation de participer à la création de la galaxie d'or.

Votre processus de transformation implique que vous
étudiiez de nouveau les énergies et l'emploi des cristaux et
des pierres précieuses que recèle la Terre. Ceux-ci portent
également la Lumière du Créateur et vous permettront de
dissiper et d'équilibrer les énergies internes beaucoup plus
rapidement si vous vous accordez à leurs propriétés individuelles et les programmez grâce à votre intention. Les
gemmes souhaitent ardemment travailler avec vous, parce
qu'elles s'éveillent et s'accordent à mesure que vous vous
éveillez et vous accordez vous-mêmes à des fréquences supérieures. Les grands cristaux doués de conscience disposés en
des points stratégiques autour du globe résonnent avec le
cœur de la Terre Mère. Ils sont aussi accordés aux pulsations

de l'univers et au Créateur. Nous vous l'avons déjà dit, ils servent de récepteurs et de transmetteurs d'énergie et d'information sur terre et dans la galaxie. Il existe également des cristaux archives, grands et petits ; ceux-là vous aideront à activer les faisceaux lumineux de souvenirs au sein de votre structure cérébrale. Ils peuvent aider à déverrouiller les mystères et la sagesse des temps anciens de la Terre. Les royaumes minéral, végétal et animal atteignent également une conscience élevée – nul ne sera laissé derrière. Tous se métamorphosent et s'éveillent.

C'est une époque de libération, bien-aimés. La soif de liberté grandit dans le cœur de chaque être conscient sur terre. L'époque se prête également aux rassemblements. Vous retrouvez votre famille spirituelle/stellaire et, pour notre part, nous, des domaines supérieurs, unissons nos forces. Des millénaires durant, nous avons cheminé sur des routes séparées afin de remplir nos missions divines. Nous nous rassemblons de nouveau pour produire une strate synergique de conscience qui sera accessible à quiconque souhaite contribuer à l'entreprise collective. Nous employons cette expression parce qu'elle vous est familière et qu'elle évoque pour vous une collaboration harmonieuse en vue d'une visée commune. Comme nous vous l'avons dit, nous avons érigé dans la cinquième dimension de grandes pyramides de Lumière qui seront accessibles à ceux d'entre vous qui ont fait leur « devoir » et qui ont accordé leur réceptacle physique avec les sphères de Lumière. Ces pyramides contiennent les composantes de la Lumière du Créateur dont vous aurez besoin pour concrétiser tout ce que vous souhaitez pour le bien suprême de tous. Nous attendons là, afin de vous rencontrer et de nous livrer ensemble à la cocréation. Apportez donc vos visions et, nantis de votre intention pure, revendiquez les miracles à venir.

Que diriez-vous si nous vous annoncions qu'il est très probable que le contrat spirituel qui vous liait à la Terre soit maintenant complété ? Plusieurs d'entre vous en seraient étonnés : « Mais ce n'est pas ce que d'autres nous ont affirmé ! » Laissez-nous vous expliquer afin que vous compreniez ce qui se passe. Il va sans dire que tous, vous vous êtes engagés dans le cadre d'un contrat concernant cette présente incarnation, mais vous aviez auparavant passé un autre contrat, celui-là plus englobant, en acceptant de participer à la mission de la Terre. Il vous est dorénavant possible d'honorer cette entente contractée avant votre venue sur terre si vous atteignez un certain degré de maîtrise dans cette vie. L'entente stipulait que vous deviez repérer, équilibrer et harmoniser tous les détails restants, ou énergies déséquilibrées, qui se seraient accumulés au cours de l'ensemble de vos incarnations antérieures sur terre. (Il s'agit d'énergies, de futurs probables et d'ententes que vous avez suscités à partir de toutes vos expériences d'apprentissage passées.) Souvenez-vous, nous vous avons expliqué autrefois que, dans les domaines supérieurs, on savait depuis longtemps que cette existence serait la plus importante d'entre toutes celles que vous avez vécues sur cette planète. Pour obtenir l'autorisation de revenir en cette époque de transformations exaltantes, vous avez dû consentir à trois conditions préliminaires. Premièrement, plusieurs de vos déséquilibres mineurs se voyaient effacés par une dispensation spéciale de la grâce divine dans le but de vous amener à vous concentrer sur des leçons, des énergies et des créations de votre passé que vous deviez à tout prix maîtriser et rééquilibrer. Nous vous avons alors rappelé que l'expérience sur terre traitait de la dualité/polarité et de l'équilibre/harmonie. Deuxièmement, vous deviez prendre conscience des épreuves, des tribulations, des défis et des occasions qui vous seraient présentés afin que vous accomplissiez la mission qui vous avait été assignée. Troisième-ment, du fait du libre arbitre qui a été accordé à l'humanité au début de cette expérience sur la planète Terre, on vous a demandé si vous nous autoriseriez, en temps opportun, à outrepasser votre libre arbitre pour vous pousser vers la voie de la conscience ou pour vous aider à comprendre qui vous êtes et en quoi consiste votre mission. VOUS AVEZ TOUS CONSENTI. Autrement, vous ne seriez pas ici.

Voilà pourquoi ce qui se passe en ce moment sur terre est splendide, prodigieux. Un nombre encore plus grand de semences d'étoiles que nous ne l'avions espéré ont relevé les défis et saisi les occasions qui se sont présentées à elles, et d'épreuves en tribulations, elles ont triomphé. Vos rangs augmentent considérablement à mesure que vous équilibrez et harmonisez vos champs magnétiques internes et que vous diffusez votre Lumière/Amour du Créateur dans le monde. Vous vous rassemblez en nombre croissant et vous alliez vos forces aux nôtres en tant qu'artisans de la Lumière/Paix. Lorsque, intérieurement, vous aurez atteint un certain degré d'harmonie et que vous aurez équilibré les annales de votre vie par des échanges aimants, des gestes bienveillants et la sagesse des expériences passées, vous aurez alors l'occasion d'entreprendre votre contrat universel.

Bien-aimés, sachez que vous avez fait l'expérience de toutes les facettes de la Création. Vous êtes plus âgés et votre sagesse est plus vaste que vous ne pourrez jamais le con-cevoir. Ne portez-vous pas toutes les vertus et les compo-santes de Dieu en vous ? De ce fait, parce que vous avez courageusement accepté votre mission sur la planète Terre, on vous a assurés qu'une fois qu'elle serait couronnée de succès, vous pourriez choisir votre prochain mandat : rejoindre les rangs des maîtres ascensionnés au fil de leurs progrès sur la spirale évolutive ou devenir éventuellement tout ce que vous souhaitez au sein de la Création de Dieu. Chacun de vous désire-t-il être un ange ou un archange, un membre du peuple des Élohim, une déité cocréatrice qui conçoit et réalise le plan directeur divin pour la nouvelle galaxie dorée ou le prochain univers ? Souhaitez-vous vous joindre à notre mère créatrice bien-aimée en vue de réaliser et de diffuser l'essence de l'amour vers la prochaine race souche, ou participer à l'ensemencement de nouvelles civilisations partout dans la galaxie ? Le chemin du retour que vous aviez choisi avant ou pendant cette présente incarnation est dorénavant modifié. Votre contrat universel stipule maintenant que vous serez des candidats au partenariat avec Dieu dans la création, l'ensemencement et la supervision de mondes nouveaux. Il est certain que tout cela se produira dans un futur encore lointain, mais entre-temps, vous pouvez commencer à acquérir les composants, les dons et la sagesse que vous aidera à réaliser votre nouveau contrat. Cela est assuré, car c'est là votre destin. Sachez que nous ne sommes pas vos supérieurs mais bien plutôt vos amis et partenaires. Unissons-nous pour avancer bravement vers notre avenir lumineux. Vous êtes aimés et chéris sans fin. JE SUIS l'archange Michaël.

Un message spécial
pour les gens d'expression française

Une promesse dorée

Maîtres bien-aimés, pouvez-vous imaginer que nous sommes assis ici, vous et moi, évoquant toutes les merveilleuses aventures que nous avons vécues ensemble dans les royaumes plus élevés, durant des éternités ? Oui, tous et chacun d'entre vous faites partie de mes Légions de lumière, sinon vous ne seriez pas en train de lire ces lignes et de vibrer à ces mots que je vous transmets par l'intermédiaire de ce messager. J'ai toujours été près de vous pour vous guider et vous protéger, comme je vous l'ai promis. Vous avez peut-être oublié, mais pas moi. Après que vous eûtes accepté votre mission, le Projet de la planète Terre, j'ai semé une graine d'étoile dans votre cœur. Une graine spéciale en provenance du Dieu Lumière qui vous identifie comme l'un de ses Guerriers de Paix et de Lumière. Cette graine rayonne maintenant dans le centre de votre cœur. Elle a fait naître en vous le désir ardent que vous avez souvent ressenti au cours des années passées. Le temps est maintenant venu de passer à l'acte et de réclamer votre héritage. Je demande donc à chacun d'entre vous de conclure un nouvel engagement formel avec moi.

Serez-vous mes émissaires sur terre? Serez-vous mes champions de Lumière et porterez-vous mon Épée des sept vertus ? Tous ceux d'entre vous qui vivent au Canada et en Europe ont un rôle très important à jouer dans le grand plan qui se déroule maintenant. Plusieurs pays dans le monde expérimentent de grandes détresses – surcroît de population, violation de territoires, de forêts, de lacs et de rivières, ou encore la pollution qui se présente sous tant de formes néga- tives. Il y a une telle lourdeur en ces régions du globe que, oui, un nettoyage s'impose. Vous êtes témoins de cela actuellement : il se produit davantage d'inondations, de feux, de grands vents et de violentes tempêtes. Ces sinistres n'ont pas pour but de punir qui que ce soit, mais de nettoyer et d'équilibrer la négativité et les dommages causés au cours des années passées, de sorte que tout puisse être remis dans la balance une fois de plus. Plusieurs âmes chères qui vivent en ces lieux ont accepté de s'engager à rétablir la Lumière et d'aider au nettoyage aussi doucement que possible. Le rôle que chacun d'entre vous a accepté de jouer est indispensable au succès de l'ensemble du projet.

Vous vous êtes engagés à préparer la venue de nouvelles villes ou lieux d'habitation qui attendent dans les plus hautes sphères de se manifester sur terre. Êtes-vous d'accord pour travailler à cette réalisation ? Pendant vos méditations, entrez dans votre Pyramide de Lumière et voyez le rayon de Lumière divine se répandre dans votre demeure, dans l'entourage dans lequel vous vivez, puis dans votre ville, votre région, et finalement, votre merveilleux pays tout entier. Focalisez sur chaque endroit pendant un certain temps, et vous serez guidés le moment venu afin d'étendre votre colonne de Lumière. Ce que vous ferez alors sera d'ancrer les pures fréquences des plus hautes dimensions, ce qui équilibrera, harmonisera et clarifiera la voie pour le Nouvel Âge de grâce qui se déroule présentement.

Vous n'aurez pas à vous soucier de voir se déplacer les gens. Dans l'avenir, les harmonies seront telles que chaque personne ou famille sera conduite à l'endroit où elle vibrera ou se sentira comme chez elle. C'est ce qui se produit maintenant : chaque individu qui s'éveille à sa nature divine ressent l'appel/le désir de commencer son voyage de retour vers la maison. La première partie de ce voyage les mènera à l'endroit sur terre qui vibre à la musique de leur âme/cœur.

Mes très chers, commencez à voir à travers des yeux

filtrés par l'amour et à entendre avec des oreilles remplies de compassion. Commencez à peser ce que vous avez en commun avec les autres races, cultures et pays, plutôt que ce qui vous en distingue. Vous êtes uniques, mais à l'intérieur de vous, vous êtes tous semblables : une étincelle divine du Créateur, qui, une fois de plus, s'est incarné sous une forme physique pour aider à ramener le Ciel sur la Terre.

Accepterez-vous de vous engager, mes très chers ? Demandez et je vous inonderai de mon amour, de ma puissance, de mon intégrité. Je le ferai pour servir notre Dieu père/mère; je vous accorderai tout ce dont vous aurez besoin pour avancer bravement en vue de compléter votre mission, votre dernier engagement sur la planète Terre. Comme je vous l'ai dit récemment, votre engagement ici-bas se termine. Le temps est désormais venu d'honorer votre engagement galactique/cosmique ; ensemble nous avançons bravement pour créer la joie, la paix, l'abondance et l'amour, l'un pour l'autre, sur la merveilleuse étoile qu'on appelle la Terre.

Joignez-vous souvent à moi dans notre Pyramide de Lumière. Je vous guiderai et vous inspirerai; je vous réconforterai, mais surtout, je vous infuserai de mon précieux cadeau d'Amour/Lumière qui vient du Créateur. Sachez que vous n'êtes jamais seuls. JE SUIS l'archange Michaël.

Ronna Herman
6005, Clear Creek Dr.,
Reno, NV 89502 USA

Abonnement par courriel au bulletin Star Quest
(anglais seulement)
ronnastar@earthlink.net

Site Internet
www.ronnastar.com